人民币国际化：回顾与展望

翁东玲　著

长春出版社

国家一级出版社

全国百佳图书出版单位

图书在版编目（CIP）数据

人民币国际化：回顾与展望/翁东玲著. —— 长春：
长春出版社, 2020.8
ISBN 978-7-5445-6040-5

Ⅰ.①人… Ⅱ.①翁… Ⅲ.①人民币－金融国际化－
研究 Ⅳ.①F822

中国版本图书馆CIP数据核字（2020）第170093号

人民币国际化：回顾与展望

著　者　翁东玲
责任编辑　程秀梅
封面设计　清　风

出版发行　长春出版社　　　　　　　　　总编室电话：0431-88563443
　　　　　　　　　　　　　　　　　　　发行部电话：0431-88561180

地　　址　吉林省长春市长春大街309号
邮　　编　130061
网　　址　www.cccbs.net
制　　版　吉林省清风科技有限公司
印　　刷　三河市华东印刷有限公司
经　　销　新华书店

开　　本　710毫米×1000毫米　1/16
字　　数　268千字
印　　张　18
版　　次　2021年1月第1版
印　　次　2021年1月第1次印刷
定　　价　58.00元

序　言

　　改革开放四十多年，中国经济实力一直在稳步提升，开放型经济新体制不断完善和健全，我国逐渐全面融入了世界经济体系，在全球经济治理中的地位日益提升，中国对世界经济的影响也越来越大，这些都为人民币走出国门构筑了坚实的基础。在改革开放初期，人民币一般是通过跨境旅游、探亲访友、边境贸易、赌博与地下钱庄等进行少量的跨境流通。2009年7月以跨境贸易人民币结算试点为标志的人民币国际化进程正式启动。至今人民币国际化已经走过了十一个年头，笔者近年来一直在跟踪人民币国际化的发展情况，本书是对人民币国际化过去十一年发展进程的全面回顾和总结。

　　从世界经济的发展历史来看，通常伴随大国崛起的必定是货币的国际化，正如英镑、美元、马克、日元所走过的历程。中国正在逐渐成为一个新崛起的大国，伴随着中国经济实力的增强和对外开放的不断深入，人民币走向国际化是一个必然的趋势。从国际货币的形成基础来看，只有当国际上形成了对某种货币的需求和信心时，该种货币才有可能成为国际货币。只有当一国的经济开放度较高、在世界经济中占有重要地位时，才有可能使交易者产生对该国货币的需求，也只有当一国的经济规模较大并保持了持续的经济增长势头时，才有可能使交易者产生对该种货币的信心。中国经济上的崛起必然要求在金融领域有更大的话语权，必然要求人民币跻身主要国际货币的行列，要求中国积极参与国际货币体系的变革和全球经济治理机制的改革与重建。

　　中国在改革开放后，多年来的GDP增长率保持在年均9%—10%的水平，使中国成为目前世界上仅次于美国的第二大经济体、全球第一大贸易国。随着中国经济的持续稳定增长，对外交流的不断扩大，人民币汇率稳中有升，周边国家和地区对人民币的需求逐渐增加，人民币作为交易媒介、支付手段和储藏手段的职能运用越来越广泛。十一年来，随着跨境人民币业务政策框架的基本建立和跨境人民币流通的基础设施的不断建立和完善，人民币的国际货币地位不断得到提升。人民币国际化从启动后就进入快速增长阶段并一直延续到2015年中期，同时在人民币加入SDR货币篮子的预期推动下，人民币国际化在2015年达到了历史最高水平。2015年之后一直到2017年年底，人民币国际化进程陷入了停滞甚至倒退状态，境外人民币存款大幅度降低，跨境人民币收付规模大幅度缩小，离岸人民币债券发行规模大幅萎缩。从2018年起人民币国际化水平开始恢复，2019年比2018年又有所上升，2020年上半年在新冠肺炎疫情冲击下仍然保持平稳发展势头。如今人民币已经成为全球第五大国际储备货币和第六大国际支付货币，并形成了涵盖中国香港、新加坡、伦敦等各具特色的离岸人民币市场，我国金融机构已经在24个国家和地区建立了人民币业务清算行，中国人民银行已经与38个国家和地区的中央银行或货币当局签署了双边本币互换协议，已经有60多个境外央行或货币当局将人民币纳入其外汇储备之中，有28个国家和地区可以使用人民币作为结算货币，全球与中国发生跨境人民币收付的国家和地区达到242个。纵观人民币国际化的发展历程，我们发现政府的顶层设计和制度政策的创新对人民币国际化起到了重要的推动作用，而且在政府的政策引导下，人民币跨境流通的主渠道正从跨境贸易结算向直接投资、证券投资等资本项目转变，同时与人民币国际化相伴随的是顺周期性的套汇套利交易的盛行。此外，"一带一路"项目的建设、跨境电商的快速发展也是推动人民币国际化的新途径。

现阶段的人民币国际化正面临着内外部环境的重大变化，就外部来说，现阶段全球贸易保护主义盛行，逆全球化思潮涌动，美国对中国发起的贸易战日益升级，尤其是2020年1月爆发并蔓延全球的新冠疫情，将对全球价值链产生巨大的冲击，使整个国际贸易投资环境的不确定性大大增加，"一带一路"建设的外部风险也日益增大。就内部来说，汇率日益呈现出双向波动、离岸和在岸汇率联动加强及溢出效应更显著、人民币在岸利率和汇率更进一步市场化、金融市场更加开放、高水平开放和高质量发展已经成为中国经济发展的明确方向和必然要求。在以上内外部环境因素的综合作用下，人民币国际化本身也正面临着推动动能改变、政策效应递减、波动性和风险性上升等难题，其未来发展将面临更多的市场阻碍、市场风险和现实的挑战。

人民币国际化发展的十一年历程表明，在政府顶层设计、政策推动的同时坚持尊重市场、顺应需求的理念，稳步扎实地逐步推进，是十一年来人民币国际化取得阶段性初步成功的关键。人民币国际化虽然取得了阶段性的初步成功，但人民币的各项货币职能在全球市场的占比仍然远远低于人民币在SDR货币篮子中10.92%的权重，说明人民币国际化的市场表现与人民币的国际官方地位不太匹配，同时人民币的国际地位也远远低于中国在世界经济和贸易中的地位。环球同业银行金融电讯协会（SWIFT）的数据表明，人民币在全球跨境支付中的最高占比也才达到2.31%（2015年的数据），而目前美元支付的全球占比为39.85%，欧元占比为35.66%，英镑占比为7.07%，日元占比为2.96%。国际清算银行（BIS）的最新数据表明，人民币在全球外汇交易额中仅占4.0%（在全球中排名第8位，大大落后于美元、欧元、英镑和日元等主要储备货币）。国际货币基金组织的最新数据表明，人民币在全球外汇储备中占比只有2.02%，与同时期的美元占比61.9%、欧元占比20%相比也还有很大的差距。因此人民币的国际使用程度仍有待提升，人民币国际化的道路仍然漫长且任务还很艰巨。故此，本书第四章探讨了人民币国际化的发展前景和进一步的推进策略。

正值本书收笔之际，习近平总书记对国际国内外形势的发展做出了精确的分析和判断，提出"逐步形成以国内大循环为主体、国内国际双循环相互促进的新发展格局，培育新形势下我国参与国际合作和竞争的新优势"。他在与企业家的座谈会上指出"以国内大循环为主体，绝不是关起门来封闭运行，而是通过发挥内需潜力，使国内市场和国际市场更好联通，更好利用国际国内两个市场、两种资源，实现更加强劲可持续的发展"。因此双循环的新发展格局意味着一方面要畅通国内供需循环，提升国内产业链、供应链水平，另一方面也要畅通国际供需循环，发挥自身在全球产业链、供应链中的重要作用。后疫情时代，全球产业链、供应链势必产生重大变化，国际贸易和投资在受到疫情和防疫措施双重冲击的同时，亦面临贸易保护主义的挑战，短期无法回到疫情前的正常状态。这些变化意味着中国经济运行的外部环境日趋严峻，如何在错综复杂的国际大变局中开拓人民币国际化新局面，并为中国经济对外循环提供更多动能，是我们要去认真研究的新课题。

　　由于笔者水平有限，本书的疏漏和错误在所难免，不足之处敬请读者批评指正。

目　　录

第一章　人民币国际化的理论与现实基础

学术界对货币国际化问题的研究始于20世纪60年代初期，随着美元霸权地位的衰落、日元国际化的推进、欧洲货币一体化的成功实践和欧元作为国际货币的出现，货币国际化问题引起了越来越多西方学者的关注并加以深入的研究。对于什么样的货币能够成为国际货币、货币国际化对本国及其他国家会产生什么样的影响以及影响一国货币的国际地位的因素等问题更成为关注的重点，国内外学者纷纷从不同的角度对货币国际化的有关问题进行了深入探讨。总体上，关于以上问题的研究成果十分丰富，为本研究提供了很好的文献基础。人民币国际化从2009年7月启动到现在整整十一年过去了，西方货币国际化的相关理论对人民币国际化的实践具有重大的指导和借鉴意义，有必要对其加以整理和归纳，以利于我们加深对货币国际化这一领域研究的认知。

第一节　国际货币的概念及产生的原因

一、从国际货币的职能定义国际货币

关于国际货币的概念，最早学者都是从国际货币的职能角度来加以认定。如科恩（Cohen，1971）[①]就是从货币职能的角度来定义国际货币。他认为国际货币的职能是货币国内职能在国外的扩展，当私人部门和官方机构出于各种各样的目的将一种货币的使用扩展到该货币发行国以外时，

[①] 姜波克，张青龙. 货币国际化：条件与影响的研究综述 [J]. 新金融，2005（8）：7—10.

这种货币就发展到国际货币的层次。凯南（Kenen，P.，1983）[1]在1983年给国际货币下的定义是：指一种货币的使用超出国界，在发行国境外可以同时被本国居民或非本国居民使用和持有。凯南还对货币的国际使用按货币功能划分提供了较早的理论探讨（Kenen，P.，2009）[2]。Hartmann（1998）对国际货币的不同职能进行了分类，进一步扩展了科恩的定义。他认为[3]，作为支付手段，国际货币是在国际贸易和资本交易中被私人用于直接的货币交换以及两个其他货币之间间接交换的媒介货币，也被官方部门用作外汇市场干预和平衡国际收支的工具；作为记账单位，国际货币被用于商品贸易和金融交易的计价，并被官方部门用于确定汇率平价作为汇率钉住的"驻锚"；作为价值储藏手段，国际货币被运用于私人部门选择的金融资产，如表示非居民持有的债券、存款等，官方部门拥有国际货币和以它计价的金融资产作为储备资产。Tavlas（1997）[4]认为当一种货币在没有该货币发行国参与的国际交易中充当记账单位、交换媒介和价值储藏手段时，该货币就国际化了。日本财政部1999年给日元国际化下的定义为：提高海外交易及国际融资中日元使用的比例，提高非居民持有的以日元计价的资产比例，特别是提高日元在国际货币制度中的作用以及提高日元在经常交易、资本交易和外汇储备中的地位。蒙代尔（2003）认为[5]，当货币流通范围超出法定的流通区域，或该货币的分数或倍数被其他地区模仿时，该货币就国际化了。

Chinn and Frankel（2005）在凯南的基础上对国际货币的职能进行了梳理[6]（见表1-1）。按照Chinn and Frankel的归纳，国际货币是指一种货币在执行其基本的职能如交易媒介、价值储存和计价单位的时候，超过了其

---

①何帆. 人民币国际化的现实选择 [J]. 国际经济评论，2009（7—8）：8—14.

②何帆. 人民币国际化的现实选择 [J]. 国际经济评论，2009（7—8）：8—14.

③魏昊，戴金平，靳晓婷. 货币国际化测度、决定因素与人民币国际化对策 [J]. 贵州社会科学，2010（9）：95—100.

④何国华. 西方货币国际化理论综述 [J]. 经济评论，2007（4）：156—160.

⑤蒙代尔. 汇率与最优货币区 [M] //蒙代尔经济学文集：第五卷 [M]. 向松祚，译. 北京：中国金融出版社，2003：161.

⑥彭红枫，陈文博，谭小玉. 人民币国际化研究述评 [J]. 国际金融研究，2015（10）：12—20.

发行国的国界。Chinn and Frankel进一步区分了国际货币在私人部门和官方部门承担的不同功能。就交易媒介功能来说，国际货币可以被私人部门用于进行商品或金融交易，也可以被官方用于在外汇市场上干预汇率水平；就价值储存功能来说，官方可以在其外汇储备中持有国际货币本身或以它计价的金融资产，私人部门也可以选择持有国际货币本身或以它计价的金融资产；就计价单位来说，官方部门可以将本币汇率钉住国际货币，这种国际货币就成为驻锚货币，私人部门也可以在其商品和金融交易中选择国际货币作为计价单位。Chinn and Frankel的归纳和概括，为后来的研究提供了分析框架，后续一系列研究基本上都是在他们的框架内进行的。

表1-1　国际货币职能

	官方部门	私人部门
交易媒介	外汇干预	贸易和金融中使用的支付货币
价值储存	国际储备	国外私人资产储备
计价单位	驻锚货币	国际贸易和金融中的计价单位

资料来源：彭红枫，陈文博，谭小玉.人民币国际化研究述评[J].国际金融研究，2015（10）：12—20.

二、从供给和需求来看国际货币的产生

国际货币的产生原因基本上可以从需求方和供给方两方面来看。从需求方来说，可以归纳为降低交易成本、减少汇兑损失。从供给方来说，可以获得铸币税和其他方面的收益。无论是需求还是供给方，都促进了国际货币的产生和发展，推动了货币国际化的实现。

1. 国际交易和国际投资是产生国际货币的根本原因

从市场需求来看，最早的国际货币是在国际交易中产生的，没有国际交易就没有国际货币。斯沃博达（Swoboda，1969）认为[1]，如果没有国际交换媒介，不同货币区之间的贸易只能以不同国家的货币执行。如果

---

①何国华.西方货币国际化理论综述［J］.经济评论，2007（4）：156—160.

交易商有许多需要不同货币的交易，他不得不持有大量的各种不同货币的现金余额，携带成本就会很大。卡尔·布鲁纳和梅尔策（Karl Brunner and Allan Meltzer，1972）[1]分析了货币交换的信息效率，认为获取任何资产特性的信息的边际成本随着这种资产被使用的频率的增加而递减。麦金农（Mckinnon，1969）[2]综合了上述两位学者的理论，认为私人交易者会以最适当的主要的货币来从事交易，以节约携带成本，并使由于汇率浮动而产生的信息不确定性最小化。

克鲁格曼（Krugman，1980）[3]研究了本国和外国货币之间的交易成本，发现随着交易量的增加，平均交易成本是递减的，有最低交易成本的货币，即有最大交易量的货币会成为媒介货币。雷伊（Rey，2001）[4]把货币交换的交易成本引入了一个三国一般均衡模型，从贸易关系的实力和交易成本的大小，在理论上证明了媒介货币选择的多重均衡如何出现。他发现媒介货币的出现是由各国的商品偏好决定的，而不是由它们的相对规模决定。一国商品被需求得越多，它的出口越高，对该国货币的国际需求就越大，其外汇市场就越具有流动性，相关的交易成本就越小。具有最大开放度的国家的货币以及与其他国家货币相交换时成本最低的国家货币会成为媒介货币。

2. 选择A国货币而不是选择B国货币作为国际货币的原因

很多学者经过研究认为，货币国际化是市场选择的结果，而市场选择的条件包括政治上的强大而稳定、总体经济规模、国际贸易和国际投资的市场份额、国内金融市场的发达程度、货币价值的稳定和可贸易产品的差异度等。世界上只有少数几种货币能同时执行多重的私人和官方职能，一国货币在国际上的地位与该国的综合国际竞争力密切相关，只有在国际地位上位居前列的少数货币能成为国际货币。

---

① 何国华.西方货币国际化理论综述 [J].经济评论，2007（4）：156—160.
② 何国华.西方货币国际化理论综述 [J].经济评论，2007（4）：156—160.
③ 何国华.西方货币国际化理论综述 [J].经济评论，2007（4）：156—160.
④ 何国华.西方货币国际化理论综述 [J].经济评论，2007（4）：156—160.

（1）生产者定价原则

麦金农（Mckinnon，1979）①区分了高度差异的制成品（第一类可贸易品）和相对类似的初级产品（第二类可贸易品）的贸易计价之间的区别。他认为，国际交易者一般都偏好用他们本国的货币计价，但只有一方能如愿。在第一类可贸易品的交易中，生产者拥有保持价格固定的市场权力，一般以出口商本国货币计价交易；在第二类可贸易商品交易中，单个的生产者仅仅是价格的接受者，顾客价格比较的效率收益导致以一种单一的国际货币计价和结算。

国际货币在国际贸易中充当交易媒介和计价单位时候，存在着格拉斯曼（Grassman，1976）法则（姜波克，2005）。格拉斯曼利用瑞典的数据进行了经验检验，发现在国际贸易中存在着"生产者定价"的倾向性。即在进口国和出口国之间的贸易中，一般而言会选择出口国货币作为交易媒介和计价单位，这也被称为"生产者货币定价"。克鲁格曼（Krugman，1984）②指出，当遇到汇率波动的时候，进口商更容易通过调整国内价格进行缓冲，但出口商的成本（主要是劳动力成本）则相对具有刚性，无法灵活调整。出口商和进口商在谈判的过程中可能会存在"先行一步"的优势，或是可能会具有垄断优势。特弗拉斯（Tavlas，1996）③认为，出口商品的差异化程度越高，出口商在和进口商谈判的过程中优势越大，越有利于采用"生产者货币定价"。然而，"生产者货币定价"的前提是各种货币之间的地位是平等的，但在现行的国际货币体系中，几乎在所有国家进出口贸易所使用的结算货币中，美元结算都占半数乃至绝对优势的比重。比如日元虽然是重要的国际货币，但在日本出口和进口当中，美元结算的比例分别达到了51.2%和69.4%，而且日元在其他国家的双边贸易中极少使用。即使是德国、法国等欧元区国家及英国，其出口贸易中以美元作为交易媒介的情况也达到了30%上下，进口贸易中的这一比例更高，其中法国进口贸易中美元结算的比重达到了48.7%（何帆，2009）。美元在国际贸

---

①姜波克，张青龙.货币国际化：条件与影响的研究综述［J］.新金融，2005（8）：7—10.

②何帆.人民币国际化的现实选择［J］.国际经济评论，2009（7—8）：8—14.

③何帆.人民币国际化的现实选择［J］.国际经济评论，2009（7—8）：8—14.

易中广泛使用的原因：一是国际货币具有某种自然垄断的性质，使用一种国际货币的人越多，这种货币作为交易媒介的便利性就越容易实现，而退出使用这种货币的代价越大；二是美元在外汇交易市场上最为活跃，采用美元作为计价单位，有助于参与贸易的各方利用外汇交易市场进行避险交易。

（2）货币的选择与货币供给是否稳定有关（货币政策是否稳定）

德维尔和恩格尔（Devereux and Engel，2001）[1]建立了一个包括本币和外部供给不确定性的动态均衡模型。他们发现货币供给变化最小的国家的货币，更容易被本国和外国的企业选择作为计价货币，因为当本国货币供给变化较小时，本国企业就会选择生产者货币定价（PCP），外国企业选择当地货币定价（LCP）；而当本国货币供给变化较大时，本国企业会选择LCP，外国企业则选择PCP。

（3）货币的选择跟汇率稳定有关

弗里贝里（Friberg，1998）认为除了要考虑以本国或贸易伙伴国货币作为计价货币的情况外，还应考虑以第三国货币作为计价货币的可能性。[2]他证明了计价货币的选择不仅依赖于利润函数的形状，还依赖于两国汇率不确定性的程度（方差的大小），这一不确定性包括本国和贸易伙伴国货币之间以及第三国和贸易伙伴国之间的汇率不确定性。当利润函数是汇率的凹函数时，如果第三国和贸易伙伴国货币之间的汇率波动小于本国和贸易伙伴国之间的汇率波动，则第三国货币将被选择为计价货币。

（4）货币的选择跟政治经济的综合性有关

蒙代尔（2003）认为一国货币要成为国际货币取决于人们对该货币稳定的信心，而这又取决于以下因素：货币流通或交易区域的规模，货币政策的稳定，货币没有管制，货币发行国的强大和持久的货币本身的还原价值。他认为货币作为公共物品，具有内在规模、范围经济、市场的广度

---

① 何国华. 西方货币国际化理论综述［J］. 经济评论，2007（4）：156—160.
② 何国华. 西方货币国际化理论综述［J］. 经济评论，2007（4）：156—160.

和深度是衡量一种货币利用规模经济和范围经济的程度，流通区域越大，货币对付冲击的能力越强。Bergsten（1975）认为国际货币的产生是有条件的，包括政治和经济两个方面。[1]政治上应具有强大的政治权力并得到国际合作的支持；经济上，包含外部经济条件和内部经济条件，外部经济条件是指维持可兑换的信心、合理的流动性比率和健康的国际收支及其结构，内部经济条件是指保持经济增长、价格稳定、国际贸易投资的相对优势、货币的独立性以及发达的金融市场等。

（5）根据最优货币区理论选择或形成一种货币

1961年蒙代尔开创性地提出了建立在生产要素自由流动基础上的最优货币区理论，他认为，当要素在几个地区能够自由流动，而在其他地区存在障碍时，要素自由流动的区域就可以构成最优货币区。最优货币区内各国汇率互相钉住，以稳定物价和就业水平，生产要素流动和汇率调整可以相互替代。在这个区域内，货币的支付职能由单一的共同货币或者几种货币共同承担，区域内的国家与区域外的国家间的汇率保持统一浮动。"最优"指的是一国经济同时实现内部均衡（物价和就业）和外部均衡（国际收支平衡）。20世纪50年代，弗里德曼在论证固定汇率制和浮动汇率制的优劣时，对英镑区的货币合作进行了分析。当时英联邦国家采用成员国之间汇率固定、成员国对外共同浮动的汇率制度安排。此后，经济学家又提出了最优货币区形成的其他判断标准，如麦金农提出的一国经济开放度标准；英格拉姆提出的金融市场一体化标准；凯南提出的出口产品多样化标准；哈伯勒提出的通货膨胀相似性标准。欧元区的建立是最优货币区理论的最佳实践。欧元的形成进一步促进了国家间的自由贸易往来，降低了交易成本，为促进开放型经济体建设发挥了重要的作用。[2]

特弗拉斯（Tavlas，1997）把影响货币国际运用的要素与最优货币区标准联系起来，[3]认为最优货币区标准能被用来解释为什么国际交易者和投资者在跨国交易中选择一个特定的国际货币。最优货币区理论中的通货

---

①何国华. 西方货币国际化理论综述［J］. 经济评论，2007（4）：156—160.

②程鹏. 货币国际化理论与实践［N］. 金融时报，2018-02-12（12）.

③何国华. 西方货币国际化理论综述［J］. 经济评论，2007（4）：156—160.

膨胀、贸易一体化和金融市场发达程度能帮助解释一种货币为什么被用作国际记账单位、交换媒介和价值储藏手段。

（6）货币替代理论——良币驱逐劣币

货币替代是开放经济条件下特有的一种货币扰动。从理论定义上看，货币替代指的是在开放经济条件下，一国境内流通着多种可兑换货币，当本国出现严重的通货膨胀或汇率贬值预期时，本国居民会减少持有相对价值较低的本国货币，增加持有价值相对较高的外国货币，外国货币便在本国国内发挥交易媒介或价值储藏职能，并逐步替代本国货币，呈现出"良币驱逐劣币"的现象。成功的货币替代，需要经历一个量变到质变的过程，货币替代体现了经济实体的强弱对比以及对本国货币信心的变化，本质上是市场选择的结果。导致货币替代的决定因素主要有六个方面：国民收入及经贸规模、一国货币可兑换程度、本外币实际收益水平的差异、本币汇率的高估、金融市场一体化程度和国家风险。目前，理论界一般运用以下三个指标来衡量一国货币替代的程度：一是国内金融体系中的外币存款与本外币存款之和的比率；二是国内金融体系中的外币资产与公众持有的本币资产的比率；三是国内金融体系中的外币资产与该国本外币存量之比。这三个比率越高，则说明货币替代程度越大，比率越低，说明货币替代程度越小（程鹏，2018）。

三、货币国际化程度的衡量或测度

目前国际上普遍采用代表价值贮藏职能的"外汇储备份额"、代表记账单位职能的"国际债券份额"、代表交易媒介的"外汇交易份额"、代表记账单位的"贸易计价份额"（国际贸易结算份额）来衡量货币的国际化程度。

现在使用最为普遍的是国际货币基金组织的GOFER数据，用以度量国际货币的价值贮藏职能，但也有其缺陷：其一，包含的币种较少且都是高度国际化的货币，主要包含美元、欧元、英镑、日元、瑞士法郎、人民币、加元和澳元，其中加元和澳元是2012年第四季度新增的币种，人民币是2016年

10月新增的币种。其二，数据本身按价值计算，意味着某种货币的国际化程度即使不变，储备占比也可能因货币升值而提高。其三，非主导性国际货币占比的上升可能是货币当局外汇储备投资组合分散化的结果。

使用较为普遍的是国际债券份额指标，其优势体现在三个方面：一是国际债券既代表记账单位职能，也在一定程度上反映价值贮藏职能，[①]由于其投资性较强，更能反映以国家信用为依托的货币的"价值"。二是国际清算银行（BIS）每季度公布国际债券的发行量和存量数据，并对数据的来源、统计范围、计算方法做详细说明，其统计方法随国际债券市场的变化而调整。三是覆盖面广，目前涵盖的货币超过20种。[②]

我国学者魏昊、戴金平、靳晓婷构建了测度货币国际化的五个单一指标和一个综合指标的指标体系，[③]实证分析了美元、欧元、德国马克、日元和英镑五种货币的国际化演进历程，综合了BIS、雷曼外汇研究中心及世界交易所联合会（WFE）的统计，估算了1974—2007年全球外汇交易中美元、日元、英镑、德国马克、欧元交易所占比重。数据表明，在私人部门金融市场交易的货币选择中，全球外汇市场中的交易货币的币种结构比较稳定，美元地位一直很稳固，几乎占据了全球外汇交易的半壁江山，其次是马克（欧元）、日元、英镑，日元和英镑的比例都在10%以下。李瑶（2003）提出了度量货币国际化程度的一个模型，[④]并得出2000年美元是第一国际货币，其国际化程度为10.25；欧元次之，为2.27，日元第三为1.17，而人民币的国际化程度只有0.19。张光平（2006）对货币的国际化程度也进行了较为深入的研究，[⑤]他用与李瑶类似的模型得出，2002年人民币国际化程度仅为美元国际化程度2.0%的结论，他还建立了一个既简

---

①李稻葵，刘霖林.人民币国际化：计量研究及政策分析 [J].金融研究，2008（11）：1—16.
②白晓燕，邓明明.不同阶段货币国际化的影响因素研究 [J].国际金融研究，2016（9）：86—96.
③魏昊，戴金平，靳晓婷.货币国际化测度、决定因素与人民币国际化对策 [J].贵州社会科学，2010（9）：95—100.
④李瑶.非国际货币、货币国际化与资本项目可兑换 [J].金融研究，2003（8）：104—111.
⑤张光平.货币国际化程度度量的简单方法和人民币国际化水平的提升 [J].金融评论，2011（3）：40—48.

单又切实可行的方法来度量货币国际化，可以比较容易地计算出不同货币或货币组之间相对的国际化程度，对包括人民币在内的30个国际主要货币2007年和2010年的国际化程度进行度量，并计算出这些货币相对美元的国际化程度及人民币相对于其他货币的国际化程度。

上述货币国际化的理论为我们研究和正确认识人民币国际化问题提供了有益的启示。跨境贸易计价货币选择理论研究了一国货币充当国际贸易记账单位的市场选择机制，体现了国际货币的计价功能，对于提升人民币在计价结算和投资储备中的国际影响力具有指导作用。跨境人民币计价职能提升的背后同样需要依托产业结构的调整和产品与服务竞争力的提升。最优货币区理论为区域货币合作提供了理论指南，也为一国货币区域化发展奠定了理论基础。推进区域货币一体化是人民币国际化的可行路径之一。在中国—东盟自贸区建设、"一带一路"建设等区域经济紧密融合的格局下，可进一步加强货币合作，逐步推动人民币成为区域中心货币，进而形成"人民币区"。货币替代理论揭示了在货币自由兑换情况下，本外币在价值尺度、交易媒介和价值储藏等方面的替代。当一国货币可自由兑换程度提高后，就会面临货币替代风险，其本质是居民对一国货币的信心问题。当前，跨境人民币结算也可以看作人民币在计价结算功能上对美元的一种替代，但这种替代仍是较为初级的替代。在人民币可兑换程度不断提高的同时，应密切关注本外币在正反两个方向都可能出现的替代，切实防范资本外逃的风险。除此之外，货币国际化的理论还包括金融深化理论、内外均衡理论以及汇率决定理论等。我们应该结合中国实际，深入研究和发展货币国际化理论，探索运用科学的经济理论指导人民币国际化的实践，稳步推动人民币国际化的进程（程鹏，2018）。

我国国内学者对货币国际化的概念、职能及其产生的原因分析基本上都是在国外已有的研究成果的基础上做进一步的研究，多数都是结合我国人民币国际化的实践而做出的分析，研究结论基本与国外学者的研究结论相同，详见本章第三节的有关内容。

第二节　货币国际化的效应

学者们研究发现，一国货币国际化既会给货币发行国带来收益也会带来成本，这成本就是货币国际化的代价。影响货币国际化的因素错综复杂，其收益和成本也会受到各种因素的影响而变化，因此其效应也不是一成不变的，同样的效应在A国呈现出的是收益，在B国呈现出的可能就是成本。对于国际货币的发行国来说，更多的关注应放在成本方面，而不是收益方面，影响货币国际化效应的因素太复杂了，不仅有金融、经济方面的，还有政治、社会、军事、外交等方面的影响。货币国际化又是一个很长期的过程，在这个过程中，货币国际化的实现程度是可逆的，国际化程度的高低可以相互转化，在不同的发展阶段，其呈现出的成本收益自然也就有所不同，但二者可以相互转化。从表面上看，货币国际化是经济金融现象，但实质上是国家政治、主权意志的体现。因此，货币国际化实质上是经济和政治相结合的产物。从经济角度来看，就是市场需求，是看不见的手；从政治角度来看，就是政府的主观意志，是看得见的手。货币国际化其实是市场和政府共同作用的结果，即国际货币能够交换多少商品和服务是由发行国政府和市场共同决定的，政府有权决定国际货币的发行量，而市场有权决定对该货币的持有和使用量。市场和政府之所以要推动某种国际货币的使用，又都有着各自的考量和权衡利弊的，因此对国际货币的成本收益的分析应该分为宏观层面和微观层面。

一、货币国际化的成本或负效应

（一）对本国执行独立货币政策的宏观影响（或政策偏离成本）

关于国际货币的效应，很多经济学家都是围绕着美元的效应加以分析，认为其效应跟汇率制度的选择有很大的关系，不同汇率制度下的效应差异较大。特里芬（Triffin，1961）最早对美元应当承担的两个责任进行了分析，他认为在布雷顿森林体系下，美国要保证美元按官价兑换黄金还要维持各国对美元的信心，这与其必须提供国际清偿力之间是相互矛盾的，即著名的"特里芬两难"。Bergsten（1975）[①]认为美元作为世界关键货币不仅面临"特里芬两难"，而且美元的国际作用减少了美国执行独立货币政策以及运用货币贬值政策的能力。一方面，当美国实施扩张性货币政策时，美元利率下降导致国际资本流出，国内的紧缩局面得不到改善。当然，开放经济条件下，任何一个国家的货币政策都会受到资本流动的影响，到底有多少影响是因为货币的国际作用呢？实在是难以精确计算。但美元的国际货币的角色确实加强了美国实行独立货币政策的难度。另一方面，美元的国际作用限制了美国运用货币贬值的政策。若美国实施美元贬值政策，由于美元的国际作用，其他国家会以同样的比例贬值其货币而抵消美元贬值，导致美元不应该也不能够贬值。特弗拉斯（Tavalas，1997）[②]认为货币国际运用的成本主要体现在：在钉住汇率制下，外国人偏好的转移可能会导致大量的资本流动，破坏货币当局控制基础货币的能力并影响国内经济活动；在浮动汇率制下，这种转移导致汇率的大幅度变动，可能也会限制货币当局的国内政策能力。奥特尼（Otani，2002）[③]分析了货币政策的国际传导如何受到国内外企业的非对称的计价决策的影响。Otani发现如果把日本看作本国，东亚看作外国，当日元的国际运用扩张时，如果有高比例的日本企业选择生产者货币（PCP）定价和高比例的东亚企业选择本地货币（LCP）定价，日本的货币扩张对东亚经济将产生正的影响（以经济福利衡量），而东亚的货币扩张对日本几乎没有影响或有一点负面影响。因此，如果日元作为计价货币的运用扩大，那么日本的货币政策的外部影响将会更大。因而，当日本实行它的货币政策时可能被要求把东亚考虑在内。

---

① 何国华.西方货币国际化理论综述［J］.经济评论，2007（4）：156—160.
② 何国华.西方货币国际化理论综述［J］.经济评论，2007（4）：156—160.
③ 陈小五.货币国际化的收益成本分析［J］.上海金融，2012（6）：31—33.

（二）对于汇率波动、金融稳定的宏观影响（信心维护成本、投机冲击成本）

学界一直存在如下的争论：货币国际化是否会加大本币的汇率波动？蒙代尔（2003）认为，至少主导货币的国际化并未对汇率波动产生普遍的放大影响。特里芬（Triffin，1961）认为，作为国际货币，汇率必须是稳定的。但一个国家的货币要成为国际货币，就必须输出本国的货币，即该国必须对世界其他国家提供流动性，从理论上说，输出货币的途径无非是实现国际收支逆差和资本外流两种。国际收支逆差主要是本国不断增加其对其他国家的负债以达到不断提供该国货币作为储备货币的目的，同时他国要增加该种货币的外汇储备就必须保持对该国的贸易顺差。20世纪70年代以来，美国作为一个净债务国，一个净资本流入的国家，依靠作为主要国际储备货币的美元的地位，一直通过大量的贸易逆差来持续输出美元。但是大量的贸易逆差又会导致美元的贬值预期，影响市场信心，进而影响美元乃至美国金融的稳定。Canzoneri et al.（2008）①构建了一个两国对称模型，该模型分为美国和外国（世界其他国家），美元为国际货币，贸易使用美元标价，美国和外国均以本国货币发行债券，但债券之间不完全替代，本国的外国居民拥有美国债券来支持贸易和国际交易，外国政府拥有美国债券作为官方储备。他们的分析表明，对于美国来说，美元成为国际货币既有成本也有收益。收益方面，是美国的货币政策和财政政策会比外国更有效，成本则是美国更容易受到金融市场的冲击（如外国抛售部分美国债券导致的金融市场波动等）。其基本机制是外国抛售美国债券使得美国居民需降低消费来偿还债务，同时会导致债券供给增加，进而美元贬值、通货膨胀、贸易条件恶化以及美元利率上升，从而进一步降低美国的消费水平。

因此，国际货币是建立在其他国家对国际货币发行国强大的经济实力和稳定的国内局势的信心之上。一旦国际货币发行国国内形势发生逆转，就

①赵具安. 货币国际化的收益、成本与人民币国际化分析［J］. 山西经济管理干部学院学报，2006（2）：29—32.

会动摇其他国家对该国货币的信心，货币持有者就会在各种国际货币间进行调换，形成对该国货币的挤兑和抛售，产生货币的逆转风险。货币逆转所带来的成本，包括救助货币危机的成本和干预汇率的成本。尽管国际货币发行国基本上都实行浮动汇率制度，但汇率的剧烈波动会对国际货币发行国的进出口和国外持有该币种资产的数额产生较大影响，从长远利益考虑，国际货币发行国往往会对汇率的剧烈波动进行干预。这会形成维持货币国际地位的一种经常发生的成本，给国际货币发行国带来一定的损失。

二、货币国际化的收益或正效应

国际货币的产生和形成过程是一个动态的过程，货币国际化的程度也会因各种因素的影响而发生变化，并非一成不变。因此，国际货币在不同阶段可能都会有不同的效应，而且不同国家或经济体所发挥的效应也各不相同。货币国际化的效应通常也不是孤立的，常常是与其他因素共同作用而形成某一经济效应。但通常来说，大致有以下几种普遍产生的福利效应。

（一）发行本国货币融资，弥补贸易赤字

对于货币国际化的福利效应，艾里博（Alfiber，1964）、博格斯腾（Bergsten，1975）认为国际货币发行国可通过发行本国货币为国际收支赤字融资。此外，当货币已经完成国际化以后，其一般会通过其他因素对宏观经济产生影响，相较于直接影响，这种间接式的影响更直接作用于实体经济，而货币国际化本身的影响并不显著。例如，美国的量化宽松政策实质是使美元贬值，从而刺激出口，在这一政策传导效应下，虽然本质上是美元作为国际货币所带来的福利效应，但反映在经济增长层面，则会表现出经济是由出口和内需拉动的。对于已完成货币国际化的国家来说，货币国际化是出口规模增长和金融市场发展的格兰杰原因。美元、欧元、英镑都是使用范围较广的国际贸易标价和结算货币，这有利于规避汇率风险，从而刺激出口。因此拥有国际货币的国家通过本国量化宽松的货币政策，人为造成本币贬值，从而刺激出口，是货币国际化以后最明显的货币

福利之一（白晓燕、邓明明，2016）。

（二）增加本国金融机构收益

博格斯腾（Bergsten，1975）、特弗拉斯（Tavalas，1998）认为随着一种货币国际运用的扩张，使得贷款、投资和商品、服务的购买都将通过该货币发行国的金融机构进行，金融部门的收益会增加。[①]货币国际化之后对金融部门的作用通常表现在两个方面：一是通过本币在交易、计价和储备方面的优势，扩大本国金融机构的业务范围，提高其经营利润，这在许多论述货币国际化收益的文章中均有阐述；二是货币国际化之后可以倒逼本国的金融市场改革，从而进一步提高金融市场的资源配置效率。

事实上，国外央行持有的境外储备资产，无论是以存款形式还是以国债形式存在，都意味着为国际货币发行国的银行体系及其政府提供了巨额资金来源。通过银行体系的资金运用和政府财政支出机制，这部分资金必将转换成可贷资金并创造收益机会。而且，国际货币所执行的交易媒介等职能必然通过发行国银行体系所提供的结算和支付服务来完成，这也为相关金融机构带来了佣金收入。由此可见，货币国际化还必然为发行国带来额外的金融业净收益，其数值大小将取决于运用境外储备资产进行投资的收益与成本。[②]

（三）增加铸币税收入

所谓铸币税是指货币发行当局获得的货币发行收入，即铸造和印制货币的成本与货币代表的购买力之差额。当一国货币国际化之后，国际货币发行国实际上具有了一种获得国际资源的手段，一种变相负债的权利，同时也对国际资源的配置有了相当的影响力。

铸币税在技术上被定义为货币名义价值超过其制作成本的部分，在国际层面上，每当一个外国人用他们的商品和劳务交换国际货币时，铸币税就产生了，这是一种真实经济资源的跨境转移。具体地说，非居民持有国

[①]陈小五. 货币国际化的收益成本分析［J］. 上海金融，2012（6）：31—33.
[②]陈雨露，王芳，杨明. 作为国家竞争战略的货币国际化：美元的经验证据——兼论人民币的国际化问题［J］. 经济研究，2005（2）：35—44.

际货币无非两种形式：一种是现钞形式，一种则表现为中央银行所拥有的该货币储备资产。其中，非居民现钞持有比例极为有限，而且从来源上看属于居民所持货币流出而形成的，这部分铸币税收益在货币当局新增货币供应量中已有所反映。而作为一国官方国际储备的国外央行拥有的储备资产，实际上并未离开发行国银行体系，属于货币国际化所引起的国际货币供应。由此，我们将这部分国际货币发行国银行体系中由其他央行持有的新增储备资产定义为国际铸币税收益，即货币国际化所引致的特定经济利益（陈雨露，王芳，杨明，2005）。

艾里博（Aliber，1964）、科恩（Cohen，1971）、博格斯腾（Bergsten，1975）、特弗拉斯（Tavalas，1998）认为发行国际货币的国家能够获得国际铸币税收入，但铸币税的大小受多种因素影响。科恩（Cohen，1971）认为发行国际货币的国家所获得的国际铸币税的规模根本上依赖于该货币的国际垄断地位。如果该国处于完全垄断地位，净铸币税收益肯定相当大。但如果它面临其他国际货币的竞争，它的净收益会相应减少。因为它现在被迫为它的债务支付利息以诱使外国人继续持有该货币。而且，来自其他货币的竞争越激烈，给外国人支付的利息会越高。结果在完全竞争且资本能够自由流动的情况下，国际货币的发行国可能很难获得净铸币税收益。艾里博（Aliber，1964）[1]认为，美国从美元的国际运用中获得的铸币税收入随着美国黄金存量（作为外国官方机构持有的美元资产的支持）的数量增加而下降，尽管收入的绝对量很大，但相对于美国的GNP来说较小。Bergsten（1975）认为世界资本市场的国际化特别是欧洲债券市场的发展已经侵蚀了美国企业获得的国际铸币税，就像世界货币市场的国际化已经侵蚀了银行获得的铸币税一样。随着欧洲货币市场和欧洲债券市场竞争的日益加剧，美国获得的铸币税收益会更小（姚洪心、高印朝，2008）。Cohen（1971）对1965—1969年的英镑的净铸币税收益进行了经验测试，发现英国从英镑的国际使用中获

---

①姚洪心，高印朝. 货币国际化收益与成本理论的国外最新研究进展［J］. 上海金融，2008（3）：68—72.

得的净铸币税收益为零（Cohen，1971）。相反，Alan S. Blinder（1996）的研究中亦指出，1986—1994年，美元的国际储备上升了3倍，美联储估计为美元货币的50%—70%——1850亿美元至2600亿美元，考虑到美联储不需要为这些美元支付利息，仅由此获得的铸币税收入每年即可达到110亿美元至150亿美元。

Jeffrey Frankel（1991）指出，由于大量的外国银行拥有美元储备，而美国不需要为此支付相关的利息，成为美国铸币税的重要来源；同时，大量的国外银行和投资者以美国财政债券的形式持有美元，而这些债券允许美国财政支付比相对普通投资人更低的利息，这些收益也可以作为美元成为国际货币的铸币税收入。

Neumann（1992）认为①，当货币流通延伸到发行国国土之外并成为国际储备货币时，它就赋予了发行国从储备国筹集无息贷款的功能。国际货币在发行国境外沉淀，说明该国年复一年地无偿利用其他国家等额的商品或服务而无须增加国内货币供应量。即使境外货币资本回流或滞留国内形成经济泡沫和通货膨胀，这些国家也可以通过输出货币资本转嫁经济泡沫。此外，若外国人持有某一国际货币的现金，则现金负债是没有利息的，国外现金持有者等于是给国际货币发行国发放无息贷款。以美国为例，高达60%的美联储货币在美国以外流通，到2005年，流通在外的美元达到4500亿美元，以4%的借款利息计算，每年为美国节省了180亿美元的利息支付。②

还有一种观点认为，货币当局可获收益的多少取决于它使人们持有（毫无补偿的）货币或（只有非竞争性利息补偿的）其他资产的能力。这意味着当国外央行持有的境外储备资产主要以银行存款或国债等形式存在的时候，国际货币发行国必须为之提供一个正的利息补偿。这种非零的生产成本，显然减少了发行国的国际铸币税收益。Mundell and Swoboda

①陈雨露，王芳，杨明.作为国家竞争战略的货币国际化：美元的经验证据——兼论人民币的国际化问题［J］.经济研究，2005（2）：35—44.
②马荣华.人民币国际化成本与收益的再思考［J］.现代经济探讨，2014（2）：33—37.

（1969）①认为，如果存在足够多种国际货币可供选择，或是持有储备资产的形式足够多样化，则国际铸币税收益可能因为竞争因素而消失殆尽。

Aliber（1964）认为美国从美元的国际运用中获得的铸币税利润（收入优势）随着美国黄金存量（作为外国官方机构持有的美元资产的支持）的数量增加而下降。尽管收入优势在绝对量上很大，但相对于美国的GNP来说较小。Bergsten（1975）也认为世界资本市场的国际化特别是欧洲债券市场的发展已经侵蚀了美国企业获得的任何铸币税，就像世界货币市场的国际化已经侵蚀了银行获得的铸币税一样（姚洪心、高印朝，2008）。随着欧洲货币市场和欧洲债券市场竞争的日益加剧，美国获得的铸币税收益会更小，并且不断下降而不是不断增加。

（四）推动经济增长

Elias Papaioannou and Richard Portes（2008）的研究认为美元的铸币税收入对美国GDP具有很大的贡献。因为货币国际化是一个很漫长的过程，因此应区别分析不同国际化阶段对经济增长的影响。白晓燕、邓明明（2016）的研究表明，对于已经实现货币国际化的国家来说，货币国际化的程度不会对其GDP的增长有太多预测上的贡献。货币已经国际化的国家基本都是世界前几大经济体，其经济的增长通常由很多增长极拉动，货币国际化因素并非其中最明显的一个。而在未完全实现货币国际化的国家中，其经济发展或变化趋势会受到货币国际化水平的影响。比如经济合作和发展组织（OECD）国家的货币，虽然其国际化程度比新兴市场国家稍高，但并没有达到拥有货币强权的地步，其货币在其他国家的外汇储备中所占份额不高，也不是贸易计价结算货币。不过，可以肯定的是，这些国家的经济总量增长、出口增加、金融市场发展是伴随着其货币国际化而共同发展的，货币国际化程度的提高对这些变量有显著影响。在未完全国际化货币的经济体中，货币国际化的福利效应迟至货币国际化中期才开始全面显现，在货币国际化后期，随着货币实力和国家实力的进一步增强，货

---

①陈雨露，王芳，杨明. 作为国家竞争战略的货币国际化：美元的经验证据——兼论人民币的国际化问题［J］. 经济研究，2005（2）：35—44.

币国际化对经济的推动作用开始减弱，只在出口和金融市场发展上有所体现。当然，亦有可能是货币国际化通过作用于其他变量间接作用于这些宏观经济因素。

（五）提升国际货币发行国在国际舞台上的地位和话语权

当一国货币成为国际货币后，会有越来越多的国家使用该国际货币作为贸易结算货币，而且在国际外汇储备中，也会占据一定的份额，这样可以大大降低经济贸易领域对美元、英镑、欧元等主要国际货币的依赖。在这种情况下，有利于该国运用货币的发行权和调节权影响全球金融和经济活动，从而提升该国在国际经济、政治中的地位，使该国在国际事务中也将拥有更多的发言权。

以上所归纳的都是国际货币在宏观层面上的成本和收益。在微观层面上，货币国际化的成本与收益展现的则又是另外的内容。就收益来说，体现在可以降低企业和个人的交易成本和交易风险，减少汇兑损失。对于本国企业和个人来说，在国际贸易和国际投资中选择哪一种货币作为计价和结算货币，对于一国货币的国际化是最重要也是最基础的，企业或个人在综合考量中自然是选择交易成本最低且交易风险也最低的货币。而一国货币的国际化就能够帮助企业或个人规避汇率波动的风险以及节省因汇率波动而产生的风险管理费用，还能帮助企业减少汇兑成本和节约时间，提高资金使用效率。[1]企业交易成本降低了，就等于提高了企业的竞争力，使其在国际竞争中更能处于优势地位。同时，还能拓宽企业的融资渠道，降低企业筹资成本，更好地促进一国的国际贸易和国际投资的发展。就成本来说，当一国货币宏观调控政策失败或者受到国际资本流动冲击、汇率大幅度贬值、金融市场剧烈波动时，企业和个人的外部融资环境就会急剧恶化，企业和个人从事任何交易的成本和交易风险就会陡升，企业和个人可能面临资金链断裂、亏损乃至破产的厄运。

---

①中国金融四十人论坛，上海新金融研究院.人民币国际化的成本收益分析［M］.北京：中国金融出版社，2017：80—81。

第三节　人民币国际化的理论基础

一、人民币国际化的含义与职能

人民币国际化是指人民币从国内走向国际的过程，这个过程伴随着人民币货币地位的上升、人民币逐渐成为可自由兑换的货币，其最终结果是人民币成为国际货币体系中的主流货币之一，在超主权国际货币的基础构成中占据着较为重要的地位，成为具备国际计价、国际结算、国际储备和市场干预工具职能的国际货币。人民币国际化是一个动态的概念，其过程可能长达几十年。通常一国货币国际化会有一个区域化的中间阶段，它是随着该种货币自由兑换程度的提高，走向国际化的一个过渡阶段。①人民币区域化是指人民币的国际化进程首先是以区域化的方式实现，即人民币先在周边地区或一定区域内实现国际化，先在周边地区或一定区域中被广泛用于贸易结算、计价，被周边地区或一定区域内的居民充当支付、流通和储藏手段，被周边地区或一定区域内的国家中央银行作为投资工具和外汇储备资产，然后再逐步在全球范围内被各国广泛接受成为国际货币。因此，人民币周边化、区域化也是人民币国际化的不同发展阶段。

需要指出的是，人民币国际化与人民币可自由兑换是两个不同的概念，但它们又有紧密的联系。国际货币基金组织对货币可兑换做出的解释是：货币可兑换是指一国对居民和非居民由于经济活动引起的货币跨境收支和本外币兑换不予限制，包括经常项目和资本项目的可兑换。货币可兑换又可以分为完全可兑换和部分可兑换。而货币国际化是指一国货币跨出国内流通领域，在国际范围内发挥价值尺度、交易媒介和储藏手段等货币职能。货币国际化一般可以依据货币的使用范围而被称为货币周边化、货币区域化和货币全球化等。

①徐明棋. 从日圆国际化的经验教训看人民币国际化与区域化［J］. 世界经济导刊，2006（3）：39—44.

　　货币可兑换程度主要取决于货币发行国的政策和态度，即供给层面的政策限制。而货币国际化不仅包含了供给层面的政策，即某国是否允许或推动本国货币在境外流通使用，还取决于他国的可接受和可使用程度，即市场需求层面。资本可兑换的进程基本上是由一个国家的货币当局或者财政当局，根据国家的经济、贸易以及货币的接受程度来通过行政的管理逐步实现放开，而一个国家的货币国际化，则是一个由国际市场供需驱动的过程，无论是在贸易上还是在投资上都是可以驱动的。特别是在贸易上，一个国家的贸易经济发展到一定程度，用什么货币来实现交易既有成本收益方面的权衡，也有便利性、安全性方面的权衡，很多时候是水到渠成的事情，也就是市场需求在其中起到决定性的作用。本国货币被他国接受或者被双方都接受，在利用本国货币投资时，还要受到他国货币可兑换管理的制约，所以货币国际化和货币可兑换是各有各的管理方式，可以在不同时期同时推进。资本账户可兑换有时候可能成为货币国际化的障碍，但是长期来看是互相促进、互相推进的过程。

　　通常情况下，国际货币可以在全球范围内可自由兑换，但实现了可自由兑换的货币并不一定被他国接受进而成为国际货币。现有的国际货币如美元、欧元、英镑、日元等都经历过货币可自由兑换的过程，都是先实现了货币可自由兑换以后再完成货币的国际化，但是也不排除在货币可自由兑换之前，先实现货币的部分国际职能。①因此，不能将资本账户可兑换作为一个国家货币国际化的前提条件。

　　由于我国人民币还未实现完全可兑换，因此我国的人民币国际化道路从一开始就与现代其他的货币国际化道路有所不同，这是我国人民币国际化道路的最大特点。中国特色市场经济的形成和发展与其他许多国家市场经济的形成和发展具有完全不同的特点。中国的市场经济虽然在很多方面学习西方、学习美国，但却形成了完全区别于西方的、有自己特色的社会主义市场经济的道路。而在这个发展道路上建立起来的货币体系也是独具

---

①中国金融四十人论坛，上海新金融研究院. 人民币国际化的成本收益分析［M］.北京：中国金融出版社，2017：26—27。

特色的。所以，人民币国际化不能也不可能完全以现有的任何一个国际货币为范本，而是要探索人民币自己的国际化之路。虽然我们不以任何一种国际货币为范本，但要清楚国际货币的实质，可以借鉴和吸收其他国际货币发展过程中的有益经验，规避其发展的弊端。总之，人民币国际化不能完全循着英镑、美元、日元等国际化的老路，而是要开辟出一条新型的货币国际化之路，使人民币成为一种能够真正服务于国际贸易和国际投资、使所有参与国都能公平获益的国际货币。人民币成为国际货币后其职能也是跟其他国际货币一样的，可以作为贸易投资的计价结算货币、支付货币、储藏货币。我国人民币国际化是从跨境贸易计价结算起步的，以与国外央行签署的货币互换协议为手段来实现部分的储藏货币的职能。

二、人民币国际化的收益成本分析

（一）宏观层面的人民币国际化成本收益分析

在人民币国际化正式推开之前，关于人民币国际化的成本与收益的研究成果并不多，国外学者的研究就更少了。尤其是关于人民币国际化的成本的研究都是在人民币国际化开始启动之后才进行，研究的重点是人民币国际化所带来的风险或挑战，其实风险和挑战就是属于人民币国际化的成本范畴。因为人民币国际化是一个长期的过程，其成本应该是在这个长期过程中，在多方因素的博弈中形成的，其受到的影响因素实在是错综复杂的，既有国内的也有国外的，这个成本不仅是静态的，而且可以是动态的。

1. 宏观层面的收益——对国家或政府来说

第一，多数学者都对人民币国际化收益进行了定性的分析，认为人民币国际化可以增加我国的铸币税收益、增强我国的对外贸易投资、促进我国金融市场发展、提升我国经济金融大国的地位以及可以减少货币错配的风险。

郑木清（1995）认为[1]人民币国际化将给我国带来的巨大利益之一是

---

[1] 郑木清. 论人民币国际化的经济效应 [J]. 国际金融研究，1995（7）：34—35.

使我国获得铸币税收入，促进我国对外贸易的发展，加强我国在世界贸易中的地位，促进我国银行业与其他金融部门的发展，还将促进我国海外投资的进一步扩大，加强我国的世界投资地位，使我国获得巨大的海外投资收益，有助于我国跨国公司的发展。

人民币国际化研究课题组（2006）认为[①]，人民币国际化有助于提升我国国际地位，增强我国对世界经济的影响力，有助于减少汇价风险，促进我国国际贸易和投资的发展，进一步促进我国边境贸易的发展，获得国际铸币税收入。

李稻葵（2008）认为[②]，从中国长远的国家利益考虑，人民币国际化的好处远远大于其弊端。好处之一是中国货币在国际范围内发行量进一步提高，中国通过央行发行货币来获得一定数量的铸币收入。好处之二是大大减少中国国际收支的波动。好处之三是外贸企业的结算和成本以人民币计价可以降低汇率风险。

张群发（2008）从挑战美元霸权视角，认为人民币国际化是应对人民币升值压力和摆脱"高储蓄两难困境"的必要途径。其理由是，如果人民币是国际货币，在贸易和投资中被广泛接受，用来计价、结算、支付和进行国际储备，我们就不必持有过多的外汇资产，资金进入和撤出时主要是本币的进出，即使是国际热钱，对本位货币汇率的影响也是微不足道的。

国家外汇管理局课题组（2009）认为，人民币计价结算有利于加快我国资本市场建设。随着人民币在对外交往中计价结算规模的扩大，境外对人民币资金需求将增大，境外人民币持有者也会提出保值和增值的要求。循序渐进地允许境外机构在中国境内发行人民币债券和股票，可以推动境内资本市场的开放与发展。

还有一种观点认为[③]人民币国际化可以减少货币错配的风险，并有可

---

①人民币国际化研究课题组.人民币国际化的时机、途径及其策略［J］.中国金融，2006（5）：12—13.

②李稻葵，刘霖林.双轨制推进人民币国际化［J］.中国金融，2008（10）：42—43.

③中国金融四十人论坛，上海新金融研究院.人民币国际化的成本收益分析［M］.北京：中国金融出版社，2017：126—131.

能降低债务危机的成本。对发展中国家来说，货币错配的风险无法回避。麦金农的"原罪论"认为①，由于金融市场的不完全性，非关键货币的经济体内投资经常会出现货币错配或期限错配的情况。企业要么借外汇而招致货币错配，或者用短期贷款来做长期用途而出现期限错配。这是在发展中经济体中普遍存在的现象。如在借贷方面使用美元，用美元去借钱，但是企业经济活动却使用本币，这样就会造成企业和金融机构资产负债表上币种错配的问题。原罪的直接后果是使一国金融变得脆弱。因为外币债务极易受汇率波动的影响，在发生货币危机时，偿付外币债务要消耗一国的外汇储备，显著增加债务人的偿债负担，会对一国的经济运行和金融体系造成较大冲击。在本币贬值的情况下，货币错配存在借款的本币成本上升的可能，而利率上升时，期限错配会加大借款成本。因此，汇率或利率稍有波动，银行和企业便会出现财务困难，随之而来的市场主体规避风险的行为便容易触发金融危机。相反，在本币升值的情况下，则导致以本币计值的外币净资产缩水。我国所持有的大量外部资产也都是用美元计价，一旦美元大幅贬值，持有的美元资产将遭受巨大的损失。2002年2月到2007年9月，美元对欧元贬值了36%，对日元贬值了13.9%，同期美元有效汇率也下降了12.3%。2005年7月到2011年7月，美元对人民币贬值了约22%。美元资产价值随着美元的不断贬值而日益萎缩，财富因此而受到损失。而若是本币外债，当面临大规模的债务偿付需求时，债务国可以通过增发货币或让货币贬值的方式来自然削减外债规模，在不影响本国资产储备的同时，平缓地对冲偿债压力。如美国在2004—2007年的4年里，美国贸易逆差累计31120亿美元，经常账户逆差累计28810亿美元，但对外净债务反而减少了2978亿美元，这就是美元作为国际货币的好处。因此，人民币国际化有助于我国经济主体的资产和负债都以人民币计价，这样就能降低货币错配的风险，也会降低债务危机的风险和成本，能够避免因美元贬值而导致的财富缩水。

---

①罗纳德·I. 麦金农. 美元本位下的汇率——东亚高储蓄两难［M］. 北京：中国金融出版社，2005：10—12.

　　货币国际化是一国综合经济实力发展到一定阶段的产物。从历史经验来看，一国货币国际化的过程，也是该国的国际地位逐渐提高的过程。美元、欧元、日元等能够充当国际货币，是美国、欧盟、日本经济实力强大和国际信用地位的体现。诚然，中国也不例外，人民币实现国际化后，中国就掌握了一种国际货币的发行和调节权，而其他使用人民币的国家和地区将会对中国产生一定的依赖性，使得中国经济金融政策和经济发展状况的变化会对这些国家产生一定影响，从而有助于提升中国的国际影响力和国际地位，逐渐改变长期以来中国"贸易大国、货币小国"的状况。[①]

　　但也有学者对铸币税收入持有不同看法。余永定指出[②]，如果境外居民长期持有人民币现金或活期存款（出现一般人所说的人民币"不回流"的情况），则可以说中国政府享受到了铸币税的好处。但是，在中国保持经常项目顺差的情况下，此处征收的铸币税将被彼处（对美国）缴纳的铸币税所抵消。只有在存在经常项目逆差，且可用本币支付此逆差时，一国才可能真正享受铸币税。而美国正是一直通过这种方式征收铸币税。也就是说，实际上铸币税的收取应该是在一国货币完全国际化之后的事。由于美国财政状况的持续恶化，美国政府通过印钞票和制造通货膨胀减轻债务负担的可能性越来越高。在汇率、利率和风险三大因素作用下，国际金融市场上减少美元资产和人民币负债、增加美元债务和人民币货币资产的需求将会越来越旺盛。如果中国愿意满足国际金融市场的这种货币替代需求或资产——负债币种结构调整的需求，增加中国大陆的人民币负债和美元资产，人民币国际化将会取得进展。但是，在美元对人民币汇率贬值的长期趋势下，这种国际化对中国到底有什么好处？这种好处是否可以充分抵消中国必须付出的代价？更为重要的是：人民币国际化的实质是开放中国的资本账户。资本管制尽管已经漏洞百出，但仍是保证中国金融稳定的最后武器。在全球金融极度不稳，发展中国家纷纷加强对跨境资本流动管理的时刻，加速资本项下人民币可兑换的进程，到底能给中国带来什么好

　　①翁东玲.资本账户开放、人民币国际化与中国金融安全［M］.长春：吉林人民出版社，2014：270—271.
　　②余永定.再论人民币国际化［J］.国际经济评论，2011（5）：7—21.

处？这些都是为政者必须考虑清楚的问题。

第二，一些学者对人民币国际化收益进行了定量的分析，比较具有代表性的是钟伟和陈雨露等的研究。钟伟（2002）[1]将铸币税粗略地等同于其他国家和地区对人民币的储备需求，将这些国家和地区分为两类经济体：第一类是指在边境贸易中已经使用人民币或者人民币已经在全境或局部通用的经济体，包括缅甸、越南等，对人民币的储备需求比可以用相当于双边贸易额的20%来估计；第二类是指已经接受人民币存款或在将来10年内有希望接受人民币的经济体，包括中国台湾、韩国等，对人民币的储备需求可以用相当于双边贸易额的10%来估计，再加上其他国家的需求，他认为到2010年人民币区域化带来的国际铸币税收入可能为152.8亿美元，2015年约为224.6亿美元，2020年约为300.2亿美元，中国将因人民币国际化获得的年均铸币税收入至少可稳定在25亿美元左右。但该方法的微观基础明显不足，各国对人民币需求的估计有强烈的主观判断，这也是很多学者研究人民币国际化问题时经常遇到的问题。

陈雨露，等（2005）将货币国际化的收益分为可计量利益和难以量化的利益两部分，其中可计量的利益主要包括国际铸币税和境外储备资产金融运作的净收益，实际国际铸币税收益为$Mr = \Delta M/P$，M为由其他央行持有的新增储备资产，P为总体价格水平。境外储备资产金融运作的净收益FN大小将取决于运用境外储备资产进行投资的收益与成本，即$FN = R - C = MrXr1 - (Cd + Ct) = MrXr1 - (DXrd + TXrt)$，T为美国国债规模，rt为美元的贷款利率，D为各国持有美元储备形成的存款，rd为存款利率，r1为美元贷款利率，Mr为铸币税收益，Cd为存款利息，Ct为国债利息。难以计量的利益包括：当本币成为国际货币以后，对外经济贸易活动受汇率风险的影响将大大减少，国际资本流动也会因交易成本降低而更加顺畅和便捷，从而实体经济和金融经济的运作效率都将不同程度地有所提高，等等。利用他们的公式推算，截至2002年年底，美国已获得的国际铸币税收益Mr约为6782亿美元，而美国运用其他国家美元外汇储备已获得的累计金融业净

---

[1] 钟伟. 略论人民币的国际化进程 [J]. 世界经济，2002（3）：56—59.

收益约为2748亿美元，美元国际化利益至此已累计高达9530亿美元。如果把接受人民币作为支付和结算货币的周边国家和地区定义为A类地区，把开始接受人民币存款并有望在中短期内采用人民币进行经贸结算的国家和地区定义为B类地区，则可在以下假设基础上，简要预测人民币区域国际化可产生的经济利益：

该文假设1：A类地区按照从中国进口额的20%保留人民币储备；B类地区按照从中国进口额的10%保留人民币储备。假设2：2002年以后上述各地区从我国进口的增长率等于其1997—2002年的平均增长率。假设3：人民币存款年利率等于国债年利率，为3.24%；贷款年利率为5.85%。假设4：人民币对美元汇率保持在1美元兑8.27元人民币的水平。假设5：人民币于2010年在上述各地区正式担当起区域国际货币的职能，成为其官方储备货币之一。由此可大致推测，至2020年，由A类地区可获国际铸币税收益2779亿元，由B类地区可获国际铸币税收益4353亿元，合计约7132亿元人民币。进而估算运用这些地区人民币储备进行投资的净收益约为371194万美元，以8.27元人民币/美元的汇率水平可折算得到3069873万元人民币，约为307亿元人民币。所以，若2010年实现人民币区域国际化，则10年间我国可获得的人民币国际化收益大约是7439亿元人民币。如此巨额的经济利益自然是我们讨论人民币应否国际化时不能忽视的。陈雨露又指出，货币国际化利益的存在并不构成谋求货币国际化的充分必要条件。国际货币发行国在享受货币国际化利益的同时，不可避免地付出内外政策协调困难、金融市场易受冲击等代价。这就要求政策制定者全面权衡利弊，避免超越中国现实的经济水平和政策能力，绝不能人为拔高人民币的国际化程度而使自己陷入巨大的逆转风险。

2. 宏观层面的成本分析

（1）失去国内货币政策的自主性

郑木清（1995）认为，实现人民币的国际化将会使我国的内部平衡与外部平衡的矛盾加剧，并使内外经济政策目标之间矛盾更加突出。尽管这种矛盾在任何开放的经济中都存在，但是只有在货币国际化的条件下，这种矛盾才显得更加明显和突出。钟伟（2002）认为，如果中国以推进人民币作为亚洲支点货币来迎接金融资本全球化的机遇与挑战，那么有关人民币的宏观金融政策就不再是独立的国家经济政策，而是综合考虑了区域内其他国家金融经济发展需要的，带有区域政策色彩，丧失了一定的货币政策独立性。姜波克、张青龙（2005）认为①，人民币国际化会造成货币政策的两难、价格政策上的两难、国际收支维持和调节的两难、财政政策的两难和三元悖论的困惑。人民币国际化研究课题组（2006）认为②，人民币国际化会对我国经济金融稳定产生一定影响，增加宏观调控的难度，加大人民币现金管理和监测的难度。马荣华（2009）认为③，人民币国际化进程中人民币汇率有长期升值的压力，会造成我国货币市场利率上升的压力，会对我国经济增长和国际收支产生不利影响，也会对我国的物价稳定产生不利影响，产生通货紧缩，同时会降低我国的货币乘数，影响我国货币供应量，会导致我国的利率汇率频繁波动，影响我国对资本管制的效果，增大金融机构的经营风险，导致货币政策的独立性逐渐减弱，人民币国际化还会使我国的地缘政治关系恶化。匡可可（2011）认为，伴随人民币国际化而来的经济的开放性、汇率变动幅度加大、资本流动加速等因素会影响到国内货币政策的传导机制，从而影响到货币政策的调控和执行效果。④翁东玲（2014）也认为，在封闭经济条件下，央行凭借货币政策工具对国内经济变量的影响来实现既定的货币政策目标，一旦人民币国际化开启后，一些在人民币不可兑换、汇率固定和资本管制等条件下发生作用的货币政策，可能会受到汇率变动、资本频繁流动的影响而失去效果。按照凯恩斯学派的货币政策传导机制理论，通过货币供给量的增减影响利率，利率的变化则通过影响资本边际效益使投资以乘数方式增减，而投资的变化会进而影响总支出和总收入。例如，当中央银行实施从紧货币政策提高利率以收紧银根时，境外人民币资金在高利率吸引下以直接投资名义

①姜波克，张青龙.国际货币的两难及人民币国际化的思考［J］.学习与探索，2005（7）：17—27.

②人民币国际化研究课题组.人民币国际化的时机、途径及其策略［J］.中国金融，2006（5）：12—13.

③马荣华.人民币国际化进程对我国经济的影响［J］.国际金融研究，2009（4）：79—85.

④匡可可.人民币国际化对中国货币政策的影响［J］.金融理论与实践，2011（11）：66—70.

大量涌入境内，反而增加了境内人民币资金的供给，减弱了央行的货币政策效果；而当中央银行实施宽松货币政策降低利率以放松银根时，有可能诱发境外投资者将人民币资金调离出境，反而减少了境内人民币资金的供给，同样也是减弱了央行的货币政策效果。大规模的人民币资金无论是迅速涌入境内还是抽离出境，都可能导致我国货币市场人民币供求关系的变化。一旦这种变化超过一定幅度，就会对货币市场的平稳运行造成冲击，甚至带来货币市场价格的剧烈波动，这无疑将增加货币市场主体的交易风险，也会影响货币市场功能的正常发挥，并在一定程度上对冲了我国货币政策效果。

此外，人民币国际化后，央行对人民币的存量的管理和监测难度加大。国内外的经济变量都会影响人民币的需求，非居民对人民币的需求成为货币需求函数的关键因素之一。这部分人民币由个人或企业持有，或外国政府以外汇储备的形式持有。如果人民币在世界范围内大量流通、流动性增强，可能导致该货币需求产生巨大波动，进一步增加货币存量的监测难度。人民币国际化后，还有可能产生货币替代现象。[①]人民币国际化为人民币替代外币和外币替代人民币都提供了可能，而这种可能性会导致央行对货币数量的衡量、控制都更为困难，进而影响货币政策的效用。具体来说，货币替代对货币政策的影响主要体现在以下几方面：其一，货币数量的来源和构成发生变化。人民币国际化后，货币需求的变动包含了本外币两部分需求的变化，货币供给也不再局限于本国央行发行的货币，传统的定义难以衡量货币存量，国际资本的流动性势必加大央行对人民币统计监测的难度，无法准确把握货币存量。其二，利率的决定更为复杂。由于本币不但面临国内居民的需求，还面临非居民的需求；在对称性货币替代的条件下，一国居民不仅对本币有需求，还对外币有需求。因此，两国的货币需求函数就要考虑本外币之间的相对数量关系，比无替代时复杂许多，导致央行难以控制本国的货币量。其三，国内信贷总量和货币总量超

---

①货币替代是指一国居民因对本币的稳定失去信心，或本币资产收益相对较低时，发生大规模本币的货币职能全部或部分被外国货币替代的现象。

出央行的控制范围。本外币之间的大量兑换是货币替代的主要表现形式，在特定的条件下，可能出现货币反替代现象，即外币大规模地对本币的替代，外币会大量涌入并通过国内金融体系转化为本币存款和信贷，削弱央行对货币总量的调控能力，削弱货币政策调控的力度。目前，中国人民银行对货币供应量、利率、信贷规模具备较强的调控能力，货币政策调控的作用比较直接。人民币国际化后，国内和国际的货币需求会直接影响央行的货币供给，全球主要经济体对人民币的容纳与吞吐将对中国的货币供应量造成较大冲击，人民币发行量必须同时满足国内和海外的需求。大量人民币在国际金融市场流通的情况下，中国人民银行对国内人民币的调控能力将会受到国际上流通的人民币的限制和约束，从而削弱中国货币政策调控的力度。

根据三元悖论的观点，一国不能同时维持汇率稳定、资本自由流动和货币政策的独立性，只能在三项中选择两项。由于高度开放的金融市场和货币价值稳定是国际货币的重要前提，因此国际货币发行国通常只有一种选择，即汇率稳定和资本自由流动的组合。人民币国际化进程，很可能导致中国在汇率政策上丧失主动性。若实行人民币贬值策略不仅会损害到人民币支付体系，还会遭到持有人民币作为国际储备货币国家的反对，导致人民币的声誉受到损害。人民币国际化后，央行不会放任人民币大幅或频繁波动，这种目标可能与抑制通货膨胀的目标发生矛盾，实现内外平衡之间出现矛盾，限制了货币政策调控的难度。

在浮动汇率制度下，不同政策偏好的国家可以运用自己的货币政策工具和财政政策工具，达到各自的宏观政策目的。但在人民币国际化的情况下，中国需要与一些国家建立货币合作和货币政策协调，这就会导致人民币汇率政策工具部分失效，限制了货币政策的自主性。根据丁伯根的"工具—目标"法则，政策工具至少应该和目标数一样多。如果一国当局只有内部平衡一个目标，那么政府可以运用财政政策加以实现，汇率工具和货币政策自主性的丧失的影响不大。但在同时考虑内外均衡的情况下，政府将面临政策工具不足的状况。虽然建立货币合作可以在一定程度上维持外部平衡，但在面对一国持久赤字，另一国持久盈余的情况时，人民币汇率政策工具失效将导致中国失去谋取外部平衡的政策工具。

境外人民币资产不仅会对境内人民币的汇率/利率产生非常重大的影响，也会冲击境内的流动性管理，并影响到货币政策的有效性。[①]境外人民币资产的汇率和利率价格会对境内形成冲击。因投资渠道限制，香港离岸人民币市场利率一直低于内地。目前香港的人民币存款利率较境内明显为低，比如香港一年期的人民币存款利率为0.6%左右，境内为3%。香港发行的人民币债券的收益率比境内同类债券收益率要低50—200个基点，再加上境内人民币利率市场化定价尚未实现，所以不同的收益率就为货币套利留下了空间。境外人民币资产的爆发式增长，使得境内基础货币投放的内生性越来越明显，并将深刻改变我国货币供给结构，影响货币政策的独立性。日元国际化的教训值得警示。据统计，1984—1989年的5年中，日本银行以日元计价的跨境资产和负债总额年均增速超过60%，这其中欧洲日元离岸市场成为日本境内银行获取短缺资金的新渠道，增速甚至超过央行公开市场操作。这致使银行对央行资金供给的倚重从1984年年末的70%下降到54%，从而导致国内货币政策传导机制变形。当资产泡沫出现时，央行控制货币增速的措施失灵。因此，国内的货币当局应对人民币的境外资产以及流动性做好统筹监测与管理，不能忽视人民币国际化加速过程中的宏观溢出风险。此外，在人民币国际化以后，货币政策的溢出效应被放大，与其他国家在货币经济领域的相互联系、相互影响和相互依存日益加深，我国制定的货币政策可能会对其他国家产生显著的影响。货币政策的溢出效应可能导致中国的货币政策不能正常发挥作用，或者只能部分作用于国内的经济变量，而国外货币政策的回馈效应又会通过人民币波及国内，影响国内货币政策的效果。

总之，人民币国际化之后，国内货币政策调控的环境更加复杂。因为不仅要考虑国内的货币需求，还要对国外的货币需求进行估算，否则货币政策很难收到预期的效果。人民币国际化后，必然要求中国的货币政策调控模式由数量型向价格型转变，人民币国际化后资金的频繁进出客观上也

---

①张茉楠.关注人民币国际化的宏观溢出风险［N］.上海金融报，2011-06-24（A02）.

会对国内的利率、货币供应量等主要货币政策变量产生更加复杂的影响。因此，央行的宏观调控不仅需要关注国内经济金融形势，还要考虑本国货币政策的外溢效应及境外的输入效应。未来人民币国际化后，其货币政策的制定会对世界其他国家产生外溢效应，需要兼顾中国自身利益与可能对他国的冲击。[①]

（2）对汇率的稳定产生不利影响

人民币在实现国际化的初期，必然会给国际国内的投机家们创造了大量的投机套利机会，[②]导致没有真实贸易投资背景的人民币资金频繁跨境流动，这势必会严重影响到人民币汇率的稳定。由于我国资本账户到目前为止只是部分可兑换，同时在海外存在几个人民币离岸市场，这就形成了在岸和离岸市场，即两种市场、两种价格，这很容易导致套利交易，会引起一些不正常的资金的跨境流动，事实也是如此。从长远来看，分割的市场不利于离岸人民币市场进一步扩大，也不利于第三方使用和在国际储备货币中发挥作用。如目前境内一年期的人民币存款利率比香港同期的人民币存款利率高0.63个百分点。人民币汇率的离岸价格与在岸的价格走势是基本一致的，但两者之间存在比较大的水平差异，这也为人民币的跨境套利提供了有利的机会。目前我国人民币资金跨境流动的途径主要体现在人民币跨境贸易结算、人民币直接投资、人民币境外债券发行、人民币境外股票发行（IPO）、人民币合格境外机构投资者（RQFII）、开放银行间债券市场等。而人民币境外债券发行、人民币境外IPO都在我国香港、英国伦敦、新加坡离岸市场上进行。无论通过哪条渠道进行都存在一定的风险，都有可能影响到国内货币供求关系的变化，一旦这种变化节奏骤然发生或超过一定幅度，就会对货币市场的平稳运行造成冲击，同时对我国的宏观调控、资本管制和债务管理都将带来一定的负面影响。

如果中国货币资产收益率相对于其他国家的资产收益率处于较高的水平，那么，国外资金将会大量流入中国境内，冲击中国外汇市场，导致人

---

① 张强. 人民币国际化的成本与收益分析［D］. 北京：首都经济贸易大学，2018.

② 所谓的人民币投机套利是指在无真实贸易背景或融资需求的情况下，绕过监管部门管理，通过人民币跨境结算来获取利差和汇差的行为。

民币剧烈升值。反之，当国外资产收益率高于中国境内资产收益率时，国内资金为追求其他国家高资产收益率而纷纷外逃，此时将导致人民币的急剧贬值。无论升值贬值，都会对中国国内经济金融的稳定带来较为明显的冲击，控制不住就可能引发金融危机。1997年亚洲金融危机，当时国外投机者毫无阻力地在马来西亚等境外市场借入大量泰铢，转而在泰国外汇市场上集中大量抛售，泰国政府多次干预后外汇储备濒临枯竭，被迫放弃干预，导致泰铢迅速大幅度贬值，通过多米诺骨牌效应迅速波及周边地区，从而引爆亚洲金融危机的发生。

已有研究发现，香港离岸人民币市场与大陆在岸人民币市场之间，存在较为明显的套利套汇现象。[①]所谓套利套汇，是指基于一定贸易或账户背景，通过人民币的跨境结算或者资金流动获取无风险收益的行为。由于离岸市场与在岸市场的人民币现汇价格和人民币利率水平存在明显差异，由此产生的大量套利套汇行为推动了人民币跨境结算额度的快速上涨，两个市场之间形成了互动。因此，我们可以认为，目前的人民币国际化进程在一定程度上也受到了套利套汇行为的驱动，但这与我国推进人民币国际化的初衷相去甚远。在人民币持续升值时，套利套汇会导致热钱涌入的压力增加；在人民币持续贬值时，套利套汇会导致资本外流的压力增加。[②]过度套利套汇可能引发人民币即期汇率更大程度的贬值预期，从而陷入套利套汇和贬值的恶性循环。俞业夔[③]对利用汇差、利差进行套汇、套利的几种主要方式进行了实证分析，认为在2012年下半年到2014年上半年，离岸人民币（CNH）的汇价高于在岸人民币（CNY），汇差基本在400个基点以内。2014年下半年开始，CNH汇价明显低于CNY，且汇差有逐渐加大的趋势，在2015年"811汇改"后，人民币贬值预期加大，在岸离岸市场人民币的汇差多次突破1000个基点。2016年年初，由于央行在离岸市场进

①张明，何帆. 人民币国际化进程中在岸离岸套利现象研究［J］. 国际金融研究，2012（10）：47—54.

②张斌，徐奇渊. 汇率与资本项目管制下的人民币国际化［J］. 国际经济评论，2012（4）：63—73.

③俞业夔. 人民币国际化进程中浙江省跨境人民币套利套汇现象研究［J］. 浙江金融，2017（5）：64—73.

行干预，一度出现CNH汇价高于CNY，但很快又恢复到CNH汇价低于CNY的局面。造成两地的现汇汇差变化的原因是人民币升贬值预期的变化。存在升值预期，汇差为正；反之亦然。内地和香港的贸易企业使用人民币结算，在一定程度上能够从汇差中获益。

（3）削弱本国经济金融体系的稳定

人民币国际化与资本市场的开放和金融管制的放松是紧密相连的，随着人民币国际化的深入发展，中国资本账户的开放也将逐步进行，带有短期投机性质的资本大进大出的机会增加了，大量的国际资本频繁进出国内，给中国系统性金融风险的累积，通货膨胀的输入、输出提供了更为便捷的渠道，从而增加了中国金融体系的不稳定性和潜在金融危机爆发的可能性，而一旦金融危机爆发，将会通过多米诺骨牌效应加剧金融危机的传导。货币替代也可能会引发资本外逃，影响金融体系的稳定。具体来看，人民币国际化势必带来大量的人民币资金的跨境流动，由于对境外人民币现金需求和流通的监测难度较大，将会加大中央银行对人民币现金管理的难度，加大资金大进大出的风险，影响金融市场的稳定发展。根据国家外汇管理局历年的国际收支统计监测系统的数据，2010年跨境人民币收付总额比上年增长12倍，2011年比上年增长4倍，2012年比上年增长约1倍。2013年人民币跨境收付总额高达6.2万亿元，人民币已经成为我国仅次于美元的第二大对外结算币种。根据《中国跨境资金流动监测报告》有关资料计算，2011年我国人民币净流出约合400亿美元，2012年净流出仅为34亿美元。2013年仅RQFII机构共汇入人民币资金382亿元，汇出资金268亿元，净汇入资金115亿元。人民币资金的大规模流动会使中国汇率大幅度波动，造成中国金融市场的动荡。在实际操作中，银行很难区分企业往来资金的性质，对贸易的真实情况也难以判断，在利益驱动下，部分资本项目下的资金可能假借贸易渠道进出我国，有些投机性资金也可能通过虚假贸易进出我国，一些违法所得也可能通过跨境贸易人民币结算渠道非法转移到国外，这都使资本项目管理的有效性大为减弱。同时人民币现金的跨境流动可能会加大一些非法活动如走私、赌博、贩毒的出现，也会增加反假币、反洗钱工作的难度。因为要认定境外人民币的合法性有一定的难度，尤其是在我国的边境地区，边境贸易与投资中都大量使用现金，银行账户内的存款也大多以现金存入，所以很难确认其人民币资金来源的合法性，特别是难以排除"洗钱"的可能性。

随着人民币国际化的深入，在境外流通的人民币数量将随着人民币国际化进程而增加，境外投机者可在离岸市场上获得大量的人民币。在获利驱动下，这些人民币可能大量流入内地证券市场和房地产市场，造成股票和房地产价格的快速上涨，形成泡沫经济，金融机构此时可能会改变自己的风险偏好，在有效金融监管不足的情况下，信用过分膨胀，使金融风险不断累积；不但一定程度上削弱了货币当局实施宏观经济政策的效果，还扰乱了正常的金融秩序，给人民币汇率形成贬值压力，一旦良好的经济形势发生逆转，大规模的资本流出必然会造成资产价格大幅下降，增加了银行不良贷款，使资本外逃的风险不断增加，对实体经济势必造成巨大的冲击。一旦形成大规模的资本外逃，可能导致泡沫经济的崩溃，引发金融经济危机，造成社会动荡。最终使得实体经济增长出现停滞和下降。此外，人民币的跨境直接投资还极有可能增加金融经济危机的地区传染性，因为人民币跨境直接投资将进一步强化我国与世界各国的经贸联系，进一步增加我国经济与世界经济的相互依赖性，无论与投资相关的哪一个国家和地区发生经济金融危机时，境内外的投资损失都会对我国经济金融产生一定程度的负面影响。

此外，货币替代也有可能发生，从而影响金融经济的稳定。张强（2018）认为，随着非居民持有人民币数量的不断增多，如果某种因素导致非居民对人民币信心突然下降，非居民会迅速使用其他货币替代人民币，将会出现人民币被抛售和被挤兑行为。2015—2017年，境外市场对中国经济和金融市场风险上升的预期加强，引发人民币资产需求下降甚至一度出现减持人民币资产，人民币汇率承受贬值压力，这实质就是人民币的储备货币职能被其他储备货币（主要是美元）削弱和替代。如果想要稳定人民币汇率，也只能用美元等其他储备货币作为干预货币，即出售我国的美元外汇储备，干预人民币汇率，使之保持稳定。货币替代一方面提高了经济个体抵抗通货膨胀的能力，在对外贸易中能够减少由于频繁的货币兑换带来的交易成本，但是也会减弱铸币税收入。

（4）提供国际清偿力的成本

人民币国际化也难以回避"特里芬悖论"，"特里芬悖论"又称"特里芬难题"，是指国际货币发行国维持汇率稳定目标与提供国际清偿力义务之间的矛盾。人民币实现国际化后，其他国家的货币将与人民币挂钩，各国为了发展国际贸易，会用人民币作为结算与储备货币，这样就会导致人民币的流出并在海外不断沉淀，对中国来说就会发生长期贸易逆差；而作为国际货币核心的前提是必须保持币值稳定与坚挺，这又要求我国必须是一个长期贸易顺差国，这两个要求互相矛盾，无法解决。目前，中国国际收支的地位比较强势，多年的双顺差和大量的外汇储备使中国在为周边国家和地区提供人民币资产时并没有面临以上问题的冲突。但是，一旦人民币充分实现国际化以后，"特里芬难题"就有可能出现，一旦出现"特里芬难题"，若非居民对人民币的币值缺乏信心，人民币国际化就有可能出现逆转。事实上，2016—2017年我国人民币国际化就出现了从最高峰值转为下降的趋势。

（5）人民币国际化过程中的"美元陷阱"风险

"美元陷阱"是美国布鲁金斯研究所高级研究员、康奈尔大学教授艾斯瓦·普拉萨德所著的《美元陷阱》中提出的概念，他认为全球已经陷入"美元陷阱"。在书中，普拉萨德回顾并分析了美元占据全球经济和货币体系核心地位的过程，同时他也论证了在可见的未来美元的主导地位仍将是国际金融及整个货币体系的基石。他认为，全球大量的外国金融资产均以美元形式存在，包括天量的美国政府债券。因为没有任何一种资产能够像美元资产那样既提供避险功能，同时资产池又足够大到可以容纳全球投资者的天量投资。普拉萨德与主流观点相反，认为金融危机其实强化了美元在国际货币体系中的主导地位：其他币种资产避险功能远不及美元，美国成为提供避险资产的唯一国家；而在新兴市场面临资金回流发达国家之际，为稳定本国金融体系，不得不加速积累外汇储备，以降低跨境资金回流带来的金融动荡；而金融监管改革也要求金融体系内市场主体增加对安全资产的配置，因为银行需要流动性更强的资产来满足资金流动的需求。

之所以存在"美元陷阱",是因为美元资产的避险功能和美元在国际货币体系中的主导地位如同一个陷阱,不断地将全球资金吸入,随着越来越多的资金进入这个陷阱,美元的主导地位就越是强化。普拉萨德还在《美元陷阱》一书中表示,美元之所以如此强大,与美国多年来形成的国际信用紧密相关。在国际金融中,所有事物都是相对的。他并不是说美国有特别好的政治前景或是增长前景,而是综合考虑金融机构体系后,其他国家不如美国强大。美国有着其他国家难以比拟的优势:深度的金融市场、强有力的央行、法律体系,这让美国得到了其他国家的高度信赖。普拉萨德对比较热点的货币欧元、日元、英镑、人民币都做了分析,得出的结论是无一能取代美元,甚至国际货币基金组织(IMF)的特别提款权都不具备这种潜能。各国央行在国际金融危机中的应对,加速了货币贬值战,采取各种非常规方式避免本币升值甚至是强迫本币贬值,这更促使全球投资者转向美元及美国国债避险。鉴于中国全球第二大经济体的地位,以及中国政府正在大力推进人民币国际化,人民币取代或者至少成为与美元并驾齐驱的国际储备货币的说法似乎从理论上可行性比较高,但普拉萨德认为从理性的角度来分析,中国持有的超过1.3万亿美元的美国国债已经绑住了中国的手脚,中国资产安全与美元国际货币体系主导地位直接相关,中国是最有潜力"砸烂"美元的国家,但同时也是最不愿意美元被"砸烂"的国家。在可预见的未来,美元地位不会受到挑战。不过,值得注意的是,普拉萨德所谓的"美元陷阱"更多强调的是美元作为主导的储备货币的地位不会受到冲击,但作为支付货币,普拉萨德认为其他货币的重要性会有所提高,而且伴随着美国和其他国家的劳动生产率比较关系的变化,美元也会对某些货币贬值。

　　余永定(2011)认为[①],当中国的外汇储备迅速增加时,中国也在不知不觉中陷入了"美元陷阱",现在希望通过推行人民币国际化来摆脱"美元陷阱",但是如果考虑不周,中国就会进一步陷入"美元陷阱",并使中国的国民福利遭受进一步损失。实践表明,中国推行人民币国际化

①余永定."美元陷阱"让中国进退两难[J].共产党员,2011(17):28.

的"路线图"存在一系列问题。只有对人民币国际化的各个环节进行缜密的思考，并不回避"逆向思维"，我们才能够避免重犯当年陷入"美元陷阱"的错误。

流行观点认为，为了推进人民币国际化就要让人民币在贸易和金融交易中尽可能多地充当计价货币和结算货币。然而，这种理解并不正确。美元是世界上国际化程度最高的货币，但美国海外资产的绝大部分就不是用美元标价的。任何国家都同时拥有海外资产和海外负债。如果一国在境外投资总额的价值小于外国在本国投资总额的价值，即对外债权小于对外债务，则该国的净国际投资头寸（NIIP）为负；反之，该国的净国际投资头寸就为正。由于长期保持贸易逆差，美国积累了大量外债。尽管美国在海外也有大量债权（资产），但其债务（负债）超过债权，其净国际投资头寸为负。与此相反，中国对美国的债权大大超过对美国的债务，是美国的债权国。有趣的是，尽管从2002到2007年，美国每年的经常项目逆差都超过5000亿美元（2006年还超过了8000亿美元），美国的净国际投资头寸始终保持在20000亿美元左右。尽管美国从1988年起就成为净债务国，但直到2005年，美国经常项目账户上的投资收益始终是正数。为什么年年借外债，而以净国际投资头寸衡量的净外债却不增加？为什么明明是债务国，净投资收入（investment income）却是正值（向别人借钱，不但不支付利息，反倒收取利息）？其中的秘密在于：美国的对外债权是外币计价，对外债务是美元计价。美国的对外债权以证券投资和对外直接投资（FDI）为主（如美国跨国公司在中国的FDI），美国的对外债务以国债为主（如中国所购买的美国政府债券）。如果美元贬值，以外币标价的美国资产的收益，在折算成美元汇回美国时，将会增加。而投资于美国的以美元标价的外国资产的收益却不会发生变化。这样，随着美元对人民币的贬值（或人民币对美元的升值），中国对美国的净资产（美国对中国的净债务）就会缩水，中国对美国的净投资收入就会减少。理论上，尽管中国目前是美国的债权国，只要美元贬值足够充分，只要美国对中国的股权投资回报率足够高（2008年美国跨国公司在华投资的收益率在33%左右，而中国对美国国债投资的名义收益率只有3%左右），中国就可能自动地由美国的净债权国变成美国的净债务国。因而，在考虑人民币国际化问题时，我们必须考虑中国海外资产与负债的结构问题。而币种结构则是人民币国际化的核心问题之一。美国海外资产与负债的币种结构最大限度地保护了美国的国家利益。因此，在推行人民币国际化的同时，中国应该仔细考虑中国海外资产与负债的币种结构问题，应当时刻关注美国经济以及美元的走势，以避免中国净国际投资头寸和投资收入的缩水。在美元趋于贬值的情况下，应该做的事情是减少美元资产或将美元资产置换为人民币资产，减少人民币负债或将人民币负债置换为美元负债。在美元趋于升值的情况下，应该做的事情是增加美元资产或将人民币资产置换为美元资产，增加人民币负债或将美元负债置换为人民币负债。否则，推行的人民币国际化的一些措施必将造成中国福利的进一步损失。例如，在人民币升值期间，中国出口的人民币结算必然导致中国美元资产（美元外汇储备）的增加。而中国对非居民发售人民币债券会导致中国人民币债务的增加。从资产置换的角度来看，中国推行人民币国际化应该是努力减少美元资产、增加美元负债、增加人民币资产和减少人民币债务。而不是不分资产与债务，笼而统之地推行人民币国际化。同时，人民币国际化的核心问题也不是人民币作为结算货币而是作为计价货币的使用。[①]

（二）微观层面的成本收益分析——对企业来说

1. 收益方面的定性分析

第一，规避了汇率风险。以曹红辉（2008）[②]为代表的许多学者认为，人民币国际化的一个好处是外贸企业的成本和贸易结算以人民币计价时，可以大大减少其面临的汇率风险。由于对外贸易从签订合同到结汇，一般存在几个月的时差，如果用美元报价，一旦美元汇率贬值，人民币体现的利润就会遭受损失。而如果采用人民币报价，人民币汇率的升贬值就对企业利润没有影响，基本上可以锁定货款的结汇风险。但是，现实中很多中国企业在中间产品和原材料环节中相当部分是来自美元标价的进口，如果出口使用人民

① 余永定.再论人民币国际化 [J] .国际经济评论，2011（5）：7—13+3.

② 曹红辉.人民币区域化的新进展及发展态势 [J] .中国金融，2008（10）：44—45.

币标价，尽管规避了出口汇率风险，但同时也加剧了企业的进口汇率风险。因此最好是进出口同时用人民币计价结算。但是很多时候企业是没有定价权的，因此有的企业就尽量采取了部分采用美元计价、部分采用人民币计价的折中办法。尤其是在东亚区域内贸易中采用人民币报价具有一定的可行性和适用性。有的跨国公司在内部实行美元计价和结算实际上是为了平衡需求和成本的汇率风险。随着中国企业国际化的不断进展，企业直接在外国市场销售产品，获得的是当地货币，这时候若以人民币进行进出口计价结算则面临着双向的汇率风险。在本币国际化的初期，出口的本币计价比例并不受制于进口的本币计价比例。例如，日元国际化始于1984年。在1981年，日元在出口计价中的比例是28.9%，而进口计价中的比例仅为2.4%。1988年，这两个数字分别上升到34.3%和13.3%。

需要指出的是，在人民币国际化讨论中，我们往往把结算和计价混为一谈。以本币结算和以本币计价是两个不同概念。计价货币（invoicing currency）的选择问题在经济学文献中早有大量的讨论。事实上，国外文献讨论本币国际化问题时，一般所涉及的是计价货币而非结算货币。

第二，减少了交易费用和汇兑成本，节约了时间，提高了竞争力。交通银行课题组（2009）认为，人民币国际结算有利于节省企业进行外币衍生产品交易的有关费用和两次汇兑所引起的部分汇兑成本。通常在以非本币进行计价结算时，企业会与银行签订汇率衍生工具合约来管理汇率风险。无论是远期结售汇还是外汇期权等，这些工具的运用都会产生一笔不小的费用。比如根据某大型商业银行的美元—期权报价，半年期的期权费为执行汇率的1.0%—1.5%，而一年期的期权费则为2%左右。企业使用一年期远期结售汇的成本，往往为合约金额的2%左右。若完全采用人民币计价结算，企业就无须承担该项费用，从而减少了成本，提高了收益（中国金融四十人论坛，上海新金融研究院，2017）。此外，使用人民币计价结算使企业无须通过银行进行货币兑换，无形中就缩短了结算链条，节约了在途结算时间，从而提高了企业的资金使用效率。中国人民银行在调研中发现，若境外买家愿意以人民币结算，我国出口企业则愿意让出高达3%的折扣。这表明我国企业若使用美元等外币结算的综合成本至少会高出3%。

2016年我国跨境贸易人民币结算金额为29.15万亿元，若按照3%测算，企业节约的成本超过了8700亿元。我国出口商品在全球出口中的份额从2008年的8.9%提高到2015年的13.2%，这也从事实上说明了人民币跨境贸易结算有利于企业出口，从而推动了出口贸易的增长。

第三，拓宽了企业融资渠道，降低了企业筹资成本。国际货币通常都存在一个不受母国管辖的离岸市场，人民币在国际化过程中也产生了几个离岸市场。中国香港是最早出现的人民币离岸市场，之后出现了新加坡、伦敦、中国台湾、纽约等离岸市场。2015年之前，离岸市场上的人民币存款利率均高于在岸市场的存款利率，贷款利率则低于在岸市场的贷款利率，发行的债券利率也低于在岸市场的债券利率。离岸市场上的人民币存贷款利率都比在岸市场更优惠，因此就客观上推动了企业到离岸市场融资的积极性，这等于是拓宽了企业的融资渠道，降低了企业的筹资成本。比如2014年离岸人民币债券发行高达1860亿元，2007年7月至2015年12月，离岸人民币债券累计发行710只，发行额累计7412.6亿元。其中企业债券累计发行273只，发行额累计2974亿元，跟境内债券的发行利率相比，离岸市场的平均低了100—200个基点，融资成本明显低于在岸市场。又如在2013年进行试点人民币贷款业务的青岛韩国银行，其平均贷款利率仅为3.9%，而央行同期公布的贷款加权平均利率为5.27%，离岸市场比在岸市场的贷款利率低了1.37个百分点（中国金融四十人论坛，上海新金融研究院，2017）。

第四，有利于企业开展对外直接投资活动。在人民币国际化之前，我国企业开展对外直接投资，往往要先将人民币兑换成美元或使用自有的外汇资金汇往投资国，在当地注册有时还需要兑换成当地货币，其间要经过多次货币兑换，每次兑换都会因外汇买卖价差而遭受一定的损失，采用人民币对外直接投资以后，就能减少兑换货币的成本，从而降低了企业投资的成本和风险，提高了企业对外投资的积极性，这也是2009年以来我国人民币对外直接投资快速增长的原因之一（中国金融四十人论坛，上海新金融研究院，2017）。

2. 成本方面的定性分析

第一，出口企业要承受人民币升值的压力，从而削弱了出口竞争力。

一国的货币国际化后通常要呈现升值的走势，日元、马克都经历过升值的过程，这也是它们当初抵制本币国际化的一个重要考虑。2009年6月以后到2014年年初，人民币兑美元汇率升值了13%，虽然人民币国际化不是人民币升值的唯一推动力，但至少是其中主要的因素之一。本币升值对本国的出口企业打击最大，尤其是那些无法以人民币计价结算的产品，以及无法通过对外投资将生产转移到海外成本更低的国家的企业来说，面临的是生死存亡之战。根据统计数据，近年来我国出口产品中以人民币计价结算的最高比例也才30%，那些不以人民币计价结算的产品的出口竞争力被严重削弱。但从实际出口数据来看，人民币升值对出口的影响并不是十分显著（中国金融四十人论坛，上海新金融研究院，2017）。

第二，人民币国际化过程中的汇率波动加剧，这对企业的跨国经营也是个不利因素。在人民币国际化初期，我国企业固然可以通过资产本币化、负债外币化来实现自身利益的最大化，但随着货币国际化发展到一定程度或者汇率市场化程度的提高，人民币汇率波动加剧，当人民币汇率由升值转为贬值时，外币负债的成本就上升，本币资产就会缩水，企业的利益就会受损。

总之，人民币国际化已经成为中国发展过程中的一个重要选项。随着中国经济的发展，中国政府逐步推行人民币国际化是必要的。但是，必须看到人民币国际化并不能取代中国的经济结构调整，不能取代人民币汇率的调整。在存在大量国际收支顺差、人民币升值预期强烈的条件下，推行人民币国际化也不能减少外汇储备的增加，不能使中国避免美元贬值冲击所造成的福利损失。目前人民币国际化所涉及的人民币总量与中国经济规模、中国的国际收支和中国的外汇储备相比依然很小。由经济失衡所带来的种种问题更不能归罪于人民币国际化带来的问题（余永定，2011）。同时我们也要看到，正因为货币国际化对一国经济的运行影响很大，因此并不是所有国家都在谋求其货币的国际化，也正因为影响货币国际化的因素很多，因此并不是所有谋求货币国际化的国家都能够顺利实现本国货币的国际化。总而言之，人民币国际化进程中不可避免地会产生风险。但在人民币国际化渐进的推进路径上，完全可以通过有序推进人民币国际化和逐步完善国内经济金融体系建设来规避风险。

　　尽管一国货币国际化会给该国带来一定的金融经济风险和各种消极影响，但从长远看，成功的货币国际化所带来的收益整体上远远大于所付出的成本。美元、欧元等货币的国际化实践说明，拥有了国际货币发行权，就意味着拥有了制定或修改国际事务处理规则方面的巨大的经济利益和政治利益。未来全球经济将呈现出美、欧、亚三强格局的发展趋势，中国要想在世界货币体系的变革中占有一席之地，就必须准确定位人民币国际化的发展目标，在推进货币国际化的进程中，发挥其对本国经济的有利影响的同时，将不利因素降至最低，使之成为亚洲区域的关键货币，进而在未来才有可能在与美元、欧元、日元的竞争中占有一席之地。

第四节　人民币国际化的现实基础

一、人民币国际化启动的国际背景

1. 现行国际货币体系的形成与特点

　　现行的国际货币体系是在布雷顿森林体系崩溃以后形成的。二战结束后，为了尽快恢复世界经济金融秩序，稳定各国货币，帮助各国更好地恢复和发展经济，1944年由美英两国牵头在布雷顿森林召开了会议，美国凭借其雄厚的经济实力、强大的政治军事实力和拥有当时全球最多的黄金储备（约占四分之三）的优势，确立了以美元为中心的国际金汇兑本位制。这是国际社会有史以来首次通过协议确立的国际货币安排，被称为布雷顿森林体系。该体系的核心内容就是双挂钩，即美元与黄金挂钩、各国货币与美元挂钩。该体系规定美元等同于黄金，美国准许各国政府或中央银行随时按官方价格（35美元＝1盎司黄金）向美国兑换黄金。各国货币的含金量由各自的政府自行规定，通过含金量的比例来确定同美元的汇率，同时有义务保证其货币与美元之间的汇率平价，使其波动幅度不超过1%，这样的汇率安排被称为可调整的钉住汇率制。该体系还对各国货币兑换、国际支付、国际收支调节等做出了相关规定，建立起了现代国际货币管理所必需的各项制度。国际货币基金组织、国际复兴开发银行等永久性国际金融机构就是那个时候建立起来的，还建立了统一的国际货币金融管理制度、规则等，由上述机构来统一组织、协调和监督，以保证各项原则、措施的顺利推行。国际货币基金组织被赋予实行监督国际汇率、提供国际信贷、协调国际货币关系的三大职能，成为维持布雷顿森林体系正常运转的中心机构。在这一系列协议的安排下，美元自然而然地成为各国除了黄金以外的最主要的国际储备货币。事实证明，布雷顿森林体系在一定程度上稳定了主要国家的货币汇率，有利于战后国际贸易、国际银行业和国际金融市场的发展，对战后世界经济的恢复和发展起到了良好的作用。[①]

经过十几年的时间后，西欧各国经济得到了快速的恢复和发展，各国的国际收支也逐渐由逆差转为顺差，各国的美元和黄金储备也伴随着出口的快速增长而逐年增加。而美国从20世纪50年代起国际收支开始出现了逆差，后面逆差越来越严重，同时美国的黄金储备因各国的频繁兑换而逐渐减少，美国资金大量外流。国际市场上的美元积累越来越多，出现了大量过剩，不断侵蚀着人们对美元作为主要储备货币的信心。这使美元汇率承受了巨大的冲击和压力，不断出现下浮的波动。到20世纪60年代末，美国的对外美元负债远远大于它的黄金存量，美元贬值的压力越来越大，世界各国纷纷弃美元而求黄金，导致世界各国对黄金需求大幅增加，美国的黄金储备迅速枯竭，美元危机频频爆发，1971年8月15日，尼克松政府终于在第七次美元危机爆发后宣布实行"新经济政策"，停止了美元与黄金的兑换义务。欧洲共同市场九国于1973年3月在巴黎举行会议，并达成了有关的汇率协议，联邦德国、法国等国家决定彼此之间实行固定汇率而对美元实行"联合浮动"。英国、意大利、爱尔兰等国则决定实行单独浮动，暂不参加"联合浮动"，其他西方各国货币也实行了对美元的浮动汇率。这表明西方国家在战后实行了近30年的固定汇率制被彻底抛弃，西方主要货币开始实行浮动汇率制，布雷顿森林体系至此彻底崩溃了（翁东玲，2010）。

①翁东玲.国际资本流动与中国资本账户开放［M］.北京：中国经济出版社，2010：123—132.

美国耶鲁大学教授罗伯特·特里芬在1960年提出了著名的"特里芬难题"来证明布雷顿森林体系的固有缺陷。他认为,以美元为中心的国际货币体系一方面要求美元价值维持稳定和坚挺,另一方要求美国大量输出美元,以满足全球贸易投资的支付需求,这本身就是互相矛盾的。表现在:为了保持美元价值的稳定,美国国际收支就必须保持顺差,而这又会造成美元储备资产的流动性短缺,不能满足国际贸易投资发展的需要,积累到一定程度就会形成"美元荒";若为了保持美元储备资产的充足流动性,保证充足的国际支付以满足日益增长的国际贸易和国际投资的需求,美国的国际收支必须保持逆差,而这又容易引起美元的贬值,导致美元汇率的不稳定,动摇人们对美元的信心,使得国际市场上出现了美元信任危机,积累到一定程度就会形成"美元灾",人们会大量抛售美元,抢购黄金。正是布雷顿森林体系的固有缺陷,导致了它不可避免的崩溃命运。虽然在当时的背景下,1969年国际货币基金组织曾经采纳了十国集团的建议,创新地推出了特别提款权(SDR)这样一种超主权货币,但是SDR也有它的局限性,并不能彻底拯救布雷顿森林体系。

布雷顿森林体系崩溃后,国际货币体系进入了牙买加体系,牙买加体系实际上就是一种不断变革的国际货币体系。布雷顿森林体系虽然完结了,但当时建立的国际货币基金组织等国际金融机构却一直在运转,并在国际货币体系中起到了非常巨大的支撑作用。1976年通过的《牙买加协定》,确认了布雷顿森林体系崩溃后浮动汇率制的合法性,继续维持全球多边自由支付原则。

如今,牙买加体系业已经运行了40多年了,其主要特征有:一是储备货币多元化。美元、欧元、日元、英镑等都在充当世界货币和储备货币的角色,但美元仍然是最主要的国际计价单位、支付手段和国际价值储藏手段。二是汇率安排多样化。世界各国可以根据本国情况自由决定汇率安排,目前既有实行固定汇率制的,也有实行浮动汇率制的,还有实行钉住某一种主要货币或一篮子货币的。发达国家多数实行浮动汇率制,发展中国家多数实行固定汇率制和钉住一篮子货币的汇率制度。虽然美元的国际地位遭到削弱,但其作为国际货币的中心地位仍无可替代,很多国家的汇率都选择钉住美元。三是国际收支调节多渠道。自牙买加体系以来，IMF并未对国际收支调节机制做出明确的规定，在制度上也无任何设计和约束来敦促或帮助逆差国恢复国际收支平衡，完全由逆差国自行调节国际收支的失衡。

但牙买加体系正式实行以来，每隔一段时间就会有金融危机发生，如1991年英国的货币危机、1992年欧洲汇率机制危机、1994年墨西哥等拉美国家的金融危机、1995年的美元危机、1997年的东南亚金融危机、1998年的俄罗斯金融危机直至2008年9月爆发的全球金融危机，以及随后引发的欧洲主权债务危机。这一系列危机说明当前国际货币体系功能的发挥已不能完全适应世界经济发展的要求，有必要重构或改革国际货币体系（翁东玲，2010）。

2. 现代国际货币体系的"新特里芬难题"

2008年的国际金融危机显明了以美元为主导的现代国际货币体系遭遇了"新特里芬难题"，表现在：其一，在以美元为主导的货币体系中，全球大部分的资产都以美元为主体，从而形成了对美国和美元资产的依赖性，也使得全球的资产配置风险过于集中，使得美国经济和金融市场的任何风吹草动都会被放大，同时波及全球的金融市场，加剧了全球金融市场的不确定性和不稳定性；其二，随着美国在全球经济地位的下降和美国国际收支的持续逆差以及美国的财政负债不断积累，人们对美元的信心在不断下降，这对美元的储备货币地位形成威胁；其三，美国为维护其国家利益，没有负担起储备货币大国应负的责任，其货币政策只体现其国家利益，国际上又没有别的力量可以对此加以有效约束。比如在国际金融危机期间，采取增发货币的方式来应对金融危机，实行了四轮量化宽松的货币政策，使得美国的实际对外负债程度减少，从而减少了金融危机对美国经济的影响，但这其实是危机的转嫁，大幅度增加了金融危机对其他国家经济和金融的不利影响。"新特里芬难题"本质上还是"特里芬难题"的现实反映，同样是反映了储备货币的供给和需求的矛盾。

为了破解这一难题，学者们纷纷提出了不同的改革方案，归纳起来有以下六种：一是建议建立"第二代布雷顿森林体系"；二是建议实行"新金本位制"；三是建议创立独立的超主权货币；四是建议设立若干区域性的国际货币；五是建议建立多元化的主权国际货币体系；六是建议实行货币发行权的自由竞争，废除政府对货币发行的垄断权，私人发钞行也可有独立的货币发行权，实现货币的多元竞争。①

我赞同第五种建议，即建立多元化或多极化的主权国际货币体系是最佳和最现实的选择，这将有助于缓解甚至解决现行国际货币体系存在的难以维持储备货币偿付能力、无法避免储备货币贬值甚至发生储备货币危机、国际货币体系长期不稳定的"新特里芬难题"。因为多元化或多极化的国际货币使市场参与者有了更多的选择，可以逐渐摆脱对美元的过分依赖，还可以通过货币的国际竞争，彼此约束、互相制衡，让"良币驱逐劣币"的市场机制发挥作用，从而达到改善现行国际货币体系的目的。未来的国际货币体系最大可能是一个包括美元、欧元、日元、人民币在内的货币多极化的体系，鉴于美元的特殊地位，它是不可能在短时间内退出国际货币的舞台，美元作为国际货币也许还将存在相当长的时间，目前还没有任何一个国家的货币可以与美元相抗衡。

3. 世界经济贸易格局的演变

进入21世纪以来，国际贸易格局逐渐显示出了与以往不同的特征：一是新兴经济体在国际贸易中的影响和作用不断提升，进出口贸易额在全球占比不断提高，已与发达国家势均力敌。尤其是中国在国际贸易中的地位更是日益提高，已是全球最大的贸易进出口国。二是各种形式的区域经济合作和各种形式的贸易安排层出不穷。由于WTO框架下的多边贸易谈判一直无法达成，各国纷纷寻找有着紧密贸易联系的伙伴国，签署了双边的或区域的贸易规则或贸易安排，促成了区域性贸易投资协定的产生，如全面与进步跨太平洋伙伴关系（CPTPP）、跨大西洋贸易与投资伙伴协议（TTIP）、区域全面经济伙伴关系（RECP）等等。跟多边化的贸易规则相比，双边的或区域的贸易安排不仅谈判成本低，而且见效快，转变灵活，越来越受到各国的青睐。据世界银行统计，全球有174个国家和地区至少参加了一个（最多的达29个）区域贸易协议，平均每个国家或地区

①李世刚.国际货币体系改革与人民币国际化［J］.经济研究参考，2014（9）：24—34.

参加了5个。目前较大规模的区域经济一体化组织有欧盟、北美自由贸易区、亚太经济合作组织（APEC）、独联体国家经济联盟、欧亚经济共同体、南锥体共同市场以及中国—东盟自由贸易区（ACFTA）以及亚太地区的"10+1""10+3"区域经济合作等。我国除了中国—东盟自贸区外，还分别与智利、巴基斯坦、秘鲁、新西兰、新加坡、哥斯达黎加、冰岛、瑞士、澳大利亚、韩国等多国正式签署了双边自贸协定，与日本、海湾合作委员会的自贸区项目也正在谈判当中。三是各国加强了贸易保护主义，保护的形式和保护的手段也发生了较大的改变。根据WTO的统计，自2008年以来，G20经济体采取了1583项新的贸易限制举措，仅取消了387项此类措施。在2015年10月中旬到2016年5月中旬，这些经济体采取了145项新保护主义措施——月均将近21项，这是2009年WTO开始监测G20经济体以来的最高水平。①各国不仅采取传统的关税壁垒和非关税壁垒措施针对特定产品的保护，还采用了环保、社会责任、知识产权保护等措施，蓝色壁垒②、绿色壁垒措施也常常被使用，同时依靠贸易新规则形成的壁垒进行保护也成为一大热点，使国际贸易呈现出"规则之争"代替以往的"市场之争"的趋势。比如美国在退出TPP之前，就力图推行代表发达国家利益的高标准的贸易投资规则，这些规则涵盖了安全标准、技术贸易壁垒、动植物卫生检疫、竞争政策、知识产权、政府采购、争端解决以及有关劳工和环境保护，这不仅意味着全球贸易规则的升级，更是使贸易保护从单纯的贸易领域渗透到政治领域和社会领域。随着我国在全球贸易地位的不断提高，我国所遭遇的对外贸易纠纷和经济政策摩擦迅速增多，根据商务部统计，2015年，共有23个经济体对华启动98起贸易经济调查，其中反倾销72起，反补贴9起，保障措施17起。从一定程度上讲，贸易摩擦多发高发也反衬出中国成为第一货物贸易大国后在国际贸易格局中的重要地位。

①徐行译. WTO：全球贸易保护主义抬头—中国贸促会[EB/OL].http://www.ccpit.org/Contents/Channel_4046/2016/0623/661412/content_661412.htm.
②蓝色壁垒，也称劳动壁垒，指的是进口国家以劳动者劳动环境和生存权利为借口所采取的相应贸易保护措施，包括了工时与工资、劳工标准以及健康与安全等。

　4. 2008年国际金融危机的发生

　2007年美国次贷危机爆发，逐步波及除美国外的欧盟和日本等世界主要国际金融市场，美国的次贷危机使全世界清醒地认识到，伴随着经济全球化程度的越来越高，以美元为主的国际货币体系出现了很大的问题，以美元作为国际货币结算及当作国际储备的缺陷越来越大。最主要的体现在现行的国际货币体系无法提供相对稳定的汇率环境，美元汇率波动频繁，一方面致使金融危机时有发生，另一方面导致持有美元储备和进行美元交易的风险大大增加，尤其是发展中国家面临越来越大的货币错配风险，导致发展中国家财富的巨大损失。通常国际货币体系的产生有其内在的规律性，这个货币体系发挥的功能应当适应世界经济政治发展的需要，当它不能满足世界生产、国际贸易和资本转移的需要，无法保持各国际货币间的兑换方式与比价关系的合理性，不能自动发挥调节国际收支的不平衡作用，无法确保世界经济稳定与平衡发展的需要时，就是对这个国际货币体系进行改革之时。

　自从布雷顿森林体系终结以来，国际货币体系进入了牙买加体系的时代，这个国际货币体系其实质是自由放任的自由制度体系。现行国际货币体系具有三方面的内容和功能：一是规定用于国际间结算和支付手段的国际货币或储备资产及其来源、形式、数量和运用范围，以满足世界生产、国际贸易和资本转移的需要；二是规定一国货币同其他货币之间汇率的确定与维持方式，以保持各国际货币间的兑换方式与比价关系的合理性；三是规定国际收支的调节机制，以纠正国际收支的不平衡，确保世界经济稳定与平衡发展。2008年国际金融危机以后，美元地位的衰弱突出地显示了改革国际货币体系的必要，这就为人民币的国际化提供了难得的历史机遇。随着经济的发展和国家整体实力的提高，我国在世界经济和政治中的地位和作用也日益提高，客观上增加了我国加快人民币国际化进程的迫切性。在世界各国都在反思次贷危机产生根源的同时，扩大国际货币种类、改革现行国际货币体系的呼声也日益强烈，此次国际金融危机虽不能很快动摇美元在当今国际货币体系中的霸主地位，但却给人民币国际化提供了一个千载难逢的重大历史机遇。美国金融危机的原因是其虚拟经济与实体经济的严重失衡，世界金融体系急切期待一个以实体经济为支撑的货币加入国际货币体系中来，我国自然应当抓住这个历史性的机遇，进一步提高我国在国际货币和国际金融事务中的地位和作用，逐渐地推进人民币国际化的进程，以求在未来的国际货币体系中占有一席之地，从而有效防范和规避国际金融风险，确保我国外汇储备资产的安全和有效使用。此外，在国际金融危机爆发后，处于国际货币体系外围的中国，与处于国际货币体系核心的美国相比，处于更加被动的地位。中国不仅要继续为美国提供融资，还不得不承受未来美元大幅贬值的潜在风险，尤其是在中国日益融入全球价值链、在国际贸易、国际投资、国际资本流动与外汇储备管理方面过于依赖美元，都将蕴含着巨大的风险（张明，2020）。

积极促进人民币或其他经济发展较快、经济体量较大新兴市场国家的货币国际化，使这些国家的货币在今后的国际货币体系中发挥更大的作用，对于解决当前国际储备货币供给难题、维持国际储备货币偿付能力和币值稳定、最终维系国际货币体系稳定将有着重要的作用。以Obstfeld and Rogoff（2005、2007）[1]为代表的学者认为美元储备资产是不稳定的，美元将以剧烈贬值的形式调整到均衡水平。现有的储备货币中美元和欧元占比达到了81.7%，国际金融危机和欧债危机的事实也表明，这样的国际货币体系是不稳定的，那么若在国际货币体系中减少美元和欧元的占比，增加稳定因素——如人民币的占比是否能增强国际货币体系的稳定呢？对此有学者做出了回答。Farhi（2011）等[2]指出未来的世界是多极化的世界，国际货币体系的多极化也将成为一种趋势，人民币将在国际货币体系中扮演

---

[1] Obstfeld, Maurice and Rogoff "Global Current Account Imbalances and Exchange Bate Adjustmeat." Brookings Papers on Economic Activi, 2005, No.1, pp.67—123. Obstfeld, Maurice and Rogoff, Kenneth. "The Unsustainable IJ. S. Current Account Position Revisited," in R. H. Clarida, eds, G7 Current Account Imbalances: Sustainability and Adjustment. Chicago: University of Chicago Press, 2007.

[2] Farhi, Emmanuel; Gourinchas, Pierre—Olivier and Rey, Helene. Reforming the International Monetary System. CEPR, 2011.

更加重要的角色。Taylor（2013）[①]则指出，人民币国际化将有助于避免储备货币危机的发生，对国际货币体系的稳定性起到至关重要的作用。庄太量、许愫珊在进行计量实证分析后认为[②]：由美元、欧元和人民币三种货币所组成的外汇储备组合比由美元和欧元组成的二元体系更加稳定，因此推动人民币成为主要国际货币将有助于改革现行的国际货币体系，使国际货币体系发展成为更稳定的三元体系，从而促进全球经济的健康发展。范小云等[③]则利用新开放经济框架，从储备货币的供需角度分析了储备货币稳定的条件，他在模型中引入了不确定性和估值效应，证明欧元、日元的国际化仍然无法解决以美元为主导的储备货币的供给和需求的矛盾，而若在国际储备货币中增加人民币作为储备货币，则会强化储备货币的供给能力，同时又能弱化储备货币的需求，就在一定程度上解决了储备货币的供需矛盾。他还通过敏感性分析，发现由于日本的实际产出增长率较低，因此无论日元在储备货币组成中的占比有多大，都无法满足国际货币体系稳定的条件，因此日元在储备货币中的占比不应过大。而由于中国的实际产出的增长率比日本高得多，且远高于世界的实际产出增长率，中国又已经是世界第二大经济体，因此人民币成为国际储备货币以后，是有可能促进国际货币体系的稳定的。

总之，由于中国本身就是储备货币的需求者，2008年我国外汇储备1.9万亿美元，持有了全球外汇储备的近三分之一的份额，人民币成为储备货币后，显然有助于改善储备货币的供给与需求的矛盾，自然就会减少对美元、欧元的需求，同时还增加了储备货币的供给，这对稳定国际货币体系具有重大作用。虽然短期内国际货币体系难以突破美元充当国际主要储备货币的格局，但未来的国际货币体系必将通过大国主权信用货币的竞争，朝着多元化的方向发展。人民币通过国际市场竞争成为国际储备货币是未

---

①Taylor，Alan. M. The Future of International LiQuidity and the Role of China，NBER working paper 18771，February 2013.

②庄太量,许愫珊. 人民币国际化与国际货币体系改革［J］. 经济理论与经济管理，2011（9）：40—47.

③范小云，陈雷，王道平. 人民币国际化与国际货币体系的稳定［J］. 世界经济，2014（9）：3—24.

来的方向所在。人民币国际化在推动国际货币体系变革、维护国际货币体系稳定的同时，也能提升中国的话语权，提高中国的国际地位和扩大自身在国际上的影响力，更好地维护中国的利益，还能有效规避汇率风险，促进中国的对外贸易与国际投资。因此中国应该把握时机主动积极地进一步推行人民币的国际化战略。中国有必要通过人民币国际化参与国际货币体系的变革。

因此，人们普遍认为包括欧元、英镑、日元、人民币在内的货币应该在国际货币体系中扮演更重要的角色。未来的国际货币体系最大可能是一个包括美元、欧元、英镑、日元、人民币在内的货币多极化的体系，鉴于美元的特殊地位，它是不可能在短时间内退出国际货币的舞台，美元作为国际货币也许还将存在相当长的时间，目前还没有任何一个国家的货币可以跟美元相抗衡，包括欧元、英镑和日元在内。人民币的国际化就是在这样的国际大背景下开始实施的。

二、人民币国际化启动的国内背景

从世界经济的发展历史来看，通常伴随大国崛起的必定是货币的国际化，正如英镑、美元所走过的历程，中国正在逐渐成为一个新崛起的大国，伴随着中国经济实力的增强和对外开放的不断深入，人民币走向国际化是一个必然的趋势。从国际货币的形成基础来看，只有当国际上形成了对某种货币的需求和信心时，该种货币才有可能成为国际货币。而只有当一国的经济开放度较高、在世界经济中占有重要地位时，才有可能使交易者产生对该国货币的需求，也只有当一国的经济规模较大、并保持了持续的经济增长势头时，才有可能使交易者产生对该种货币的信心。中国经过40多年的改革开放，在2010年之前GDP的增长率保持在年均9%—10%，使中国成为目前世界上仅次于美国的第二大经济体、全球第一大贸易国。据英国经济学人智库（EIU）在2015年10月份发布的报告，中国名义国内生产总值将在2026年超过美国，成为全球最大的经济体，并将至少保持到2050年，因此我们完全可以预见到中国在世界经济中的作用将日益重要。

中国经济上的崛起必然要求在金融领域有更大的话语权，必然要求人民币跻身主要国际货币的行列，要求中国积极参与国际货币体系的变革与全球经济治理机制的重建。正如陈雨露（2005）认为的，随着中国经济不断持续健康发展，社会主义市场经济改革的逐渐深入，我国参与国际贸易和资本往来的广度与深度不断增强，人民币币值的稳定且越来越接近完全可兑换目标，中国政府在亚洲金融风暴中表现出的高度责任感和良好的声誉，都大大提高了人民币的国际威望，特别是得到了周边国家居民的逐渐认可，使人民币成为这些地区对内对外贸易活动中重要的交易货币和清算货币。这些都是人民币国际化启动的可靠的现实基础。

（一）人民币在周边国家和地区中的流通和使用规模日益扩大，在个别国家和地区，人民币实际上已成为可自由兑换货币并被广泛接受

随着我国近年来经济的持续稳定增长，对外交流不断扩大，人民币汇率稳中有升，周边国家和地区对人民币的需求逐渐增加，人民币作为交易媒介、储藏手段和支付手段，在我国周边接壤国家和港澳地区的使用越来越广泛。根据专家的测算，2002年实际的人民币现金跨境流通规模估计在1200亿元—1400亿元，海外人民币的存量为50亿元人民币左右，如果将地下渠道的人民币交易考虑进来，估计海外人民币的存量在50亿元—120亿元。[1]2005年中国人民银行开展了人民币现金在周边接壤国家和港澳地区跨境流动的调查，调查范围为港澳地区以及周边接壤的朝鲜、越南、缅甸、老挝、印度、尼泊尔、锡金、不丹、哈萨克斯坦、吉尔吉斯斯坦、塔吉克斯坦、阿富汗、乌兹别克斯坦、巴基斯坦、蒙古和俄罗斯。调查结果表明，人民币现金的跨境流动已具一定规模。人民币现金跨境流动调查课题组（2005）认为[2]，2004年年末，人民币现金在周边接壤国家和港澳地区的滞留量约为216亿元，全年人民币现金跨境流出入的总流量为7713亿元，人民币现金跨境流动总体表现为净流出，净流出数量约为99亿

---

①李婧，管涛，何帆.人民币跨境流通的现状及对中国经济的影响［J］.管理世界，2004（9）：45—52.

②王立元.人民币现金在周边接壤国家和港澳地区跨境流动的调查分析［J］.金融统计与分析，2005（4）：20—23.

元，占当年现金累计净投放的5.8%。港澳地区是人民币现金流量最大的地区，2004年流出入总量约为7522亿元，占人民币现金跨境流出入总量的97.5%。其次为越南，2004年人民币流出入总量约为75亿元，占人民币现金跨境流出入总量的1.1%。瑞银华宝的一项报告显示，2008—2009年在香港较为稳定的人民币存量在500亿元—600亿元，不稳定的流量也有500亿元左右。人民币的跨境流通主要是通过跨境旅游及探亲访友消费、边境贸易、直接投资和证券投资、"地摊银行"、赌博与地下钱庄以及银行正规渠道等途径来进行，跨境流通的人民币规模呈现出日益增大的趋势，尤其是在朝鲜和蒙古两国。虽然人民币境外流通并不等于人民币已经国际化了，但人民币境外流通规模的扩大是人民币国际化的市场基础，说明人民币在境外是有客观需求的。

（二）我国与日本、韩国、东南亚各国的贸易形成了庞大的逆差，为人民币在贸易项下的输出奠定了基础

我国虽然总体上存在相当大的贸易顺差，但我国对东亚地区的贸易却是逆差。中国正逐步取代美国，成为东亚出口市场的主要提供者，2010年之前中国与东亚各国的贸易逆差每年最高曾达到937.24亿美元。2006年中国对日本、韩国、东盟的逆差分别达到240.78亿美元、452.5亿美元、182.08亿美元，2007年分别为318.79亿美元、476.15亿美元、142.30亿美元，2008年分别为345.17亿美元、382.11亿美元、28.32亿美元。中国从东亚进口的货物主要是原材料和零部件，经过加工和组装后出口到欧美市场。2009年之前中国已经成为韩国的第一大出口市场，日本的第二大出口市场，泰国的第三大出口市场，印尼、新加坡、菲律宾、马来西亚等国的第四大出口市场，中国的市场为东亚各国经济增长带来了机遇的同时，也为人民币在东亚各国的流通使用提供了市场基础，也为人民币在东亚区域贸易中的计价、支付功能的使用奠定了基础，同时也为人民币成为东亚地区的"锚货币"创造了条件。

（三）香港离岸人民币业务的开展为人民币国际化的顺利启动打下了基础

在人民币国际化启动之前，我国政府就出台了一系列关于在香港国际金融中心开展人民币有关业务的政策措施，这不仅是对香港继续保持和发展国际金融中心的支持，更是为将来在香港开展人民币离岸业务打下了基础。香港作为国际性的金融中心，具有自由兑换的货币、稳健且高效率的金融体系、及时的信息流动、高效的金融监管体系，自2004年年初允许香港银行开办人民币业务以来，人民币存款、汇款、汇兑和银行卡业务已经顺利开展，香港银行可以吸收个人人民币存款，然后由中银香港作为清算行购入香港银行业的人民币存款，如此这部分人民币就可以有序地输出与回流了。由于香港货币市场的开放性，这个回流机制还有利于香港以外的其他境外人民币回流。在有关政策的指引下，香港各项人民币业务发展稳步、有序，资金清算渠道畅通，实现了境外人民币的有序回流。2009年前的香港人民币个人业务并不涉及人民币的贷款和投融资等离岸中心的核心业务，毋庸置疑，香港的确是跨出了迈向人民币离岸中心的第一步。

2007年6月首只人民币债券登陆香港，此后内地多家银行先后多次在香港推行两年或三年期的人民币债券，总额超过200亿元人民币，进一步扩大了香港居民及企业所持有人民币回流内地的渠道，香港目前已经成为人民币的境外流通中心，并且正朝着创建人民币离岸市场的方向努力。此外，跨境贸易人民币结算试点的实行无疑也将提高人民币在香港的接受程度，可以加强香港金融体系处理以人民币计价的市场交易的能力，从而进一步巩固香港国际金融中心的地位。人民币在香港地区的有限度开放，是内地与香港经济金融融合的体现，充分表明"一国两制"特色经济的整体效应，拉近内地与香港的合作，不仅有利于香港经济的发展，活跃香港金融市场，同时也给予人民币国际化一个尝试"平台"。

（四）我国综合国力的提高和高额的外汇储备为人民币国际化提供了基本保证

一是随着我国经济的不断发展，我国的整体经济实力日益增强，进出口贸易总额不断提高，我国经济与全球经济的融合程度越来越紧密，经济发展的外向程度日益提高。从整体经济规模GDP来看，我国已在2010年超过日本跃居世界第二，并已成为世界第一大外汇储备国和第三大贸易国。

2008年，我国进出口贸易总额和实际利用外资余额占GDP的比重分别高达58%和20%左右。这些都为人民币的国际化奠定了基础。二是有高额的外汇储备做支撑就可能保持人民币汇率的稳定，而稳定的汇率也为人民币走向国际化奠定了基础。2008年中国的外汇储备规模可观，已经高达1.95万亿美元，这显然为人民币的国际化奠定了良好的基础。表面上，我国外汇储备的规模相对较大，但是我国居民的外汇资产并不多。截至2008年年末，我国外汇存款1791亿美元，其中居民外汇存款仅529亿美元，加上外汇储备1.95万亿美元，2008年我国总体外汇资产为2.13万亿美元，相当于我国GDP的50.7%。而日本同期的这一比例为133%，中国香港为517%，中国台湾为138%，韩国为38%，因此相对于我国的经济规模和增长速度，我国的外汇储备规模并不算大。但在全球约7万亿美元的总储备规模中，我国占了27%，因此有专家①认为我国人民币可能具有近30%的国际储备货币的空间。一旦人民币成为国际储备货币，外汇储备就是保证人民币汇率稳定的法宝。

（五）人民币国际化进程启动的不利因素

前面说的是我国在2008年开始推动人民币国际化时具备的基础条件，但也存在一些不利因素。其一，从历史经验看，出口和贸易顺差的扩大，是一个国家经济竞争力增强的重要标志。为了维持国际收支的平衡，在经常项目大量顺差的形势下，必然要在资本和金融项目保持逆差，也就是要扩大对外投资和贷款，进行资本的输出，随着贸易的扩大和资本输出规模的扩大，国家主权货币则借势逐步成为国际货币。英国和美国都是在取得贸易顺差国和资本债权国地位之后，英镑和美元才逐渐成为国际货币的。但是在我国，由于资本项目还未完全开放，因此对外投资和贷款受到一定的限制，因此，中国持续的贸易顺差决定了短期内中国不可能源源不断地输出人民币，而最多的可能是在存在贸易逆差的周边地区或东亚地区输出部分人民币。其二，人民币还不是可自由兑换的货币，这就极大地阻碍了

---

①白济民. 支持人民币国际化是中国外汇储备的最佳用途［N］. 中国经济时报，2009-04-01（5）.

人民币在国际范围内的流通。外国居民既无法自由地获得人民币，也无法自由地将其持有的人民币兑换为其他货币，这就大大减少了人民币在国际市场上的自由使用的空间。其三，我国的金融市场还不够发达，我国的金融体系仍然比较脆弱。当时我国国内尚缺乏成熟的远期外汇市场和人民币衍生品市场，使得市场交易者缺乏对冲人民币汇率变动风险的渠道，影响了持有人民币的意愿。此外，我国的宏观经济环境还存在一些突出的问题，经济发展中存在着一些不稳定、不协调、不可持续发展的问题，国际收支失衡、经济结构不合理、经济发展方式需要转变、农业基础、就业、社会保障、生态环境等问题突出；社会主义市场经济体制有待进一步完善，现行经济体制仍存在难以支撑人民币迅速实施国际化的诸多问题，如尚未实现利率市场化、人民币汇率机制尚待完善等等。由此可见，在当时背景下我国大规模推进人民币国际化进程的基础并不太稳固，[①]只能先选择一些周边地区作为试点，逐步推进。

综上所述，货币国际化所必需的经济和政治条件，我国在2009年时还未完全具备。2007年年底IMF公布的外汇储备构成中，全球仍然有超过60%是美元资产，30%是欧元资产，3%—4%是日元资产，要打破这种格局非一日之功，除了人民币自身的努力，还取决于其他货币的国际化程度的下降。尽管人民币国际化一开始就面临种种局限，但是我国也不必等到万事俱备了再实现人民币的国际化。恰恰相反的是，人民币国际化的进程反过来会推动我国相关改革的进程和相关问题的解决。如可为资本项目可兑换创造条件，为利率的市场化、汇率机制的完善创造条件，会加快我国经济体制改革的深入进行等。因此，我国政府只能在多重约束条件下逐步推进人民币国际化，人民币国际化只能是有限的和渐进的，人民币国际化将是一个十分漫长的过程。

自美国次贷危机发生并引发全球金融危机以来，我国出口企业受到的影响最为严重，我国政府一直在积极寻求各种有效措施来帮助出口企业

---

①王元龙. 人民币资本项目可兑换与国际化的战略及进程［J］. 中国金融，2008（10）：36—39.

渡过难关，于是出台了一系列应对国际金融危机的措施，同时也正式推出了促进人民币国际化的各项措施，在主观上推动了人民币国际化的进程。2008年11月10日，中国人民银行提出"探索在出口信贷中提供人民币中长期融资"的政策。2009年4月8日，时任国务院总理温家宝主持召开国务院常务会议，决定在上海市和广东省的广州、深圳、珠海、东莞4城市开展跨境贸易人民币结算试点，境外地域范围暂定为港澳地区和东盟国家，2009年7月人民币结算试点正式启动。人民币跨境贸易结算试点的开展，意味着有关贸易企业可以直接用人民币进行结算，从而既可以大幅降低试点地区的贸易交易成本，又可以规避因美元汇率波动所带来的风险。2010年6月，人民银行宣布我国将人民币跨境贸易结算试点从原先的广东省的4个城市扩大到20个省区，境外地域由港澳、东盟地区扩展到所有国家和地区，以更好地促进贸易和投资，而且，今后使用人民币进行贸易结算的出口商将获得与美元结算对等的退税优惠。作为应对全球金融危机的另一重要措施是中国与亚洲其他国家的货币互换协议也陆续签署，这也是东亚货币金融合作的重要内容。2008年12月12日，中韩签订了规模为1800亿元人民币/38万亿韩元的双边货币互换协议。2009年1月20日，大陆与香港签订的双边货币互换协议规模为2000亿元人民币/2270亿港元。2009年2月8日，中马签订的互换协议规模为800亿元人民币/400亿林吉特。三份货币互换协议总规模高达4600亿元人民币。此外，2009年以来我国还分别与白俄罗斯、印度尼西亚、阿根廷等国家签署了共计1900亿元人民币的货币互换协议。显然货币互换协议只是贸易融资的一种方式，但其运作机制是，央行将互换得来的对方货币注入本国金融体系，使本国商业机构可以借到对方货币，用于支付从对方进口的商品。这样，在双边贸易中，出口企业可收到本币计值的货款，由此可以规避汇率风险、降低汇兑费用。由于全球金融危机的影响，欧美各国也广泛将货币互换作为应对危机的措施之一。但与欧美不同的是，由于人民币目前还不是可自由兑换的货币，货币互换的一个客观的后果就是周边国家更多地使用人民币结算，在亚洲区域内人民币的接受程度会得到提高，因此，人民币的互换协议的签署有助于提高人民币的国际地位。无论是开展跨境贸易人民币结算试点还是签署人民币货币互换协议，都充分体现了我国改革开放进一步深化、综合国力大幅提高、经济和金融实力大幅提升的结果。开展跨境贸易人民币结算，不仅要考虑到人民币怎么结算，还要考虑到以后人民币如何汇回、如何投资等一系列问题，因此今后我国将面临一系列外汇体制、投资体制的重新构架的问题，这些都将为人民币国际化打下坚实的基础，并逐步积累人民币国际化的经验。

对比主要国际货币的国际化路径来看，类似美元那样，凭借着世界领先综合经济政治军事实力，以国际协议确定其国际货币体系中心货币的地位，这样的机遇在今天的国际金融舞台显然很难再现了。但无论是借鉴参考比较接近中国现状的日元国际化模式，还是寻求欧元式的区域统一货币道路，人民币国际化终究还是要结合我国的具体国情，结合我国的整体改革开放的总体设计路线，走出一条具有中国特色的人民币国际化之路。

第二章　人民币国际化的发展历程与特点

自从2009年7月我国开始试行跨境贸易人民币结算以来，已经整整11年过去了。在此过程中，中国保持着全球第二大经济体（GDP占全球GDP的15%以上）和全球第一大贸易国（进出口总额占全球进出口总额的11%）的地位，同时人民币的跨境使用和流通程度不断提升，人民币离岸市场从亚洲拓展到欧洲，2015年中期，随着人民币加入SDR货币篮子的预期愈发明朗，人民币国际化进程达到了历史最高水平。但2015年之后，人民币国际化进程陷入了停滞甚至衰退状态，境外人民币存款持续降低，跨境人民币收付规模大幅度缩小，2018年人民币国际化程度开始恢复，2019年又有所上升，国际化程度从前期的快速发展进入了稳步发展时期，人民币国际化的内外部环境与十年前相比呈现出新特点和新动态，尤其是2018年美国对中国发起贸易战、英国脱欧以及2020年的新冠疫情等事件给人民币国际化的发展带来了重大的影响。

第一节　人民币国际化发展的三个阶段

人民币国际化是指人民币从国内走向国际的过程，这个过程伴随着人民币在国际上地位的上升、人民币逐渐成为可自由兑换的货币，其最终结果是人民币成为国际货币体系中的主流货币之一，成为具备国际计价职能、国际结算职能、国际储备职能和市场干预工具的国际货币。人民币国际化势必要经历较长期的过程，如英镑和美元都经过了几十年乃至上百年的自然发展才逐渐成为顶级的国际货币。从2009年开始启动的人民币国际化，至今为止已经进行11年了，在国际货币体系中目前人民币的国际支付位于美元、欧元、英镑和日元之后，位居第五，其国际地位相比11年前已经得到了很大的提高，人民币在世界范围内的接受度和使用率正不断扩大，人民币的国际影响力也在不断提高。回顾人民币国际化11年来的历程，可以大致将其分为以下三个阶段（以下有关人民币国际化的数据除特别说明外均来自中国人民大学国际货币研究所编写的历年《人民币国际化报告》）。

一、从起步到快速上升阶段（2009年7月至2012年年底）

这个时期跨境贸易人民币结算启动试点，后逐渐铺开，人民币跨境投资与金融交易也陆续试点，人民币国际使用框架日益清晰，市场需求开始集中爆发，人民币国际化指数RII从2010年第一季度的0.02提高到2012年第四季度的0.91，大幅增长了45倍。

（一）跨境贸易人民币结算

2008年国际金融危机以后，我国加快了人民币走向区域化和国际化的进程。首先是在2009年7月在上海、广州、深圳、珠海、东莞5个城市开展了跨境贸易人民币结算试点，2010年6月又将人民币跨境贸易结算试点扩大到20个省区，境外地域由港澳、东盟地区扩展到所有国家和地区；后于2011年8月23日允许河北、山西等11个省的企业开展跨境贸易人民币结算，至此我国的人民币跨境贸易计价结算全面启动。2012年3月中国人民银行、财政部、商务部、海关总署、国家税务总局、中国银行业监督管理委员会联合发布《关于出口货物贸易人民币结算企业管理有关问题的通知》，6月中国人民银行等六部委联合下发了出口货物贸易人民币结算重点监管企业名单，凡中国从事进出口货物贸易、服务贸易和其他经常项目的所有企业均可选择人民币进行计价结算和收付，跨境贸易人民币结算业务全面推开。截至2012年年底，银行业累计办理跨境贸易人民币结算业务2.94万亿元，同比增加了41%（2011年为2.08万亿元，比2010年的5063亿元净增加2.43万亿元），在全球跨境贸易结算中的占比达到了1.5%，在我国进出口总额中的占比达到15.6%。人民币跨境贸易结算以货物贸易为主，达到2.06万亿元，占比64.1%，服务贸易和其他经常项目结算额1.16万亿元，占比35.9%。人民币收付比从2011年的1∶1.7上升到2012年12月的1∶1.2，表明跨境贸易人民币结算收付严重失衡的状况得到了一定程度的纠正，①但人民币付出还是大于收入，人民币跨境流动呈现净流出。

（二）人民币直接投资

在加快开展跨境贸易人民币结算的同时，资本项目的跨境人民币结算也积极有序推进。新疆地区于2010年10月率先开展人民币境外直接投资（ODI）试点，2011年1月我国发布《境外直接投资人民币结算试点管理办法》，所有试点地区的银行和企业都可以开展ODI。2011年4月国家外汇管理综合司发布的《关于规范跨境人民币资本项目业务操作有关问题的通知》，2011年6月底央行发布《关于明确跨境人民币业务相关问题的通知》，开展了以个案方式进行人民币跨境投融资试点，2011年10月商务部颁布了《关于跨境人民币直接投资有关问题的通知》、中国人民银行发布了《外商直接投资人民币结算业务管理办法》，对境外投资者（含港澳台投资者）以合法获得的境外人民币②依法开展直接投资活动进行了相关规范和政策指引，明确了人民币ODI和FDI业务的办理流程，对相关监管要求进行了补充规范。2012年3月又出台了《关于出口货物贸易人民币结算企业管理有关问题的通知》，把人民币ODI的范围扩大到了全国的所有企业。2012年7月央行发布《关于明确外商直接投资人民币结算业务操作细则的通知》，禁止人民币FDI投资房地产，以此促进人民币回流资金流向制造业和实体经济，与真实项目对接。

通过以上一系列政策措施的陆续实施，2010—2012年人民币直接投资经历了从无到有、迅猛增长的过程，人民币外商直接投资和人民币对外直接投资都增长很快。根据中国人民银行的《2012年第四季度中国货币政策执行报告》显示，2012年银行累计办理人民币跨境直接投资结算业务

①中国人民银行2012年第四季度中国货币政策执行报告。
②合法的境外人民币主要包括：通过跨境贸易人民币结算取得的人民币；汇出境外的人民币利润和转股、减资、清算、先行回收投资所得人民币；在境外通过发行人民币债券、人民币股票以及其他合法渠道取得的人民币。

2840.2亿元（在全球直接投资中的占比为2.18%），其中对外直接投资结算金额304.4亿元（占我国非金融类对外直接投资总额的6.32%），外商直接投资结算金额2535.8亿元（占外商直接投资总额的36%）。截至2012年年末，境内代理银行为境外参加银行共开立人民币同业往来账户1592个，账户余额2852亿元；境外企业在境内共开立人民币结算账户6197个，账户余额500.2亿元。

（三）人民币证券投资

为了配合人民币国际化步伐，资本项目下的人民币境内外流通渠道也开始打开，我国相继放宽了人民币跨境证券投资的有关限制。

首先，放宽了我国银行间债券市场的准入限制。2010年8月，央行下发《关于境外人民币清算行等三类机构运用人民币投资银行间债券市场试点有关事宜的通知》，允许境外中央银行或货币当局、中国香港、澳门地区人民币业务清算行和跨境贸易人民币结算境外参加银行等三类机构运用人民币资金投资银行间债券市场，上述三类机构在向人民银行申请并得到批准后，可在核定的额度内在银行间市场从事债券交易。至此，除了贸易回流和人民币FDI带来的人民币资金回流外，又增加了一条人民币从银行间债券市场回流的渠道，满足了境外中等风险偏好的投资者的人民币投资需求，增加了机构投资者进行资产配置的人民币金融产品。

其次，放宽了境外机构用人民币对境内的证券进行投资的限制（建立了RQFII制度）。2011年8月，李克强在香港举办的国家"十二五"规划与两地经贸金融合作发展论坛上宣布，允许香港人民币合格境外机构投资者投资境内证券市场。2011年12月16日，中国证券监督管理委员会、中国人民银行、国家外汇管理局发布第76号令，推出了《基金管理公司、证券公司人民币合格境外机构投资者境内证券投资试点办法》，允许符合一定条件的基金管理公司、证券公司的香港子公司作为试点机构，运用其在香港募集的人民币资金开展境内证券投资业务，标志着人民币合格境外机构投资者业务试点正式启动，此后合格境外机构投资人可将批准额度内的外汇结汇成人民币，用人民币投资于境内的证券市场，随后还进一步制定了RQFII进入银行间债券市场的具体规则，如RQFII的投资额度、投资范围等。①随后RQFII在中国股票市场设立了多个ETF基金，需求都很旺盛，成为境外人民币保值增值的主要渠道，大大提高了境外经济主体获得并持有人民币的积极性。RQFII制度可以有效集中境外大量分散存在的人民币资金，并通过投资分享内地资本市场的成长，其流动性和收益率都比发行人民币债券的收益率要高，在市场需求的推动下，RQFII额度经过多次扩容，截至2012年年底，获批额度总计达到2700亿元人民币，经批准的RQFII机构数量达到24家，其中基金系12家，证券系12家，境外机构净汇入人民币530亿元人民币，只占获批额度的19.6%，说明还有较大的市场空间。

再次，放宽了境内机构赴境外发行人民币债券（点心债）和票据的限制。2012年国家发改委发布《关于境内非金融机构赴香港特别行政区发行人民币债券有关事项的通知》，放松了赴港发行人民币债券的有关限制，简化了在港发行人民币债券的审批流程，促进了大型非金融企业赴港发行人民币债券，使香港成为中国企业发行人民币国际债券的主战场。2012年香港人民币债券存量达到2418.1亿元，其中企业发行的债券占比54.8%，金融机构发行的债券占21.9%，国债占比20%。除了我国香港外，其他的离岸市场也开始发行人民币债券，如2012年4月伦敦金融城启动了伦敦人民币业务，当月汇丰银行在伦敦发行了20亿元的第一只人民币债券。2012年11月中国建设银行（伦敦）有限公司也在伦敦成功发行了10亿元的人民币债券。在各项政策的支持下，人民币国际债券和票据的发行稳步增长，截至2012年第四季度，人民币国际债券和票据的发行规模和存量余额分别达到41亿美元和580亿美元，存量余额在国际债券市场的份额分别提高到0.52%和0.27%，但与同期美元和欧元的占比（分别为34.11%、45.37%）相比，差距还是非常的巨大，与英镑和日元的占比（分别为9.5%、3.07%）相比，也有很大差距。

（四）人民币境外信贷和融资

这个阶段的人民币境外信贷也开始起步，主要由三部分组成：一是

---

①RQFII的初期试点额度为200亿元人民币，投资于股票及股票类基金的资金不超过募集规模的20%，募集规模的80%的资金投资于固定收益证券，包括各类债券及固定收益类基金，后来又进一步放宽限制，新增额度主要投资A股市场，不受上述比例的限制。

境内金融机构的人民币境外贷款；二是离岸市场上的人民币贷款；三是跨国公司内部的人民币贷款。2011年11月我国出台了《中国人民银行关于境内银行业金融机构境外项目人民币贷款的指导意见》，开始允许具备国际结算能力、具有对外贷款经验的境内银行，为境外直接投资、对外承包工程以及出口买方信贷等"走出去"项目提供人民币贷款和融资支持，人民币国际信贷和票据方面的发行和使用开始增加，促进了人民币国际信贷的迅速增长。2012年7月，国务院通过深圳前海金融改革创新先行先试政策，允许前海进行人民币跨境双向贷款业务。2012年10月在上海推出跨国公司地区总部人民币资金跨境放款试点政策，支持那些在境内有富余人民币资金同时在境外有人民币资金需求的中外资跨国企业，进行人民币资金的跨境贷款。2012年11月22日建设银行上海分行完成了对通用电气（中国）公司的首笔1.5亿元的以跨国公司内部贷款形式的跨境贷款。此后，一些跨国公司纷纷加入跨境人民币贷款的行列。2012年7月亚洲开发银行发布公告，决定在为各国银行提供担保和贷款以促进区内贸易融资的机制中使用人民币和印度卢比进行结算，进一步有利于人民币在国际信贷中的使用范围。

　　虽然在此期间人民币境外信贷规模增长很快，人民币国际信贷存量达到7836亿元，是2010年年初的8.07倍，但还不到我国境内人民币贷款总额的3%，而美元、欧元、英镑、日元的境外贷款占其境内贷款额通常都在20%—40%，差距可见一斑。

（五）人民币成为国际储备方面

　　随着人民币国际化各项政策措施的实施，人民币在贸易投资金融交易中的应用范围不断扩大，人民币的国际地位和国际影响力也随之升高，吸引越来越多的经济体将人民币纳入其官方储备资产，使人民币逐渐发挥出官方外汇储备的功能。截至2012年年底，马来西亚、韩国、柬埔寨、菲律宾、尼日利亚、白俄罗斯、玻利维亚等国先后宣布将人民币纳入其外汇储备。2012年3月日本央行宣布将购入650亿元人民币的中国国债，意味着人民币也将成为日本外汇储备的组成部分。2012年IMF发布的全球官方外汇储备的币种分布结构数据中，美元占61.8%，欧元占24%，英镑和日元各占3.9%，瑞士法郎占0.1%。人民币由于没有达到最低"门槛"，没有被计入"可划分币种的外汇储备"中，说明人民币在国际储备中的地位还是太低。

（六）人民币外汇交易市场状况

这时期我国的外汇市场也开始了逐步开放。通常一种货币的市场供求情况完全可以通过外汇交易规模与结构来体现，外汇市场能够集中反映该货币的国际使用程度。2012年以后我国对外汇市场的管制开始逐步放宽。如2012年4月16日起，央行扩大了即期外汇市场人民币对美元交易的浮动幅度，从5‰提高到1%，外管局对银行结售汇综合头寸实行"正负区间管理"，取消收付头寸余额下限管理。2012年5月21日，外管局发布《关于调整银行间外汇市场部分业务管理的通知》，放宽了外汇掉期和货币掉期业务的市场准入标准，增加了货币掉期业务的本金交换形式，大大促进了人民币外汇衍生品市场的发展。此外，《2012年第四季度中国货币政策执行报告》显示，我国还在外汇市场相继增加了人民币对日元、卢布、林吉特、澳元、加元和泰铢的直接交易。

根据中国人民银行《2012年第四季度中国货币政策执行报告》中的数据，2012年受进出口贸易增速大幅下滑的影响，即期外汇市场人民币交易量萎缩，人民币外汇即期成交3.36万亿美元，人民币外汇掉期交易累计成交金额折合2.52万亿美元，其中隔夜美元掉期成交1.4万亿美元，占掉期总成交额的55.6%；人民币外汇远期市场累计成交866亿美元。由于外管局宣布的管理方式的变革，使远期交易的功能几乎被掉期交易替代。全年"外币对"累计成交金额折合857亿美元，其中成交最多的产品为美元对港币，占市场份额比重为41.6%。对外汇交易市场限制放宽的显著变化是使交易主体进一步增加，截至2012年年末，即期市场会员从以往的318家增至353家，远期会员从73家增至79家，掉期市场会员由71家增至79家，期权会员从27家增至31家。

（七）人民币清算安排和货币合作

在人民币国际化过程中，境外人民币的清算业务必须通过境外人民币清算行来进行，这样才能使得境外流通的人民币经过清算银行回流至中国

境内。因此，通过与境外有关金融机构的协商，签署人民币清算协议，在
境外建立人民币清算银行是推进人民币国际化的一项必要的基础工作。截
至2012年年底，只有在香港地区建立了人民币清算行——中银香港，它是
香港人民币交易的指定清算结算银行，一直到境外其他清算行建立之前，
有关境外人民币业务的清算都是通过中银香港进行的。

　　人民币国际化的实现路径可以划分为官方和私人两条路径。私人路径
是通过贸易、投资、发行企业债券、外汇交易等业务的开展进行的。官方
路径则通过外汇储备、货币互换、央行和财政部发行债券、外汇交易等方
面来推进。这个时期官方路径主要通过与其他国家和地区的央行或货币当
局签署货币互换①协议进行的。在2008年全球金融危机发生以后，欧美各
国也广泛地将货币互换作为应对危机的措施之一。在有需要时，央行将互
换得来的对方货币注入本国金融体系，使本国商业机构可按照事先预定好
的汇率借到对方货币，用于支付从对方进口的商品，因此使双方都可以规
避汇率风险、降低汇兑费用。虽然货币互换只是一种备用安排，并非真的
有这么多业务量发生，但客观的后果就是可以在很大程度上解决境外人民
币资金的来源问题。当国外的进口商需要进口中国商品而又想以人民币计
价并进行支付时，进口商可以向本国的商业银行提出人民币借款申请，商
业银行则可以向本国的央行拆借人民币资金，本国央行则通过与中国签署
的双边本币互换协议来获取人民币资金。当国外的出口商向中国出口商品
获得人民币货款后，该出口商可以向本国商业银行兑换本币，本国商业银
行再向央行兑换本币，最终外国央行通过与中国央行的双边本币互换，把
人民币返回给中国。因此，双边本币互换协议的签署能够促进人民币的境
外使用，使人民币的接受度得到提高，有助于提高人民币的国际地位。

　　2008年12月我国人民银行与韩国央行签署了1800亿元/38万亿韩元的
货币互换协议，这是我国与其他中央银行/货币当局签署的第一个双边本币
互换协议。截至2012年年底，中国人民银行与其他国家和地区中央银行或

---

　　①货币互换是指签订货币互换协议的双方按事先约定，在期初交换等值货币，在期末再换回
各自本币并相互支付相应利息的行为。

货币管理当局共签署货币互换协议18个，互换货币金额累计达到2.11万亿元人民币，[①]其中亚洲和太平洋范围内的国家和地区有韩国、中国香港、新加坡、泰国、马来西亚、印度尼西亚、蒙古、乌兹别克斯坦、哈萨克斯坦、巴基斯坦、阿联酋、土耳其、新西兰、澳大利亚；欧洲范围内的国家和地区有白俄罗斯、冰岛和乌克兰；美洲范围内的国家有阿根廷。

二、多渠道、全方位推动阶段（2013年至2015年）

这个阶段是我国人民币国际化发展的黄金时期，在人民币汇率不断升值的预期下，前期出台的各项推动人民币国际化的政策开始陆续发挥出明显作用，同时这个时期也处于我国改革开放开始迈向新时代，资本账户的可兑换进程不断加快，我国相继成立了四个自贸试验区，其中上海自贸区的金融创新改革为人民币国际化提供了新动力和新经验；我国还于2013年提出了"一带一路"倡议，为人民币国际化提供了新路径和新需求。这个阶段，人民币在经常项目和资本项目下的境内外流通通道的政策框架基本形成。[②]一方面，跨境人民币资金池的相关政策进一步放宽，以更加便利国内企业跨境调拨资金；另一方面，新兴主体、资本项下的人民币跨境使用新政策陆续推出，包括境外中央银行、主权财富基金等可以在一定额度内投资中国银行间市场，境外机构可以在中国境内发行"熊猫债"筹集人民币资金。2014年年底，中央经济工作会议明确提出要"稳步推进人民币国际化"。这是官方文件中首次将人民币国际化明确为国家战略，而此前一直低调地称之为"人民币跨境流通使用"或"跨境人民币业务"。2015年10月30日，上海自贸区新政策出台，提出"率先实现人民币资本项目可兑换、进一步扩大人民币跨境使用"；同年12月10日，人民银行分别出台金融支持广东、福建、天津三地建设的指导意见，其中支持人民币在资本项下的跨境使用成为新政策的重点领域。自此上海、广东、福建、天津自

①笔者根据中国人民银行公布的数据汇总得出。
②程军. 人民币国际化前瞻［J］. 中国外汇，2016（1）：18—19.

贸区均出台了新的鼓励人民币跨境使用的政策，不断地从政策层面推动了人民币的跨境使用和内外流通。以上这些都促使跨境人民币使用的便利化程度不断提高，加快推动了境内资本和人民币"走出去"，促进人民币在岸市场和离岸市场的互联互通，进一步扩大了人民币的跨境循环规模。尤其值得一提的是，2015年11月30日，国际货币基金组织宣布对人民币的评估符合"可自由使用"的标准，将人民币以10.92%的权重纳入特别提款权的货币篮子（2016年10月1日生效），成为该篮子的第三大权重货币，[1]这意味着人民币国际化得到了国际上的认可。

根据中国人民大学国际货币研究所发布的2013—2016年的《人民币国际化报告》，2012—2015年人民币国际化指数分别为0.87、1.69、2.47、3.6，同比分别增长了50%、94.2%、45.4%、42.9%，由此可见这一时期人民币国际化的提升程度。数据还显示这一阶段人民币国际化指数最高值是在2015年的第三季度，达到了3.87。这是人民币国际化启动以来所取得的最好成绩。据环球银行金融电信协会（SWIFT）统计，截至2015年12月，人民币已经成为全球第三大贸易融资货币、第五大支付货币、第五大外汇交易货币。但这一阶段的外国投资者对我国境内金融市场的参与份额仍然是微不足道的：2015年年底，境外主体仅持有我国境内股票市值的0.6%和债券市值的2.1%；在我国批准的RQFII的总配额中，只有约50%的配额被使用，外国投资者对我国境内证券市场的投资还是十分有限的。

（一）人民币跨境贸易结算

根据中国人民银行《2015年中国货币政策执行报告》的有关数据，中国2013—2015年全年跨境贸易人民币结算额分别为4.63万亿元、6.55万亿

---

①IMF通常每五年对SDR进行一次例行审查，主要内容是SDR货币篮子的货币构成及权重。SDR审查有两个标准：一是出口规模，即该国家或地区在考察期前5年中的货物和服务出口量居世界前列；二是该货币"可自由使用"，即在国际交易支付中被广泛使用和在主要外汇市场上被广泛交易，主要通过货币在全球外汇储备、国际银行业负债、国际债务证券、跨境支付、贸易融资中的比重及在主要外汇市场交易量等指标来衡量。IMF按成员国份额向成员国分配SDR。IMF曾于1970—1972年、1978—1981年进行过两次SDR普通分配。2007年全球金融危机爆发后，为更好应对危机，IMF于2009年分配了1826亿SDR。截至目前，IMF对SDR累计分配额约为2041亿SDR（约合2801亿美元）。中国累计分配额为69.897亿SDR。

元、7.23万亿元人民币。2015年人民币跨境贸易结算占中国对外贸易结算量的29.36%，占全球贸易结算总量的3.38%（2014年占全球的3.04%），2015年第三季度的全球占比为4.06%（为最高值）。2015年的人民币跨境贸易结算延续了以往各年以货物贸易结算为主（占比88.34%）并且所占比重越来越高的格局。2015年跨境人民币收付金额合计12.10万亿元（占中国同期本外币跨境收付总额的28.7%），其中人民币实收6.19万亿元，实付5.91万亿元，收付差距逐渐缩小，收付比逐年趋于平衡（分别为1∶1.46、1∶1.4、1∶0.96），并且在2015年第一次出现实收大于实付的状况（以往各年都是实收金额小于实付金额），第一次出现跨境收付人民币的净流入2714.6亿元，而以往表现的是人民币的净流出。经常项下收付7.23万亿元，同比增长10%，资本项下收付4.87万亿元，同比增长43%，说明资本项目下的人民币跨境流通增长较快。

（二）人民币直接投资

据商务部发布的《2015年度中国对外直接投资统计公报》显示，2015年中国对外直接投资实现历史性突破，创下了1456.7亿美元的历史新高，金额仅次于美国（2999.6亿美元），首次位列世界第二对外投资大国（第三位是日本1286.5亿美元），占到全球流量份额的9.9%，并超过我国同期吸收外资水平（实际使用外资1356亿美元），说明我国首次在直接投资上出现了资本的净输出。对"一带一路"沿线国家的投资占当年流量总额的13%，达189.3亿美元，同比增长38.6%；2015年我国对外投资存量的八成以上（83.9%）分布在发展中经济体，在发达经济体的存量占比为14%，另有2.1%存量在转型经济体。我们根据中国人民银行网站历年金融统计数据报告编制图2-1，从中看出人民币非金融类直接投资也呈现出快速增长的态势，2010—2015年以人民币结算的非金融类的对外直接投资分别为57、266、312、867、2244、7362亿元（2015年约占我国对外投资的77.8%，1美元=6.4936元人民币），人民币外商直接投资分别为224、1007、2592、4571、9606、15871亿元。

从中国人民银行2015年年报的有关数据可以看出，人民币直接投资跟汇率改革的关系较为密切。2015年受到"811汇改"的影响，人民币非金融类的对外直接投资达到7362亿元，较上一年2244亿元大增了328%，全年波动很大。人民币对外直接投资在2015年8—9月份从851亿元陡然升至2078亿元，9月份以后，人民币贬值预期减弱，人民币对外投资额亦逐渐回落。这一时期同样受到"811汇改"的影响，人民币外商直接投资也显著增加，累计达到1.5871万亿元，外商为了规避风险，在直接投资中大量采用人民币结算，使得2015年9月的人民币外商直接投资额出现了最高峰值。

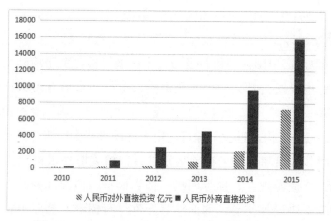

图2-1 2010—2015年人民币直接投资额（亿元）

（三）人民币证券投资

这个时期，境内外的投资者主要是通过特定的渠道如RQFII、RQDII、沪港通等投资人民币金融产品，随着境内债券市场对境外机构开放的步伐加速，为境外机构配置人民币资产提供了便利，提高了境外机构持有人民币资产的主动性和积极性，境外机构的进入也增加了我国市场利率的敏感性，促进形成有效的收益率曲线。

1. 境内机构到境外发行人民币债券（点心债）和票据

我国2007年开始批准内地金融机构到香港发行离岸人民币债券（俗称点心债），2012年5月开始批准境内非金融机构经赴港发行以人民币计价、期限1年以上的、按约定期限还本付息的人民币债券。2014年开始，中国台湾地区、新加坡、英国伦敦、卢森堡也加入发行离岸人民币债券的行列，中国工商银行、国家开发银行、中国建设银行等2014年先后在伦敦试点发行了65亿元的人民币债券。接着又放开了境内企业到香港离岸市场发行债券的限制，2015年9月15日，国家发改委取消企业发行外债的额度审批，改革创新外债管理方式，实行备案登记制管理。通过企业发行外债的备案登记和信息报送，在宏观上实现对借用外债规模的监督管理。根据BIS的统计，2015年人民币国际债券和票据的存量为1247.92亿美元，较2014年年末增长294.09亿美元。人民币在国际债券和票据存量的占比上升至0.59%，但与同时期的美元的占比43.73%、欧元的占比38.48%、英镑的9.55%、日元的1.91%相比还有相当大的差距。

2. 境外机构在我国境内发行人民币债券（熊猫债）

2015年7月，中国人民银行发布《中国人民银行关于境外央行、国际金融组织、主权财富基金运用人民币投资银行间市场有关事宜的通知》（以下简称《通知》）。该《通知》规定境外央行、国际金融组织、主权财富基金这三类机构通过备案即可运用人民币投资中国银行间市场；在投资范围方面，《通知》规定在备案完成后，相关境外机构投资者可在银行间市场开展债券现券、债券回购、债券借贷、债券远期，以及利率互换、远期利率协议等交易，而此前只允许进行债券交易业务；在额度方面，《通知》提到"相关境外机构投资者可自主决定投资规模"同时，央行将根据双方对等性原则和宏观审慎要求对其进行管理（大多数境外央行对我国的投资政策没有限制的上限，对等原则下，意味着相关机构的额度放开）；在地域限制方面，人民币国际债券的发行主体从中国香港地区向全球扩展。

在以上一系列的政策放开之后，沉寂近10年之久的熊猫债市场迎来第一个发行高峰，2015年熊猫债获批的发行规模达到205亿元，实际发行规模为155亿元，仅一年就超过以往十年熊猫债的发行总额，有6家国外机构在我国银行间债券市场发行了熊猫债。2015年9月末，香港上海汇丰银行和中国银行（香港）获准在中国银行间债市发债，首开国际性商业银行在银行间债市发行人民币债券之先河；2015年10月招商局香港亦发行了5亿元短期融资券，为境外非金融企业首只公开发行熊猫债。2015年11月末，加拿大不列颠哥伦比亚省（BC省），在中国银行间债券市场首次注册发行熊猫债60亿元，为首单的外国政府在中国发行的熊猫债。2015年12月15日韩国政府在中国银行间债券市场发行30亿元三年期人民币债券，成为首笔主权"熊猫债"。随着熊猫债发行规模的不断扩大，境外投资机构进入我国境内的数量不断增长，境外机构的境内证券持有量也随之不断增加。

3. RQFII和RQDII相继建立

2013年3月，《人民币合格境外机构投资者境内证券投资试点办法》（以下简称《试点办法》）出台，形成了正式的RQFII①管理制度，新的《试点办法》将RQFII投资者范围扩大到所有运用来自境外的人民币资金进行境内证券投资的境外法人，并明确了RQFII可以投资的人民币金融工具范围，②此外人民币合格投资者可以参与新股发行、可转换债券发行、股票增发和配股的申购。此次《试点办法》中直接赋予了RQFII投资者进入中国银行间债券市场的资格。根据央行数据，2015年境外机构获得的RQFII投资总额度为4443亿元，批准试点RQFII的境外国家和地区已达16个③。2015年年末，RQFII产品达到了130只、QFII 38只，较上年年末分别增加68只和24只。通过RQFII渠道在境内债券市场交易的券面总额比上年增长近2倍（而通过QFII在境内债券市场交易的券面总额比上年增长近4倍）④。

2014年央行发布《中国人民银行关于人民币合格境内机构投资者境外证券投资有关事项的通知》（银发〔2014〕331号），正式推出RQDII，⑤使资本项下的开放又向前迈出了一大步，此举被称作我国金融对外开放、资本市场走向全球的一个显著标志。在它之前，央行已于2006年启动QDII

---

①RQFII是指境外合格机构投资人可将批准额度内的外汇结汇成人民币投资于境内的证券市场。

②包括在证券交易所交易或转让的股票、债券和权证；在银行间债券市场交易的固定收益产品；证券投资基金；股指期货；中国证监会允许的其他金融工具。

③翁东玲.人民币国际化的最新进展、前景与推进策略［J］.浙江金融，2016（10）：9—15.

④顾及.2015年离岸及跨境人民币市场综述及展望［J］.中国货币市场，2016，171（1）：34—37.

⑤RQDII是指取得国务院金融监督管理机构许可的境内金融机构，以自有人民币资金或募集境内机构和个人的人民币资金，投资于境外金融市场的人民币计价产品（银行自有资金境外运用除外）。

（合格的境内机构投资者）业务。与QDII最明显的不同在于：RQDII是在境外金融市场以人民币投资于人民币计价产品（银行自有资金境外运用除外）。QDII的投资范围则是境外不以人民币计价的证券市场的股票、债券等有价证券。QDII业务有额度限制，而RQDII可以根据实际募集情况上调产品的最大发行规模。在人民币升值的预期下，RQDII业务一经推出，便受到市场的火热追捧，中国境内投资者的出海热情很高。通过RQDII出去的人民币，很多是投资在票据、债券之类的资产上。然而RQDII才推出不久，就由于资本外流的压力和多方面的考虑，央行于2015年12月以窗口指导的形式，暂停办理RQDII业务，三年后RQDII才重新开办。[1]根据央行数据，2015年已经有15家机构通过批准，开立的RQDII专户达到了115个，累计汇出人民币938.9亿元（翁东玲，2016）。

　　这个时期境外投资者在银行间债券市场所占的比重不断上升。2015年年末，获准进入银行间债券市场的境外机构已达292家，比2012年年底增加了192家，其中境外央行大约45家、QFII合格境外机构投资者40家、RQFII人民币合格境外机构投资者131家、境外银行和境外保险公司100家。上述境外机构获得的总批复额度达到1.98万亿元（翁东玲，2016）。2015年6月境外机构的债券持有量达6121.84亿元，已经占全市场托管总量的1.9%左右。根据中债登与上清所的合计数据，境外机构投资者持有国债比重达38.4%、政策性银行债比重达40.7%、央行票据6.9%、中期票据、企业债比重分别为7.5%、2.7%。境外投资者持有国债占中债登国债托管总量的2.67%，政策性金融债的占比为2.35%。[2]根据中国人民银行2015年报数据，截至2015年年末，包括境外机构和个人在内的人民币海外金融资产总额已达到3.74万亿元，其中境外机构持有境内人民币股票和债券余额分别为5986.72亿元和7517.06亿元。2015年第四季度与2014年第一季度相比，境外机构和个人持有境内人民币金融资产增加了12140.57亿元，其中股票增加6723亿元，债券增加8715.43亿

---

①2018年4月QDII额度审批重新开闸，之后境外投资的另一渠道——RQDII也迎来"松绑"。
②张毅帆，谢睿，张颂. 中国银行间债券市场对外开放的历程与展望［EB/OL］.（2018-01-31）.28https：//www.sohu.com/a/220079057_99923767.

元，贷款增加5643.14亿元，存款减少8941亿元，[①]境外人民币存款的减少恰恰说明境外人民币的投资渠道增加了，人们不再以存款利息作为人民币保值增值的唯一渠道。

2015年国际信贷、国际债券和票据交易中的人民币份额快速增长，使得国际金融交易的人民币份额跃升至5.9%，同比增长110%（2014年这一比例才2.8%）（翁东玲，2016）。由此可见，这个阶段由于我国金融市场的进一步开放，使得以人民币计价的金融资产的国际吸引力大大提高了。

4. 内地与香港股票市场的互联互通——沪港通

2014年11月17日，沪港通开通，分为沪股通和港股通两部分。内地和香港股票市场开始双向开放，两地投资者通过当地证券公司或经纪商可以买卖在对方交易所上市的监管机构批准范围内的股票。沪股通是由投资者委托香港经纪商，经由港交所设立的证券交易服务公司，向上证所进行申报（买卖盘传递），买卖规定范围内的A股股票。港股通是投资者委托内地证券公司，经由上证所设立的证券交易服务公司，向港交所进行申报（买卖盘传递），买卖规定范围内的港股股票。受到2015年股市巨幅震荡和人民币贬值预期的影响，非居民投资中国股票的规模锐减，中国居民投资境外市场的规模陡增。香港交易所的数据显示，2014年年底、2015年年底沪股通成交金额分别为1675.11亿元、625.27亿元人民币，2015年同比下降了46%；港股通2014—2015年12月成交金额分别为260.11亿港元、452.35亿港币，2015年同比增长了73%。

（四）人民币国际信贷和国际融资方面

跨境人民币贷款包含境内金融机构发放的境外人民币贷款，也包含境外金融机构向境内企业发放的人民币贷款。由于利率差，境内企业有强烈意愿进行跨境人民币贷款。这个阶段由于境外人民币贷款利率较低，又存在人民币贬值的预期，企业为了降低融资成本，规避汇率风险，增加了人民币境外借款的需求。我国于2013年先后批准上海自贸

[①]根据2016年人民币国际化报告中的表2—7有关数据计算得出。

区、前海、昆山三个区域内的企业可以从事跨境人民币融资，2014年批准天津、广西、云南的部分试点区域的企业到东南亚及境外人民币离岸市场进行跨境人民币贷款。2015年广东南沙、横琴自贸区也得到批准可开展跨境人民币贷款业务试点，允许该区域内的企业从港澳地区银行借入人民币资金，资金使用范围限于区内或境外，资金投向应符合国家宏观调控的方向和产业政策导向。以上自贸区和试点区域的境外贷款政策措施的先后出台，推动了境外人民币贷款的大幅增长。2015年1—12月的人民币贷款余额见图2-2。最高值出现在2015年7月份，境外人民币贷款余额达到9749.57亿元，大幅度提高的人民币境外贷款规模在我国总贷款中的占比也随之上升，2015年人民币境外贷款占我国金融机构贷款总额的比重为0.34%。

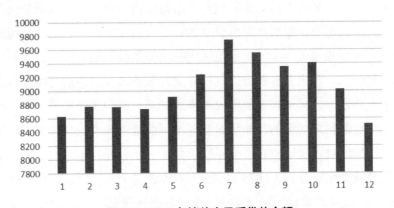

图2-2　2015年境外人民币贷款余额

资料来源：中国人民银行年报2015。

（五）人民币成为国际储备方面

这个时期，又有一些国外央行开始以发行人民币债券的形式获得人民币外汇储备。如2015年6月24日，蒙古国首次发行了10亿元的离岸人民币债券，2015年11月27日中国银行间市场交易商协会接受加拿大大不列颠哥伦比亚省在我国银行间债券市场发行60亿元人民币债券的注册。2015年12月15日，韩国政府在中国银行间债券市场发行30亿元三年期人民币债券。外国政府通过发行人民币计价债券的方式将人民币纳入其外汇储备资产，表明人民币的官方储备货币功能在逐渐加强。

2015年11月30日，国际货币基金组织宣布将人民币以10.92%的权重纳入特别提款权的货币篮子（美元、欧元、日元和英镑的权重分别为41.73%、30.93%、8.33%和8.09%），成为该篮子的第三大权重货币。这意味着人民币从此将正式成为国际官方储备货币，标志着人民币得到了国际货币官方组织的认可，并取得了和美元、欧元、英镑、日元等一样的国际官方地位。这对提高各国持有人民币的信心，扩大人民币在金融交易中的使用，也为其进一步国际化提供了更多有利的条件，也将助于增强特别提款权的代表性和吸引力，进一步完善现行国际货币体系。

截至2015年年底，人民币仍然在不可划分币种之列，意味着人民币还没有在任何一个国家的储备资产中的占比超过1%。但是，随着人民币国际化的逐步深入，持有人民币储备资产的境外央行（或货币当局）的数量在不断增加，2015年年末，约有50家境外央行（或货币当局）在中国境内持有人民币金融资产并将人民币纳入其外汇储备。

（六）外汇市场进一步开放，推出了人民币汇率指数，客观反映人民币汇率

这个时期我国外汇管理体制改革不断深化，外汇市场进一步开放。2015年9月30日，中国人民银行发布公告，开放境外央行（货币当局）和其他官方储备管理机构、国际金融组织、主权财富基金依法合规地参与中国银行间外汇市场，开展包括即期、远期、掉期和期权在内的各品种外汇交易，交易方式包括询价方式和撮合方式，无额度限制。这一举措不仅是为了配合人民币成为特别提款权货币的重要举措，也是"811汇改"后的配套措施，是进一步开放我国外汇市场、推进人民币资本项目可兑换和人民币国际化的重要步骤，为外国央行在官方储备中增持人民币资产创造了条件，也将提高人民币在岸市场的成交量，使我国银行间市场的人民币汇率更有代表性，最终为中国赢得人民币国际定价权起到积极作用。

2015年人民币外汇即期成交4.9万亿美元，人民币外汇掉期交易累计成交金额折合8.3万亿美元，其中隔夜美元掉期成交5.7万亿美元，占美元掉期总成交额的68.3%；人民币外汇远期市场累计成交372亿美元。全年"外币对"累计成交金额折合1202亿美元，同比增长98.4%，其中成交最多的产品为欧元对美元，占市场份额比重为47.0%。

外汇市场交易主体进一步扩展，截至2015年年末，共有即期市场会员518家，远期、外汇掉期、货币掉期和期权市场会员分别为123家、123家、99家和61家，即期市场做市商30家，远掉期市场做市商27家；[①]参与境内银行间外汇市场的境外清算行共15家，较上年新增7家；参与拆借市场的境外机构共6家，较上年新增3家。2015年境外银行在境内外汇市场成交量为同比增加了2倍多，购售比为37：1。境外人民币清算行在境内人民币拆借市场交易额较上年增长近3倍，拆入拆出比为18：1（顾及，2016）。

2015年12月11日，中国外汇交易中心在中国货币网正式发布人民币汇率指数（CFETS），并从2017年起，交易中心按年评估人民币汇率指数的货币篮子，并根据情况适时调整篮子的构成或相关货币权重。在推出人民币汇率指数的同时，中国外汇交易中心还公布了另外两个人民币汇率指数；一个是参考国际清算银行（BIS）货币篮子计算的人民币汇率指数，[②]另一个是参考SDR货币篮子计算的人民币汇率指数。[③]定期公布人民币汇率指数，将有助于引导市场改变过去主要关注人民币对美元双边汇率的习惯，逐渐把参考一篮子货币计算的有效汇率作为人民币汇率水平的主要参照系，从而有利于保持人民币汇率在合理均衡水平上的基本稳定。截至2015年11月30日，人民币汇率指数为102.93（指数基期是2014年12月31日，基期指数是100点），较2014年年底升值2.93%；参考BIS货币篮子计算的人民币汇率指数为103.50，较2014年年底升值3.50%；参考SDR货币篮子计算的人民币汇率指数为101.56，较2014年年底升值1.56%。因此，尽管2015年以来人民币对美元汇率有所贬值，但从更全面的角度看，人民币对

---

① 2015年第四季度中国货币政策执行报告。
② 这个指数的样本货币权重采用BIS货币篮子权重，共包含40种货币，其中欧元权重为18.7%居首位，美元为17.8%居次席。
③ 这个指数的样本货币权重由各样本货币在SDR货币篮子的相对权重计算而得，包含美元、欧元、日元和英镑，其中美元以41.9%的权重居首位，欧元37.4%居次席。

一篮子货币仍小幅升值，①在国际主要货币中人民币仍属强势货币。

（七）人民币境外清算制度安排和货币合作

从2003年12月中国银行担任香港人民币清算行开始，人民币清算行在全球金融中心的布局不断加速，人民币全球清算体系日臻完善。这一时期除了香港外，人民银行陆续在全球20个国家和地区建立了人民币清算安排，分别是中国香港、中国澳门、中国台湾、新加坡、英国、德国、韩国、法国、卢森堡、卡塔尔、加拿大、澳大利亚、马来西亚、泰国、智利、匈牙利、南非、阿根廷、赞比亚、瑞士。2015年11月30日，美国多位金融及工商界领袖宣布，成立人民币交易和清算工作组，探讨在美国建立人民币交易和清算机制的可能性，以便美国机构可以使用和接收人民币付款，以利于降低交易成本并提高效率。

人民币跨境支付系统（CIPS）（一期）开始成功上线运行。2015年10月8日，CIPS开始为境内外金融机构的人民币跨境和离岸人民币业务提供资金清算和结算服务。CIPS是重要的金融基础设施，CIPS的建成并运行是我国金融市场基础设施建设的又一里程碑事件，标志着人民币国内支付和国际支付统筹兼顾的现代化支付体系建设取得重要进展。作为重要的金融基础设施，CIPS符合《金融市场基础设施原则》等国际监管要求，对促进人民币国际化进程将起到重要的支撑作用。

这一时期，我国继续与有关国家签署双边本币互换协议，据中国人民银行2015年报统计，截至2015年年底，我国已先后与33家境外央行或货币当局签署了双边本币互换协议，协议总规模超过3.3万亿元，在便利双边贸易和投资、维护区域金融稳定方面发挥了积极的作用。截至2015年6月，境外货币当局发起本币互换协议金额2.3万亿元人民币，动用人民币金额共计807亿元，人民银行发起本币互换折人民币共计41亿元，动用对方货币折人民币共计15.8亿元。

①在这三个人民币汇率指数中，美元权重相加为86.1%，欧元为77.5%，二者仅有8.6个百分点的差距。因此，市场确实有必要改变过去主要关注人民币对美元双边汇率的习惯，逐渐把参考一篮子货币计算的有效汇率作为人民币汇率水平的主要参照系，这有利于保持人民币汇率在合理均衡水平上的基本稳定，也有利于市场的稳定。

三、下降、停滞又恢复上升的阶段（2016年至今）

随着国内外形势的变化，2015年下半年以来，美联储结束量化宽松并启动加息进程，全球金融市场震荡加剧，在市场看好美元持续升值的背景下，全球金融市场风险偏好下降，全球流动性供给出现结构性逆转，同时中国经济下行风险增大，汇率波动加剧，人民币汇率面临阶段性贬值压力，人民币国际化在经历6年多的快速发展以后，出现了一定程度的停滞甚至倒退，衡量人民币国际化程度的各项指标纷纷开始从最高值明显下降，人民币在国际贸易结算、人民币国际支付、人民币直接投资、离岸人民币资金池等方面均有明显的下降。最显著的指标是中国人民大学国际货币研究所测算的人民币国际化指数（RII），从2015年的最高值3.67降至2017年第二季度的1.82（如图2-3），但从2017年下半年开始，随着我国金融市场的加速开放，贸易项下的人民币使用开始稳步回升，资本金融项下的人民币交易愈加活跃，越来越多的国家和地区将人民币资产纳入其外汇储备，使人民币国际化程度又开始逐步上升，人民币国际化指数（RII）从最低点开始往上升，2017年年底曾强势反弹到3.13后趋于平缓，2018年二季度后又再次上升，2018年第四季度上升到了2.95，比2017年的最低点回升了95.8%。这个阶段与前两个发展阶段相比，人民币国际化指数震荡幅度显著增大。市场上的其他五种人民币国际化指数呈现差不多的走势。根据其他五个机构各自发布的2016年人民币国际化指数，其中有五个指数（中国银行的人民币跨境指数254、中国银行人民币的离岸指数1.26、渣打银行的人民币环球指数1968、信银国际跨境银行的需求指数56.6、中国人民大学国际货币研究所的人民币国际化指数2.26）在同比和环比变动率上都呈现负值，只有星展人民币动力指数（为59.1）同比呈现增长态势，但环比变动率也是负值，[①]这些人民币指数的变动呈现负值，都从不同角度说明了人民币国际化程度在2016年明显地下降了。

---

①赵雪情.人民币国际化何去何从——2016年上半年人民币国际化进程回顾与展望［J］.国际金融，2016（11）：60—65.

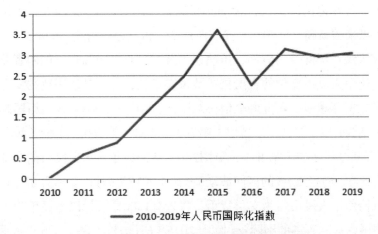

图2-3　2010—2019年人民币国际化指数走势

　　资料来源：根据中国人民大学国际货币研究所历年人民币国际化报告中的有关资料绘制。

　　从境外机构和个人所持有的人民币金融资产的变化也可以反映出人民币国际化水平的高低。2015、2016年的统计数据显示境外机构和个人开始明显减持人民币资产。根据中国人民银行年报2015—2018年的数据计算，从2015年6月到2016年12月底，境外机构和个人累计减持人民币金融资产1.56万亿元人民币，包括股票资产、债券资产、贷款和存款。而2017年年底境外机构和个人持有的人民币金融资产则比2016年年底增加了1.25万亿元，2018年年底又继续增加了5611亿元，达到了4.85万亿元，2018年年底比2015年6月的最高值还多出2540亿元。2017年，在境外主体新增的境内人民币资产中，股票和债券占比分别为42%和28%。以上这些数据都说明2015年下半年开始到2016年境外机构和个人明显减持人民币资产，但到2017年下半年这种趋势开始扭转，境外机构与个人持有人民币金融资产规模再度回升，甚至还超过了2015年"811汇改"前的规模。这些表明市场开始逐渐消化前期负面冲击与预期，逐渐摆脱了恐慌情绪，开始回归双向波动的理性预期，微观主体汇率风险管理意识与能力均有所增强，人民币国际使用的信心显著反弹。近两年来，境内人民币股票和债券成为境外主体增配人民币资产的主要品种。2017年包括直接投资、国际信贷、国际债券与票据等在内的人民币计价的交易综合占比为6.51%，创下人民币国际化历史以来的新高。但2018年又有所回落，该项综合占比为4.90%。

在人民币国际支付方面，虽然还不及2015年的最高点，但两者差距在缩短，使用人民币支付的金融机构数量在增加，也就是使用范围实际上是扩大了。据环球银行间金融电信协会统计，2013—2018年人民币国际支付份额分别为1.12（第八）、2.17（第五）、2.31（第五）、1.68（第六）、1.61（第五）、2.07（第五），见图2-4。从2018年看，人民币的全球国际支付占比在1.6%至2.1%的区间波动。[①]截至2017年6月，全球有超过1900家金融机构使用人民币作为支付货币，将近有1300家机构以人民币为币种开展与中国内地和香港的国际支付，比2015年6月增长了16%。当然，跟其他国际货币相比，人民币国际支付的排名仍然还在美元、欧元、英镑、日元之后，与美元、欧元的差距仍然是巨大的（在全球支付交易中，第一位的美元占39.85%，第二位的欧元占35.66%，英镑占7.07%，日元占2.96%）。2018年随着中美贸易摩擦愈演愈烈，给中国和其他一些贸易伙伴带来的压力促使一些经济体重新考虑其对美元的依赖，这反而给了中国推进人民币国际化的机会，使境外更多国家在国际贸易和金融贸易中考虑更多地使用人民币支付和结算，增强了国际上对人民币的信心，使人民币国际支付又趋于上升。

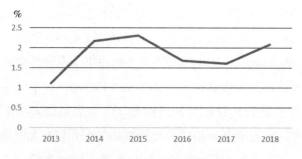

图2-4　2013—2018年人民币国际支付份额

资料来源：环球银行间金融电信协会统计。

①人民币国际化稳步推进：2018年离岸及跨境人民币业务回顾_财经频道_东方资讯［EB/OL］. https://mini. eastday.com/a/190118172434186. html.

（一）人民币跨境贸易计价结算方面

从图2-5可以看出，在经历了连续两年的下降以后，2018年人民币跨境贸易结算开始恢复了增长。中国人民银行2016—2018年的年报显示，2016—2018年的跨境贸易结算分别为5.23、4.32、5.11万亿元，增速分别为-27.66%、-16.63%、18.2%。在全球贸易萎缩、我国进出口低迷、汇率波动的大背景下，2016年跨境贸易人民币结算在经常项下为5.23万亿元，同比下降27.66%，其中，货物贸易结算规模4.12万亿元，同比下降35.52%，服务贸易及其他经常项下结算规模1.11万亿元，同比增加31.64%。服务贸易在经常项目中占比从2010年的8.66%上升至2016年第三季度的18.61%。人民币跨境贸易结算在全球中的占比也显著回落，从2015年第三季度的4.07%的最高点跌落至2018年年底的2.05%，降幅达49.6%。2016年全年跨境人民币收付金额合计9.85万亿元，同比下降18.6%，其中实收3.79万亿元，实付6.06万亿元，收付比从上年年末的1：0.96转为1：1.6，跨境贸易项下的人民币呈现为净流出。

2017年跨境贸易人民币结算4.32万亿元，同比下降16.63%，但从季度数据来看，跨境贸易人民币结算从二季度开始企稳回升，2017年四个季度跨境贸易人民币结算金额分别为0.99万亿元、1.16万亿元、1.08万亿元和1.13万亿元，呈稳中向好态势。2017年跨境人民币收付金额为9.19万亿元（占本外币跨境收付比重为22.3%），同比增长9.6%，其中，实收金额4.45万亿元，实付金额4.74万亿元，2017年人民币跨境收付总体平衡。经常项目下跨境人民币收付金额合计4.36万亿元，其中，货物贸易收付金额3.27万亿元，服务贸易及其他经常项下收付金额1.09万亿元；资本项目下人民币收付金额合计4.83万亿元。

虽然经历了2016、2017连续两年的下降，但2018年跨境贸易人民币结算增长了18.2%，全年结算总额为5.11万亿元，其中货物贸易结算3.66万亿元，同比上升13%，在本外币跨境收付中占比11.7%；服务贸易及其他贸易结算1.45万亿元。中国人民银行2018年报和中国货币政策执行报告2018年第四季度显示，2018年跨境人民币收付金额合计15.85万亿元，同比上升72.4%，其中实收8万亿元，实付7.85万亿元。经常项下收付金额5.11万亿，资本项目下人民币收付金额合计 10.74 万亿元，其中直接投资项下人民币收付额2.66万亿元，同比增长61%，在本外币跨境收付中占比达到了59.5%。

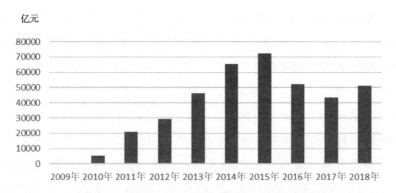

图2-5 2009—2018年人民币跨境贸易结算额

资料来源：历年中国人民银行年报。

此外，大宗商品的跨境贸易人民币计价结算也陆续展开。2018年以来，我国先后对外开放了以人民币计价结算的四个期货品种，分别为人民币石油期货、人民币铁矿石期货、人民币PTA期货（PTA为精对苯二甲酸的英文缩写）和20号胶（橡胶）期货。2018年3月，以人民币计价结算的原油期货率先在上海国际能源交易中心挂牌交易，推出以来其日成交量表现强劲，已经开始带动欧美等市场夜盘的活跃度，交易所统计的年度数据显示，截至2019年5月，包括澳大利亚、新加坡、英国、韩国、日本等在内，已有超过4万个账户注册了人民币原油期货交易。根据彭博系统数据，2018年四季度共成交原油期货合约2632万份，年末未平仓合约145万份，交易量及未平仓合约数居全球第三位。[1]上海期货交易所数据显示，石油期货上市以来，原油期货成交量和持仓量稳步增长，截至2019年3月末，原油期货累计成交3670万手，累计成交金额17万亿元人民币;日均成交15万手，日均成交金额705亿元人民币。

---

①人民币国际化呈现积极发展势头|人民币国际化_新浪财经_新浪网［EB/OL］. https://finance.sina.com.cn/money/forex/rmb/2019-04-22/doc-ihvhiQax4307459.shtml.

在这一阶段，石油、铁矿石进口的人民币计价结算也取得了重大进展。2016年10月，中国进口的部分俄罗斯石油实现了人民币结算，相关预测认为到2029年，中俄两国用人民币交易的石油和天然气价值将高达1800亿元。2019年，伊朗、委内瑞拉先后宣布将使用人民币进行石油出口的计价结算，使得人民币在国际原油市场定价领域的话语权不断提升。2020年5月，中国最大的钢铁集团——中国宝武与全球三大铁矿石供应商之间都实现了铁矿石交易的人民币跨境贸易结算。[①]

（二）人民币直接投资方面

2016年以后人民币直接投资也经历了先下降后上升的过程（见图2-6）。人民币直接投资由人民币对外直接投资（人民币ODI）和人民币外商直接投资（人民币FDI）两部分构成。2013—2018年，人民币直接投资规模分别为0.543万亿元、1.18万亿元、2.323万亿元、4.497万亿元、1.654万亿元、2.663万亿元，同比分别增长84.1%、121.58%、96%、93.59%、－96.5%、61%。从下图可以看出，2018年人民币直接投资在经历了2017年的大幅下降后再次恢复上升，虽然没有达到2016年的最高值，但比2015年还高出3401亿元。其中，人民币对外直接投资分别为867、2244、7362、10619、4579、8048亿元，2016年达到最高值10619亿元后2017年剧降了57%（这主要是为应对2015—2016年的大规模资本外流，出台了限制性政策，导致中国的对外直接投资出现了15年来的首次下降，比上年减少了36%，降至1250亿美元[②]），但2018年又上升了76%。人民币外商直接投资2013—2018年分别为4571、9606、15871、13988、11961、18586亿元，可以看出，人民币外商直接投资在2015年达到最高值后连续两年下降，到2018年又开始上升了57.6%。

[①]2020年5月，中国最大的钢铁集团中国宝武与澳大利亚力拓集团完成了首单利用区块链技术实现的人民币跨境结算，总金额逾1亿元。这是继2020年1月和4月该集团分别与巴西淡水河谷、澳大利亚必和必拓完成首单人民币跨境结算后的又一新进展。

[②]钱志清. 全球外资趋势及投资与新产业政策——联合国《2018年世界投资报告》综述［J］. 国际经济合作，2018（7）：4—11.

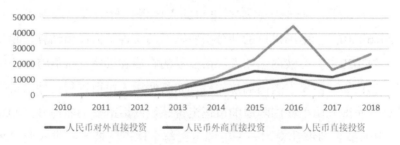

图2-6　2010—2018年人民币直接投资

从全球来看，近几年在贸易保护主义带来严重的不确定性下，全球直接投资规模连续三年大幅度萎缩，2018年继续萎缩到国际金融危机以来的最低水平，而我国的直接投资却实现了逆势攀升，在全球直接投资中的占比呈快速攀升态势，成为第二大外资流入国（居首的是美国），占世界总流入额的10%以上，同时也是第二大对外投资国（居首的是日本），这与人民币直接投资的快速增长是分不开的。2017年人民币直接投资的全球占比为18.51%，相比以往有较大上升，为全球经济稳定增长提供了动力。

（三）人民币证券投资方面

1. 人民币债券市场方面

（1）人民币国际债券市场的规模从高点回落后又趋于上升

同前面的人民币跨境贸易结算和人民币直接投资相类似，在这一阶段，人民币国际债券市场的发行规模也是从最高点回落后又重新趋于上升。2016、2017两年人民币国际化程度下降的主要影响因素就是人民币国际债券发行和交易规模的同比下降。根据国际清算银行数据，2012—2018年我国人民币国际债券和票据存量分别为580、714.5、953.83、1247.92、1106.78、1033.47、1075.49亿美元，在全球中的占比分别为0.26%、0.27%、0.4%、0.59%、0.52%、0.43%、0.44%（见图2-7）。人民币国际债券和票据存量在2015年占比达到最高值0.59%以后开始连续两年下降，全球占比也从最高值0.59%降为2018年的0.44%，2018年比2015年债券和票据存量减少了172.43亿美元。但从同比指标来看，2018年开始恢复增长，2018年国际债券和票据存量同比增加42.02亿美元，比2017年增长了

4.07%。根据我国有关数据，2017年共有107家机构发行144只离岸人民币债券，比2016年减少221只，发行规模为477.45亿元，比2016年下降了52.2%。其中香港发行126亿元（2017年前11个月的数据），比降66.6%；台湾地区发行23.66亿元，比降70.5%；财政部发行国债140亿元，同比下降50%。截至2017年年末，点心债托管余额1961.36，比2016年下降29.8%，点心债二级市场累计成交2113.43亿元，比2016年下降38.1%。但2018年，离岸市场共发行267只人民币债券，较2017年增加126只；总发行额1161.3亿元，较2017年增长1.4倍。[1]其中，香港点心债发行419亿元，未偿余额为1706亿元。财政部发行了100亿元人民币国债，中国人民银行首次发行了200亿元央票，使香港的高信用等级人民币金融产品更加丰富，有利于完善人民币债券收益率曲线。

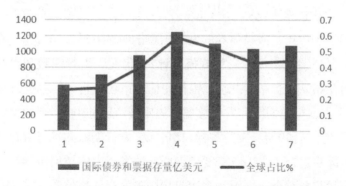

图2-7 2012—2018年我国人民币国际债券和票据存量及全球占比

　　虽然这个阶段境外发行人民币债券（点心债）和股票的规模与2015年相比呈现大幅下降态势，但一些债券的发行仍然获得了国际投资者的特别青睐。一是2017年4月中国银行约翰内斯堡分行成功发行的首只非洲离岸人民币债券（彩虹债），[2]其募集的资金将主要用于"一带一路"建设相关信贷项目，这次债券发行获得了国际投资者的追捧。二是国债日益成为境外投资者青睐的产品。

---

　　①人民币国际化稳步推进：2018年离岸及跨境人民币业务回顾_财经频道_东方资讯［EB/OL］. https://mini. eastday. com/a/190118172434186. html.
　　②彩虹债的发行金额为15亿元人民币，期限为3年，利率4.88%。

在境外人民币债券发行规模大幅下降的同时，境内的熊猫债市场却获得了快速的增长。这自然缘于熊猫债券发行政策的进一步放松，使熊猫债的发行在2016年经历了井喷式的增长。2005—2014年熊猫债总发行额才60亿元，都是在银行间市场发行的，发行主体仅限于开发性金融机构。① 2015年熊猫债发行迎来第一个发行高峰，共计发行130亿元，超过以往十年的发行总和（其中在交易所发行15亿元，银行间市场发行115亿元）。2016年则有33个发行主体发行了65只熊猫债，发行额共计1290.4亿元（其中交易所市场发行的高达838.4亿元，银行间市场发行452亿元）。2016年的发行额较2015年增长893%，是2005—2015年总发行额（168.3亿元）的7.67倍，所以被喻为井喷式增长。发行主体日益多样化，以有中资背景的红筹企业为主，工商企业占比68%、商业银行占比16%、多边机构占比8%、主权机构占比8%。②

但到了2017年，熊猫债券的发行出现了明显下滑。2017年共有25家主体累计发行35期熊猫债，发行规模共计719亿元，发行期数和发行总额同比降幅均在40%以上。其中通过银行间债券市场发行的熊猫债26期，规模603亿元，占发行总期数和发行总规模的比例均超过70%；通过交易所债券市场发行的熊猫债9期，发行规模116亿元，发行期数和发行规模均较上年均大幅下降超过75%。2017年度熊猫债券的发行主体类型包括政府机构、金融机构和非金融企业，国际多边机构则未发行熊猫债券。其中，非金融企业的发行期数和规模占比仍然最高（均超过75%），主要为注册地在境外的中资背景企业；外国发行人占发行主体总数比重较小但呈上升趋势，新增俄罗斯③、匈牙利④、马来西亚等国家的发行主体，且多集中于"一带

---

① 2016—2018年熊猫债市场发展及展望_国际［EB/OL］. http：//www. sohu. com/a/298553175_263888.
② 2016年熊猫债市场发展报告及2017年展望［EB/OL］. https：//mp. weixin. QQ. com/s？ __biz=MzA3NTI2MTAyOA%3D%3D&idx=2&mid=2650581572&sn=7b75e59e3da0f0db949c2a9d4c9c0d04.
③ 2017年3月，俄罗斯铝业联合公司发行首期10亿元公司债券，成为"一带一路"沿线国家企业在我国发行的首单熊猫债。
④ 2017年7月，匈牙利国家经济部宣布在中国银行间债券市场发行10亿元人民币三年期熊猫债，成为首单通过"债券通"渠道面向境内外投资者完成簿记发行的外国主权政府人民币债券。

一路"沿线地区，绿色熊猫债券①也开始发行。2017年熊猫债券类型开始多样化，发行规模和发行期限仍较为集中。2017年度发行的熊猫债券覆盖了中期票据、金融债、国际机构债、定向工具和公司债等各种类型，发行规模多分布在20亿—30亿元甚至更高的水平，平均发行规模则较上年基本持平。2017年度熊猫债券涵盖了1年至7年的各种期限，其中3年期发行期数占比达到近60%。2017年度熊猫债券级别主要分布在AAA级至AA+级之间。其中，AAA级熊猫债券发行24期共计465.00亿元，发行期数和发行规模占比均超过60%；9期未予评级的债券以私募公司债和定向工具为主，以及1期绿色熊猫债券。熊猫债券发行利率较上年有所上升。2017年度发行的熊猫债券主要采用固定利率和累进利率方式，其中采用固定利率的熊猫债券占比达到近四分之三。②

2018年熊猫债发行同比又大幅增长，共发行58期熊猫债券，发行规模共计955.90亿元，与2017年相比，在发行机构数量、发行期数、发行总规模上分别增长16%、65.7%、32.9%。2018年银行间债券市场发行熊猫债43只，发行总额746.6亿元，分别占2018年总发行期数和发行总规模的74.1%和78.1%；交易所债券市场发行15期，发行总额209.3亿元，分别占2018年总发行期数和发行规模的25.9%和21.9%。但与2016年相比，发行期数和发行规模分别下降了10.8%和25.9%。2018年熊猫债券发行主体类型保持多样，但仍集中在房地产和金融行业；熊猫债券发行主体仍以含有中资背景的企业为主，但外国发行人持续增多，新增来自日本、新加坡、菲律宾和阿联酋的发行人，主要集中在"一带一路"沿线国家；熊猫债券平均发行规模有所下降，发行期限以3年期为主，短期债券发行量大幅萎缩；熊猫债券信用等级进一步向AAA级集中，下半年以来发行利率显著回落。

截至2018年年底，我国累计发行熊猫债176期，发行规模累计达3185.3

---

①2017年5月，中国电力新能源发展有限公司第一期绿色非公开定向债务融资工具在银行间市场成功发行，成为国内首单境外非金融企业绿色熊猫债。

②联合资信：2017熊猫债发行量明显下滑 2018有望企稳|熊猫|债券|银行间债券市场_新浪财经_新浪网［EB/OL］.http://finance.sina.com.cn/money/bond/market/2018-01-24/doc-ifyQyQni1993747.shtml.

亿元，2016—2018年发行规模增速分别为893%、-44.3%、32.9%。发行主体也从最早的国际开发机构拓展到外国政府、境外金融机构和非金融企业。2018年银行间债券市场参与的各类主体达到20763家，境外机构投资者1186家，较上年增加380家。

表2-1　2005—2019年熊猫债发行情况

年份	发行总额亿元	增长率%	期数	银行间发行额亿元	交易所发行额亿元
2005—2014	60		18	60	0
2015	130			115	15
2016	1290.4	893	65	452	834.4
2017	719	-44.3	35	603	116
2018	955.9	32.9	58	746.6	209.3
2019（上半年）	275.4	-46.5	19		
2005—2019上半年累计	3430.7		195		

资料来源：根据相关资料整理绘制。

2019年上半年，中国债券市场共有14家主体累计发行熊猫债券19支，发行总额共计275.40亿元，发行家数、发行期数和发行总额同比分别下滑26.32%、38.71%和46.52%。2019年上半年，熊猫债券的发行主体类型包括政府机构、金融机构和非金融企业。其中政府机构发行规模占比16.34%，同比上升9.62%；金融机构发行规模占比48.29%，同比大幅上升25.76%，成为发行规模占比最高的发行主体类型；非金融企业的发行规模占比35.37%，同比大幅下降了35.38%。与2016年相比，非金融企业类发行熊猫债规模大幅度减少了，金融类机构和政府机构的发行规模大幅度增加。主要原因是房地产行业监管持续收紧，之前一直长期占据主导地位的中资房地产行业发行人在2019年上半年并未发行熊猫债券。2019年上半年，我国熊猫债券发行主体仍然以中资背景企业（包括金融类和非金融类）为主，其所发行的熊猫债券规模约占总发行规模的52.65%，虽然较2018年上半年（66.67%）和2018年下半年（73.47%）分别下降14.02和20.82个百分点，但占比依然过半。从发行人主体行业来看，2019年上半年，发行人行业主要集中在金融行业。同时，2019年上半年外国发行人数量有所增加，共有5家发行人，其中新增了来自马来西亚和葡萄牙的发行人，且主要集中在"一带一路"沿线合作国家，共发行7支国际机构债券，发行规模占总发行规模的41.76%，同比大幅增加了35.04%。2019年上半年，熊猫债券发行人募集资金用途与上年基本类似，主要集中在补充运营资金、支持"一带一路"项目建设以及偿还债务、发展境外业务和满足人民币融资需求等。值得注意的是，募集资金用于"一带一路"项目建设的熊猫债券期数与规模明显增多。[①] 已经有多个国家都报道了2019年拟在中国发行熊猫债的信息，如意大利、巴拿马、菲律宾、克罗地亚等。

此外，2016年8月，世界银行（国际复兴开发银行）在我国银行间债券市场成功发行第一期20亿元特别提款权计价债券（木兰债）。10月渣打银行（香港）股份公司也在我国银行间债券市场发行1亿元木兰债。木兰债的推出丰富了我国的债券品种，促进了债券市场的开放与发展，也是扩大SDR使用的标志性事件，对于增强国际货币体系的稳定性和韧性具有积极意义。

（2）参与境内外人民币债券市场的渠道进一步拓宽

近几年来，我国人民币债券市场不断向境外投资者开放，现阶段境外投资者主要通过四个渠道参与境内债券市场投资，包括合格境外投资者、人民币合格境外投资者、银行间债券市场（CIBM）以及"债券通"中的"北向通"，我国债券市场还陆续被纳入各著名的国际债券指数中。

第一，通过新建的"债券通"渠道，增加了境外机构持有人民币债券的规模。2017年6月21日，央行公布《内地与香港债券市场互联互通合作管理暂行办法》，2017年7月3日"债券通"的"北向通"上线运行，至此境外投资者可以通过债券通直接投资境内的人民币债券的发行认购，今

[①] 熊猫债：上半年发行量显著回落，下半年谨慎乐观_中国发展网［EB/OL］.http：//www.chinadevelopment.com.cn/zgzs/zx/2019/07/1544556. shtml.

后金融债、非金融企业债务融资工具、人民币熊猫债、外国主权政府人民币债券、资产支持证券等各类债券都可以陆续通过"债券通"机制成功发行。"债券通"开通首日共有19家报价机构、70家境外机构达成142笔、70.48亿元交易，体现出旺盛的投资热情。交易券种涵盖国债、政策性金融债、政府支持机构债券、同业存单、中期票据、短期融资债券和企业债等各种类型。

债券通建立以后，发展极为迅速。2017年年末，通过"债券通"进入银行间债券市场的境外机构投资者达到247家，分别来自19个国家和地区，投资者涵盖商业银行、基金公司、资产管理公司、证券公司、保险公司等，交易券种以国债、政策性金融债、同业存单为主，交易活跃度不断提升。2017年内地一级市场共发行了178只"债券通"题材的债券，"债券通"超过50%的投资者来自国际资本市场。如2018年3月中旬，菲律宾在中国银行间市场发行14.6亿元熊猫债，其中88%由境外投资者通过"债券通"等渠道认购。据债券通有限公司提供的数据，截至2020年6月末，来自33个国家和地区的2012家机构投资者在"债券通"备案，全球前100大资产管理公司中的72家都在其中，"债券通"累计成交6万亿元人民币。2017年"债券通"日均交易才20亿至30亿元；2020年上半年"债券通"总交易金额2.33万亿元，日均199亿元。其中，2020年5月份交易4682亿元，日均260亿元，创下历史新高。2018年"债券通"交易量为1.03万亿元，占全部境外机构债券交易量的28%；2019年"债券通"交易量增至2.6万亿元，占比进一步升至49%。[①]

中国债券市场境外投资者包括境外央行、国际金融组织、主权财富基金、商业银行、保险公司、证券公司、基金管理公司及其他资产管理机构，约有64%是由全球资产管理公司和基金管理公司管理的产品。截至2019年年底，境内债券市场共有2608家境外参与者，其中通过"债券通"进入的有1601家，占了六成以上。到2020年6月底，境外机构持

---

① "债券通"助力人民币国际化踏上更高台阶_国研网[EB/OL]. http://d.drcnet.com.cn/eDRCNet.Common.Web/DocDetail.aspx?DocID=5910085&leafid=14046&chnid=3597.

有人民币债券2.5万亿元，比"债券通"启动前的2017年6月增加1.66万亿元(增幅近2倍)。境外机构持有人民币债券占全部人民币债券的比重从1.8%上升至3.5%。①随着其总量的不断扩大，对QFII和RQFII形成了有益的补充。

此外，从2019年4月1日起，以人民币计价的中国国债和政策性银行债券被纳入彭博巴克莱全球综合指数，并将在20个月内分步纳入。完成纳入后，人民币计价的中国债券将成为继美元、欧元、日元之后的第四大计价货币债券。彭博是目前国际金融市场影响力较大的三大债券指数供应商之一，另外两家为富时罗素和摩根大通。据初步估算，中国债券加入彭博巴克莱全球综合指数后，预计将为中国债券市场引入1000多亿美元指数追踪资金，共有364只中国债券纳入彭博巴克莱全球综合指数，完全纳入后，中国债券市值在该指数中的占比将达到6.06%（总计有54.9万亿美元的债券市值）。②

中央结算公司定期公布的债券托管数据显示，境内债券市场仍以境内投资者以及发行人为主，虽然境外投资者持有的境内债券绝对量保持较高增速，但总量也仅占全部市场债券存量的2.6%，③与日本债券市场境外机构持有占比超10%相比，仍有较大的拓展空间，债券市场的国际化依然任重道远。

第二，通过RQFII进来、RQDII出去参与境内外债券市场。先来看看RQFII。自2002年实施QFII制度、2011年实施RQFII制度以来，来自全球31个国家和地区的超过400家机构投资者通过此渠道投资中国资本市场。近年来，我国逐步放宽了QFII、RQFII的投资限制，不断扩大资本市场的对外开放步伐。2018年6月，人民银行、外管局联合发布《关于人民币合格境外机构投资者境内证券投资管理有关问题的通知》，进一步放宽了境外

---

①债券通"助力人民币国际化踏上更高台阶_国研网[EB/OL]. http://d.drcnet.com.cn/eDRCNet.Common.Web/DocDetail.aspx?DocID=5910085&leafid=14046&chnid=3597.

②中国债券纳入彭博巴克莱全球综合指数—新华网［EB/OL］.http：//www. xinhuanet.com/2019—04/01/c_1210096166. htm.

③根据国际清算银行2018年第三季度的统计数据，中国的债券市场规模是世界第三大债券市场（12.42万亿美元），紧随美国（40.72万亿美元）和日本（12.62万亿美元）之后。

机构的准入条件，扩大了RQFII的投资范围，允许境外机构投资者投资新三板股票、债券回购、私募投资基金、金融期货、商品期货、期权以及证券交易所融资融券交易。外汇局数据显示，授予额度最高的仍然是香港地区，获得了5000亿元的投资额度，第二是美国的2500亿元，日本第三，获得2000亿元额度，韩国获得1200亿元额度，新加坡的额度为1000亿元，英国、法国、德国分别获得800亿元额度，爱尔兰、澳大利亚、加拿大、瑞士、卢森堡、智利、匈牙利、马来西亚、阿联酋以及泰国分别获得500亿元额度，卡塔尔获得300亿元额度。RQFII机构数从2016年年末的177家增加到2018年年末的233家。

随着人民币国际化的深入，对RQFII的管理不断简化，试点地区逐步从香港扩大到英国、新加坡、法国、韩国、德国、瑞士、卢森堡、爱尔兰等15个国家和地区。2016年6月，在中美第八轮战略与经济对话期间，中国人民银行宣布给予美国2500亿元人民币（约合380亿美元）的RQFII额度，规模仅次于中国香港。2018年5月，我国授予日本2000亿元人民币合格境外机构投资者额度，以支持日本金融机构积极通过RQFII投资中国资本市场。近两三年RQFII的审批步伐逐步加快，仅2018年9月就有多家境外机构首次获批RQFII额度，[①]当然也有机构因各种因素取消了投资额度，如香港高泰盆景资产管理（香港）有限公司和韩国的东部证券股份有限公司就被分别取消了投资额度——累计规模达30亿元。表2-2是截至2020年2月底我国人民币合格境外机构投资者投资额度审批情况表，数据显示，截至2020年2月底累计有16个国家和地区、国际组织的200多家合格机构投资者获得RQFII实际投资额6997.52亿元，而我国授予境外投资者的RQFII总额度为19400亿元，实际使用的只占授予额度的36%，说明境外投资者通过RQFII渠道进入我国债券市场的空间还较大，合格机构投资者制度已成为我国证券投资开放最重要、也是最成熟的渠道。

---

①如香港的中加国际资产管理有限公司和富善国际资产管理（香港）有限公司——投资额度分别为5亿元；道富环球在美国、英国和爱尔兰多地首次获批RQFII额度——总规模达147亿元。

表2-2 人民币合格境外机构投资者实际投资额度审批情况表　　　单位：亿元

机构注册地	机构数	授予额度/获批额度	机构注册地	机构数	授予额度/获批额度
中国香港	96	5000/3514.67	日本	2	2000/90
新加坡	32	1000/782.55	加拿大	3	500/86.53
韩国	35	1200/728.87	泰国	2	500/21
英国	19	800/484.84	爱尔兰	2	500/18.5
美国	8	2500/325.2	马来西亚	1	500/16
澳大利亚	3	500/320.06	国际货币基金组织	1	16
法国	7	800/240	阿联酋	—	500/—
卢森堡	7	500/151.87	匈牙利	—	500/—
德国	3	800/105.43	智利	—	500/—
瑞士	2	500/96	卡塔尔	—	300/—

资料来源：根据国家外汇管理局网站公布的资料整理。

　　2019年9月，中国国家外汇管理局对外宣布，决定取消合格境外机构投资者和人民币合格境外机构投资者的投资额度限制，包括总额度和单家额度，同时也取消RQFII的试点国家和地区限制，向全球投资者敞开大门。这是中国扩大资本市场开放的又一实质性举措，为境外投资者参与境内市场带来了更大的便利，今后，具备相应资格的境外机构投资者，只需进行登记即可自主汇入资金开展符合规定的证券投资，中国资本市场的吸引力将大大提高，将更广泛地被国际市场所接受。

　　再来看看RQDII。自从2014年11月央行发布《关于人民币合格境内机构投资者境外证券投资有关事项的通知》，正式推出了人民币合格境内机构投资者制度以后，被一些国际机构利用来沽空人民币，即当企业在境外发行人民币债券或其他金融衍生品后，获得RQDII资金投资，再将这笔人民币资金拆借给这些金融机构，被金融机构用于沽空人民币的筹码。2015年离岸人民币兑美元不断下跌，全年贬值5.4%，创有记录来的最大跌幅，与RQDII的推出有密切的关系。2015年12月10日央行因资本流出压力加大而暂停了机构申请新RQDII的相关业务。

2018年5月，央行发布《进一步明确人民币合格境内机构投资者境外证券投资管理有关事项的通知》，标志着RQDII业务自暂停后重新启动。但外管局加强了管理和监控，出台了七项管理新规定，要求人民币合格机构投资者开展境外投资时，不得将人民币汇出境外购汇（重申以前的规定），要按照要求报送人民币合格投资者基本情况、托管银行、资金来源及规模、投资计划、资金汇出入、境外持仓情况等信息，以对境外投资实施宏观审慎管理。加强宏观审慎监管以后的RQDII制度，对带动人民币资金流出到境外的金融市场、推动境外人民币金融产品的研发、吸引更多国际投资者，形成了良性循环；还可在一定程度上满足境内投资者资产多元化配置需求，推动境内金融机构提升跨境金融服务能力和水平，还可以促进金融机构去主动积极熟悉境外金融市场，延伸跨境金融服务链，建立适应国际市场投资的风险管理机制和内部运行架构。[1]目前，QDII总额度为1800亿美元；截至2018年10月末，共有152家机构获批额度，累计批准额度1032.33亿美元。

在人民币成为SDR篮子货币后，人民币跨境使用增多与债券市场开放已经初步形成良性互动的局面，并且将继续相互促进，共同成为中国金融业改革开放的重要力量。[2]在此背景下，2018年3月下旬彭博宣布，将逐步把以人民币计价的中国国债和政策性银行债券纳入彭博巴克莱全球综合指数，此举将进一步吸引全球投资者对人民币债券市场的关注，吸引更多的全球资金配置到人民币债券市场中来，中国债券市场将逐步形成"投资端"和"融资端"开放相互促进的局面。

2. 人民币股票市场——香港和上海深圳股票市场、伦敦与上海股票市场的互融互通

自从2014年11月17日沪港通开通之后，运行平稳。2016年12月5日，深港通也正式开通，基本上与沪港通保持相同的框架和模式。深港通的开通，丰富了证券市场的交易品种，内地和香港资本市场得以互惠共赢，同

---

①RQDII重启 资本项目开放再添新方向［EB/OL］.http://news.10jqka.com.cn/20180510/c604371966.shtml.

②李松梁，李喆.债券市场开放助力人民币国际化［J］.中国金融，2019（1）：82—83.

时也推动了人民币国际化进程。我国投资者可以通过港股通投资香港的股票市场，境外投资者也可以通过沪股通投资上海股票市场，通过深股通投资深圳股票市场。

对国内投资者来说，原本只有通过QDII渠道进行境外投资，现在又多了香港与内地股票的沪港通渠道。根据有关数据，截至2017年7月，保险资金投资香港股票规模为3157.03亿元，其中通过QDII额度投资1413.45亿元，通过沪港通投资1743.58亿元，可见投资者通过沪港通的投资规模已经超过了QDII的投资规模，说明沪港通模式更受投资者喜爱。目前，沪股通共有563只股票，港股通有317只股票，深股通有797只股票，深港通下的港股通有463只股票。①香港联合交易所统计数据显示，截至2018年10月末，沪港通项下沪股通累计净买入3306.35亿元人民币，港股通累计净买入6232.26亿港币；深港通项下深股通累计净买入2480.57亿元人民币，港股通累计净买入1878.40亿港币。

2019年6月17日在伦敦召开的第十次中英经济财金对话之际，沪伦通正式揭牌启动。华泰证券于伦敦证券交易所举行了全球存托凭证（GDR）发行上市仪式，这标志着沪伦通首单登陆伦交所，华泰证券成为国内首家"A+H+G"上市公司，此次发行上市创造了近年来多项英国乃至欧洲资本市场的融资记录。沪伦通的正式开通，成为中国资本市场与国际资本市场深度融合的标志性事件，是中国坚定不移地推进资本市场对外开放的又一成果，是实现资本市场与国际市场"互联互通"的具体体现。按照沪伦通的机制设计，②今后符合两地上市的公司，都可依据对方市场的法律法规发行存托凭证，并在对方市场上市交易。即符合条件的上海及伦敦上市公司，可发行存托凭证并在对方市场上市交易，投资者可在本地市场购买跨境产品。由于存托凭证与基础证券之间可以跨境转换，所以两地市场的互

---

①郭田勇.再回首，再思考，再出发［M］.北京：社会科学文献出版社，2018：405.

②相较于沪港通和深港通，沪伦通在许多方面进行了创新。比如，不同于沪港通的订单路由模式以及QFII制度的直接开户参与交易的模式，沪伦通项目采用的是产品交叉挂牌模式，并借此破解了跨时区互联互通的重大难题。此外，沪伦通设置了生成与兑回机制，以实现存托凭证与基础股票之间的转换。而且，这一跨境转换业务仅限于符合条件的做市商，从而有效地控制了跨境资本流动风险。

联互通由此达成。沪伦通包括东向业务和西向业务，东向业务是指伦敦证券交易所上市公司在上交所公开发行中国存托凭证（CDR），西向业务是指上海证券交易所主板上市的蓝筹股公司在伦敦证券交易所发行全球存托凭证。

沪伦通的开通对中国资本市场迈向国际化起到了积极的推动作用。一方面，沪伦通的开通能够吸引更多境外投资者进入A股市场，进一步扩大我国金融市场的国际影响力。伦敦证券交易所是全球最知名的证券交易所之一，中国资本市场与之对接，将大大提高中国资本市场的国际化水平。如今伦交所最具代表性指数——富时罗素已经将部分沪港通、深港通进行交易的A股标的纳入其全球基准指数中的新兴市场分类，这一举动或将带来100亿美元以上的资金流入A股。另一方面，随着海外投资者进入国内市场，他们对A股上市公司的要求会比较严格，这有助于促进A股公司按照国际惯例对内部治理结构进行改革和完善。根据伦交所公布的规则，在伦敦证券交易所上市的GDR和在上海证券交易所上市的CDR发行人，必须符合某些严格的资格标准（在沪市超过1500家的上市公司中，仅有260余家公司可能有资格在伦敦上市）。很显然，在中国资本市场与国际市场接轨的过程中，沪伦通对于全方位提高上市公司质量具有非常积极的作用。[①]

3. 关于基金市场互联互通方面

2015年7月1日，内地与香港正式推出了基金互认机制，这是"沪港通"之后促进内地与香港资本市场融合的又一制度创新，标志着资本项目下的集体投资类证券子项目——"居民在境外发行"以及"非居民在境内发行"两个子项，实现了由"不可兑换"到"部分可兑换"的新突破。简单来说，内地与香港基金互认，就是允许符合一定条件的内地及香港基金按照法定程序获得认可在对方市场向公众销售。内地基金在香港市场进行销售叫"南下基金"，香港的基金产品在内地销售则被称为"北上基金"。在外汇管理方面，不设单家机构、单只产品额度，相关登记及资金

---

① 沪伦通正式启动，中国资本市场正迈向国际化［EB/OL］.https：//baijiahao.baidu.com/s？id=1636585071216058814&wfr=spider&for=pc.

汇兑等可直接在银行办理。基金互认采取的是整个市场总体额度控制的方式，跟QFII、RQFII的每个公司、具体产品需要分别申请资格和额度的操作方式相比，这种管理方式更为宽松。通过两地基金互认，两地居民可参与跨境证券投资。这就为两地居民进行跨境资产配置提供了合理渠道，为内地和香港两地的投资者相互投资、进入对方市场又增加了一个新的选择。根据证监会的公开信息，内地符合互认条件的基金数量大约有850只（截至2015年一季度末），香港符合互认条件的基金大概100只（截至2014年年底）。

根据国家外汇管理局发布数据显示，2015年以来，基金互认一直保持"北热南冷"的格局，[①]总体上两地的基金互认一直销售清淡。2017年的发展规模不如2016年的，全年两地互认基金累计净申购不到50亿元，远不及2016年近79亿元的净申购额。[②]2017年因赎回或分红导致资金流出约占总申购额的58%，资金流出主要发生在下半年，占流出金额的64%以上，下半年几乎每个月资金流出都在5亿元以上。截至2018年10月末，香港的基金内地发行销售资金累计净汇出93.11亿元人民币，内地基金香港发行销售资金累计净汇入5.10亿元人民币，内地基金在香港的销售一直不如香港基金在内地的销售，两地相差18倍多。截至2019年4月30日，内地市场上存续的香港互认基金共计19只（2015年12月18日批复首批3只，2016年批复3只，2017年批复4只，2018年批复6只，2019年批复3只），规模合计518.97亿美元，其中股票型基金规模为116.19亿美元（占比22.39%），混合型基金规模为343.99亿美元（占比66.28%），债券型基金58.79亿美元（占比11.33%），规模最大的为施罗德亚洲高息股债基金，仅单只基金占所有香港互认基金规模的65.31%。[③]

---

① 差75倍！内港两地基金互认冰火两重天|香港|资产管理|基金_新浪财经_新浪网［EB/OL］. http: //finance. sina. com.cn/roll/2017—03—22/doc—ifycspxn9390991. shtml.

② 去年两地互认基金净申购不足50亿元—基金频道—和讯网［EB/OL］. http: //funds. hexun. com/2018—01—31/192356389. html.

③ 香港基金内地大卖 19只互认基金获批！外资继续看好A股特别是这三大板块_证券要闻_财经_中金在线［EB/OL］. http: //news. cnfol. com/zhengQuanyaowen/20190518/27482329. shtml? ivk_sa=1023197a&ivk_sa_s=130826.

4. 在香港发行央行票据方面

自从2018年11月7日央行首次在香港发行央行票据以来，截至2020年2月13日，央行已经累计在港发行了9次、共16期、发行总额为2000亿元的离岸央行票据，目前香港央票发行的存量为800亿元，其中3个月期限的200亿元、6个月期限的200亿元、1年期限的400亿元。无疑，在港发行离岸央票是为了更好地引导离岸人民币市场利率、管理离岸人民币流动性，助推人民币国际化进程，此举对离岸人民币市场和汇率保持合理均衡水平意义重大。

首先，在港发行离岸央票让央行直接参与离岸人民币流动性调节，更好发挥对离岸人民币市场利率的引导作用，可以给离岸人民币短期利率寻找一个市场标杆，使离岸人民币利率曲线更优化，助推人民币国际化进程。央行在香港离岸人民币市场发行央票，是对离岸人民币流动性管理的一种创新尝试。过去，离岸人民币流动性管理主要通过香港金管局。现在，央行也能直接参与离岸人民币流动性调节，将更好发挥对离岸人民币市场利率的引导作用。因为央票的发行对离岸市场的流动性能造成一定程度的紧缩效应，这在某种程度上相当于在市场上造成了加息效应。一旦离岸市场出现较为明显的人民币空头情绪，央票的发行可以提高离岸人民币市场的利率水平，进一步提高做空人民币的成本。因此，央票的发行不光是为离岸人民币市场送去了一种高信用、高流动性的金融产品，在支持香港离岸人民币市场发展的同时，也为央行管理离岸人民币流动性，进而在必要时稳定汇率提供一种直接的工具。也可被理解为央行对香港金融市场干预的一次很好的"试水"。

其次，人民币央行票据的成功发行，表明此举符合市场需求，既丰富了香港市场高信用等级人民币投资产品系列和人民币流动性管理工具，也有利于完善香港人民币债券收益率曲线，推动人民币国际化。从短期来看，央票的发行增加了人民币投资品种，从中期看，可以对离岸人民币市场加以引导和调节（央票提供了调节工具），从长期看，人民币国际化的平稳推进必须要有一个规模足够大、产品足够丰富的离岸人民币市场做支撑，而央票等高等级债券能起到基础性作用。此举还有助于完善人民币离岸市场债券收益率曲线。今后，央行可以通过发行票据来调节离岸人民币流动性，稳定市场预期，保持人民币汇率在合理均衡水平上的基本稳定。

最后，央票在港的几次发行都获得热捧，超额认购倍数逐次增加，对人民币资产是个大利好。如2019年2月13日发行的央行票据，其中3个月期和1年期央行票据各100亿元人民币，中标利率分别为2.45%和2.80%，与2018年11月发行的同样规模央票相比，全场投标总量超过1200亿元，超额认购倍数为6倍，两期中标利率均下降了约1.4%，说明市场对央行票据兴趣明显增加，市场基本打消了人民币单边贬值的预期。海外投资人的热情高涨正是源于对人民币资产收益率、安全性及人民币汇率的信心，对推动人民币汇率进一步稳定产生了良好的市场预期，也是人民币国际化有市场需求的体现。[①]

（四）人民币国际信贷方面

2013—2018年我国境内金融机构境外人民币贷款余额逐年增加，分别为1873.77、1989.7、3153.47、4373.26、4421、5075.30亿元，在我国金融机构信贷中的占比分别为0.285%、0.24%、0.34%、0.41%、0.37%、0.37%，占比虽然还很小，但每年都呈现小幅增长态势，近两年的占比比2016年有小幅度回落。人民币国际信贷在全球信贷中的占比，在2015年第二季度达到最高值约0.88%以后开始下降，2016年第四季度降到最低点，2017年以后开始缓慢回升，达到了0.6%，同比增长了1.01%，呈现止跌回升态势。境外金融机构和个人持有的人民币信贷余额2015—2018年分别为8515.55、6164.35、7390、9246.53亿元，除了2016年同比下降27.6%外，2017、2018年分别增长19.8%、25%（见图2-8）。人民币国际信贷主要通过离岸市场进行的，在经历了2016年的低迷后开始走出低谷，但不同离岸市场的表现有所差异，具体内容可参见第三章。

①莫开伟.央行在港发行央票意义重大［N］.中国城乡金融报，2019-03-01（A02）.

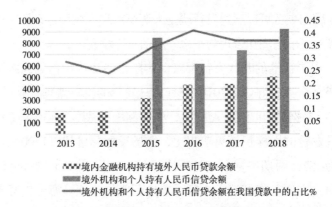

图2-8　2013-2018年人民币国际信贷余额及在我国信贷中的占比（亿元、%）
资料来源：根据历年中国人民银行年报中的有关数据绘制。

（五）人民币国际储备功能方面

2016年10月1日，人民币正式成为国际货币基金组织"特别提款权"货币篮子中的一员，国际货币基金组织随后也开始在官方外汇储备货币构成季度调查中单独列出人民币资产，[①]以反映全球人民币外汇储备的持有情况。根据国际货币基金组织的数据，2016年第四季度，各国持有的外汇储备中，人民币储备约合907.8亿美元，在可识别外储中占比为1.08%；2017年第四季度末，人民币储备为1228.02亿美元，占比达1.23%，同比上升了0.15个百分点；2018年第二季度，人民币储备规模增至1933.8亿美元，在可识别外储中的占比为1.84%；2018年第四季度，人民币储备规模约合2027.9亿美元，占比1.89%，高于澳元的1.62%和加元的1.84%，[②]2019年第一季度，人民币储备规模为2129亿美元，占比1.95%，2020年第一季度人民币储备规模为2200亿美元，占比为2.02%，较2016年刚加入时的1.07%提高了0.95个百分点（见图2-9）。以上数据说明自2016年以来，随着中国经济实力增强，市场开放度提高，汇率预期回归理性，人民币国际储备货币职能不断扩大。根据中国人民银行发布的《中国人民银行2018年度报告》，已有60多

---

①目前有149个国家和地区自愿向IMF报告官方外汇储备货币构成。IMF将成员持有的美元、欧元、英镑、日元、瑞士法郎、澳元、加元和人民币8种货币的外汇储备总量单独列出。

②国际货币基金组织发布数据显示人民币在全球外汇储备中占比创新高_资产［EB/OL］. http://www.sohu.com/a/305125461_119955.

个境外央行或货币当局将人民币纳入其外汇储备，如2017年欧洲央行宣布增加等值5亿欧元的人民币外汇储备，德国央行和法国央行都已决定将人民币资产纳入外汇储备，瑞士央行和英国央行在早些时候已经持有人民币资产，比利时央行和斯洛伐克央行都已经购买了人民币资产。从2017年第三季度到2018年同期，各国央行的人民币储备增加了近80%。欧洲某国央行的一位储备经理说，尽管该行的人民币储备处于低水平，但从长期来看，人民币"非常有吸引力"。①总之，人民币受到越来越多国家和地区的认可，人民币全球储备货币地位获得进一步实质性确认。

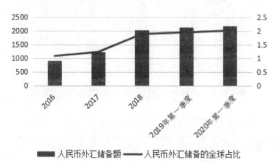

图2-9 2016—2020年人民币外汇储备及其全球占比（亿美元，%）

资料来源：根据国际货币基金组织发布的有关数据绘制。

人民币加入SDR以后，人民币资产在全球市场的吸引力显著上升，在官方外汇储备中的位置前移至全球第五。IMF数据显示，目前美元仍是全球主要央行持有规模最大的储备货币，截至2018年第四季度，全球官方外汇储备资产约为10.73万亿美元，其中，美元资产占比61.69%，欧元资产占比20.69%，接下来的是日元和英镑，人民币在全球官方外汇储备中位居第五。

（六）人民币外汇交易市场的发展

自从2015年9月30日中国人民币银行发布公告，开放境外央行（货币当局）和其他官方储备管理机构、国际金融组织、主权财富基金依法合规参与中国银行间外汇市场，开展包括即期、远期、掉期和期权在内的各品种外汇

---

①成为最大离岸交易中心伦敦如何赢得人民币争夺战？_中国［EB/OL］.http://www.sohu.com/a/294043076_100023701.

交易以后，我国以人民币计价的外汇市场成交额保持逐年稳步上升态势（见图2-10），从2015年的110.93万亿元增加到2019年的200.56万亿元，增长了81%，其中银行间外汇市场的交易额从84.68万亿元增加到172.18万亿元，增长了103.3%，占比从76.3%提高到85.84%，银行间外汇市场历来都是我国外汇市场的主力军，非银行金融机构在我国外汇市场的参与度仍十分有限。

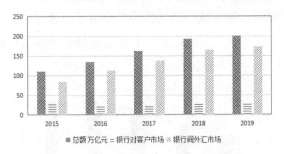

图2-10　2015—2019年外汇市场交易概况

资料来源：根据国家外汇管理局网站资料绘制。外汇市场统计口径仅限于人民币对外汇交易，不含外汇之间交易。

从外汇市场的产品构成来看，即期交易与外汇和货币掉期交易占绝对多数，远期与期权交易比较少，二者占比最多不超过5%，但近年来期权交易额开始逐步增加。2016年以后，外汇和货币掉期交易增长很快，其交易量都占我国外汇市场交易的一半以上（见图2-11）。

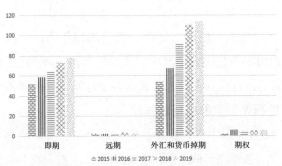

图2-11　2015—2019年外汇市场产品构成

资料来源：根据国家外汇管理局网站资料绘制。外汇市场统计口径仅限于人民币对外汇交易，不含外汇之间交易。

从市场参与者来看，外汇市场主体进一步扩展，银行自营交易延续主导地位。截至2018年年末，共有即期市场会员 678 家、远期212家、外汇掉期207家、货币掉期175家、期权124家，分别比2017年增加了33家、18家、15家、12家、8家。即期市场做市商32家，远掉期市场做市商27 家，与2017年持平。截至2018年年末，参与境内银行间外汇市场的境外机构总数达94家，比2017年增加了13家，其中境外清算行21家、境外参加行34家、境外央行类机构39家。

2018年境外机构参与人民币外汇市场交易的规模达1700.4亿美元，参与境内银行间本币市场的境外机构及其产品总数达1276家（只）。其中央行类机构70家、商业银行232家、非银行类金融机构121家、中长期机构投资者21家、金融机构发行投资产品832只，都比上年同期增加。

为促进双边贸易和投资，中国人民银行继续采取措施推动人民币直接交易市场发展，2016年中国货币政策执行报告显示，2016年以来我国陆续在银行间外汇市场推出人民币对韩元、南非兰特、阿联酋迪拉姆、沙特利亚尔、加拿大元、匈牙利福林、波兰兹罗提、丹麦克朗、瑞典克朗、挪威克朗、土耳其里拉和墨西哥比索的直接交易。银行间外汇市场人民币直接交易成交活跃，流动性明显提升，降低了微观经济主体的汇兑成本。

中国货币政策执行报告 2018第四季度显示，2018年年末，CFETS 人民币汇率指数报 93.28，较上年末下跌 1.7%；参考 SDR 货币篮子的人民币汇率指数报 93.14，较上年年末下跌 3.0%。根据国际清算银行的计算，2018年人民币名义有效汇率升值 1.17%，实际有效汇率升值 0.94%；2005年人民币汇率形成机制改革以来至2018年年末，人民币名义有效汇率升值35.54%，实际有效汇率升值44.37%，人民币对美元汇率中间价累计升值20.59%。2018年人民币对美元汇率中间价年化波动率为 4.2%，较2017年明显提升，调节宏观经济和国际收支"自动稳定器"的作用增强。2018年年末，人民币对美元汇率中间价为6.8632元，比上年年末贬值4.8%。

（七）货币合作和人民币境外基础设施建设方面

这一时期，我国继续加强和完善人民币境外基础设施的建设，与许多国家和地区的央行和货币管理当局续签了双边本币互换协议，新增加了海外人民币业务清算行，从事海外人民币清算业务，从宏观层面继续推动人民币国际化的进程。

人民币业务清算行在前一时期已经建立了20家的基础上继续增加到了25家，新增加的清算行分别为美国两家、日本两家、菲律宾一家。2016年9月21日，中国人民银行授权中国银行纽约分行担任美国人民币业务清算行，成为人民币国际化的重要里程碑。2018年2月13日中国人民银行授权美国摩根大通银行（J.P.Morgan Chase Bank，N.A）担任美国人民币业务清算行，这是全球首家的非中资银行担任人民币业务清算行，并使美国的人民币业务清算行增加到两家。至此在美国有两家人民币业务的清算行，这有助于在美国引入更多人民币产品和服务，通过降低交易成本和进一步参与中国资本市场，进一步彰显了中国开放市场的决心，向国际投资者和机构提供了前所未有的人民币清算、交易和结算的便利。在美国如此广大的市场，授权两家银行作为人民币业务的清算行，将进一步推动人民币国际化在全球的进程。2019年4月17日正式开业的中国银行东京分行担任日本人民币业务清算行，同年6月27日中国人民银行又授予日本三菱日联银行为人民币业务清算行，获准在海外市场进行人民币清算业务，同年9月17日中国人民银行授权中国银行马尼拉分行担任菲律宾人民币业务清算行。

目前，人民币清算安排已经在23个国家和地区建立，覆盖东南亚、西欧、中欧、中东、北美、南美、大洋洲和非洲等地。近年来，加入"人民币结算俱乐部"的央行成员继续增加，伊朗央行2015年就宣布在与外国交易时停止使用美元结算，使用人民币、欧元、卢布等货币签订外贸合同。2016年起，阿尔及利亚逐步使用人民币与中国进行双边贸易结算，2017年9月，委内瑞拉石油部网站首次以人民币计价的方式公布委内瑞拉原油价格。据非官方机构不完全统计，目前已经有28个国家和地区可以使用人民币作为结算货币。人民币现在能够在越南、缅甸、老挝、朝鲜、蒙古、俄罗斯、巴基斯坦、尼泊尔、中国港澳地区、孟加拉国、马来西亚、印尼、新加坡、菲律宾、韩国等国家和地区通用，包括德国、法国、西班牙、比利时等欧洲多国更是几乎同时将人民币纳入外储中。

截至2019年6月，我国金融机构共在24个国家和地区建立了人民币业务清算行，详见表2-4。

表2-4　建立人民币业务清算行的24个国家和地区

区域	地点	担任银行
亚洲	中国香港	中国银行
	中国澳门	中国银行
	中国台北	中国银行
	老挝万象	中国工商银行
	新加坡	中国工商银行
	柬埔寨金边	中国工商银行
	韩国首尔	交通银行
	卡塔尔多哈	中国工商银行
	马来西亚吉隆坡	中国银行
	泰国曼谷	中国工商银行
	日本东京	中国银行
大洋洲	澳大利亚悉尼	中国银行
欧洲	英国伦敦	中国建设银行
	德国法兰克福	中国银行
	法国巴黎	中国银行
	卢森堡	中国工商银行
	匈牙利	中国银行
	瑞士	中国建设银行
北美洲	加拿大多伦多	中国工商银行
	美国纽约	中国银行
南美洲	智利圣地亚哥	中国建设银行
	阿根廷	中国工商银行
非洲	南非约翰内斯堡	中国银行
	赞比亚	中国银行

资料来源：根据央行公布的资料整理而成。

这一时期，我国继续与有关国家签署双边本币互换协议，在前一时期已经与33个国家或地区签署协议的基础上，又增加了5个国家。根据《人民币国际化报告2019》的数据，截至2018年年底，中国人民银行已经与38个国家和地区的中央银行或货币当局签署了双边本币互换协议，协议总规模达36787亿元人民币，境外货币当局动用人民币余额327.86亿元，中国人民银行动用外币余额折合4.71亿美元，实际使用的金额跟协议金额相差比较大，说明货币互换协议的签署对促进双边贸易投资所发挥的积极作用有限，并没有预期的那么大。这一时期，中国人民银行先后与新西兰储备银行、蒙古银行、阿根廷央行、瑞士央行以及香港金管局、澳大利亚储备银行、泰国央行续签了双边本币互换协议。为了进一步降低拉美国家持有人民币成本，中国还先后与阿根廷、巴西、苏里南和智利签署了总额2830亿元的双边本币互换协议，增加了人民币在拉美市场的流动性，这也为各国在双边贸易中更多使用人民币交易提供了便利。

这一时期人民币跨境支付系统的建设继续进行中，在系统一期成功上线运行的基础上，又于2018年年初推出了CIPS二期，截至2018年年末，CIPS已累计处理人民币跨境支付业务超过342万笔、金额45.84万亿元，共有31家直接参与者、818家间接参与者，参与者覆盖全球89个国家和地区，业务实际覆盖全球161个国家和地区、2659家法人金融机构。

第二节　人民币国际化呈现的六个特点

2009年以后，为了避免受到现行不合理的国际货币体系的侵害，保证中国经济的稳健增长，中国做出了一系列的政策调整和制度安排，以人民币跨境贸易结算为起点，大力推进人民币的跨境使用。与此同时，为了尽快走出金融危机并使经济复苏，以美国为首的发达国家纷纷实行量化宽松的货币政策，全球流动性充裕。在此背景下，中国宏观经济逐年稳定增长，人民币汇率持续上升。随着人民币国际化相关政策的陆续推出，跨境与离岸人民币使用在2010—2014年出现爆发式倍数增长。2015—2016年，全球货币政策开始转向收紧，美元利率上升，中国经济发展的结构性问题日益凸显，人民币汇率面临波动下行压力，人民币国际化随之进入低迷停滞阶段，直至2017年下半年人民币国际化程度才从低谷开始回升，2019年继续向好，但多项人民币国际化指标仍未超过2015年的最高水平。显然，人民币国际化是一个长期过程，不能简单地只以跨境贸易结算交易量的短期下降或者人民币直接投资、证券投资规模的短暂上升或下降来衡量评判人民币国际化成功与否。随着我国经济实力的不断增强，改革开放的持续推进，在市场力量居于主导的环境下，人民币国际化程度必将日益提升，但这一过程呈现出的起起落落、波动发展的现象也是正常的，要将人民币国际化与我国改革开放的总进程紧密结合起来研究，以人民币国际化推动我国实体经济的稳步发展。

一、人民币国际化在十一年的发展历程中，前六年持续增长，之后下降又重拾升势，进入较为平稳的常态化发展阶段

根据中国人民大学编制的人民币国际化指数，我国人民币国际化在十一年中，前六年呈现持续的高增长，2016—2017年连续两年人民币国际化出现大幅下降、萎缩后又重拾升势。之所以出现上述变动趋势，主要是我国人民币贸易结算规模和人民币直接投资规模的发展状况、人民币证券投资的政策性变动、我国积极加入SDR所带来的变革、我国金融市场的深化改革以及国内外市场环境的改变等造成的。据统计，2018年，人民币跨境收付金额合计15.85万亿元，同比增长46%，占本外币跨境收付比重为22.5%，人民币已连续八年成为我国第二大国际收付货币。根据SWIFT等权威机构公布的统计数据显示，截至2018年12月末，人民币在国际支付货币中的份额为2.07%（距离2015年8月份的最高纪录2.79%相差0.72个百分点，但比2017年的1.54%增加了0.53个百分点），仅次于美元、欧元、英镑和日元，是全球第五大支付货币。目前，人民币在经常项目、跨境直接投资、跨境融资、跨境证券投融资等领域的相关政策框架持续优化，发挥着愈发重要的作用，是人民币国际化重拾升势的重要保证。

（一）人民币跨境贸易结算规模的发展

自2009年开始人民币国际化试点以来，跨境贸易人民币结算金额累计突破38.12万亿元，前六年的跨境贸易结算都是以两位数以上的速度递增，但是2015年增速开始放缓，2016年出现2009年以来的首次下降，2017年继续下降，但同比降幅收窄，2018年开始企稳回升，虽比2017年增长了18%，但也只恢复到超过2013年的水平，仍不及2014、2015年的次高、最高水平（见图2-12）。其中货物贸易人民币结算2016、2017连续两年分别下滑了35.5%、21.6%，而服务及其他经常项目类结算则在2016年仍然是增长了31.2%，只在2017年略微下降了1.13%。但货物贸易结算的占比从2015年的88.34%逐年下降到2018年的71.6%，而服务贸易及其他经常项目结算的占比同期从11.65%逐年提高到2018年的28.4%。服务贸易及其他经常项目的人民币结算额只在2017年略有下降后，2018年又快速增长，并达到了创纪录的14497亿元。2018年货物贸易的结算额还不及2013年的水平，仅及2015年最高水平的42.8%，由此导致2018年人民币跨境贸易结算总额仅及2015年的29.4%。

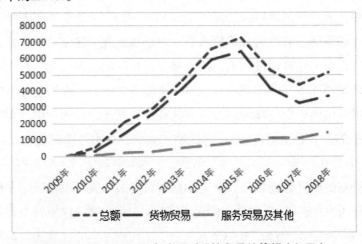

图2-12 2009—2018年人民币跨境贸易结算额（亿元）

资料来源：根据中国人民银行2018年年报有关资料绘制。

根据《2017年人民币国际化报告》，2016—2017年，人民币跨境贸易结算呈现负增长主要有三个原因：一是我国货物贸易进出口在这两年是下降的。在2016、2017年全球贸易萎缩、投资下降的大背景下，我国的进出口也因国内资源红利和人口红利的优势的消失，资源密集型和劳动力密集型的出口导向政策已逐渐失去基础，而对于进口贸易，国际社会对于我国资源和技术的进口态度尚不明确，未来进口规模相对不可控，此种趋势在2015—2016年的国际贸易规模中已有所显现。海关的统计显示，2015、2016年连续两年我国货物的进出口都是下降的（2015年下降了7%，2016年下降0.9%）。①2017年虽然重获增长态势，但增速放缓，2016—2018年连续三年贸易顺差收窄。保持了四年之久的全球货物进出口第一的地位也于2016年让位于美国，之后的2017—2018年又重新夺回第一。②2017年我国进出口增速分别比2015年和2016年高出21.2和15.1个百分点，扭转了连续两年负增长的局面。2018年，我国外贸进出口总值首破30万亿元人民币。其实从2011年起，中国进出口贸易规模增速就明显放缓，2015年进出口贸易规模出现金融危机之后的首次下滑。二是"811汇改"导致人民币贬值预期加大，原先混迹于跨境贸易结算的一些投机套利行为大大减少，虚假的贸易结算被剔除，这就使人民币跨境贸易结算的真实规模整体趋于下降。三是全球贸易竞争加剧，在一定程度上压低了中国企业的议价能力，在采用何种货币结算方面，我国企业的选择权仍然较弱。因此，我国虽然货物贸易全球第一，但是贸易中使用的货币第一首选仍然是美元，根据中国人民大学国际货币研究所的《2019年人民币国际化报告》，我国货物贸易人民币结算的占比仅为

---

①据海关统计，2015年中国货物贸易进出口总值24.55万亿元人民币，比2014年下降7.0%。其中，出口14.12万亿元，下降1.9%；进口10.44万亿元，下降13.1%；贸易顺差3.68万亿元，扩大56.4%。以美元计价，进出口总值3.95万亿美元，下降8.0%。其中，出口2.27万亿美元，下降2.9%；进口1.68万亿美元，下降14.1%。2016年货物贸易进出口总值24.33万亿元人民币，比2015年（下同）下降0.9%。其中，出口13.84万亿元，下降2%；进口10.49万亿元，增长0.6%；贸易顺差3.35万亿元，收窄9.1%。

②据海关统计，2017年，我国货物贸易进出口总值27.79万亿元人民币，比2016年增长14.2%。其中出口15.33万亿元，增长10.8%；进口12.46万亿元，增长18.7%；贸易顺差2.87万亿元，收窄14.2%。2018年，我国外贸进出口总值30.51万亿元人民币，比2017年增长9.7%。其中，出口16.42万亿元，增长7.1%；进口14.09万亿元，增长12.9%；贸易顺差2.33万亿元，收窄18.3%。按美元计价，2018年，我国外贸进出口总值4.62万亿美元，增长12.6%。其中，出口2.48万亿美元，增长9.9%；进口2.14万亿美元，增长15.8%；贸易顺差3517.6亿美元，收窄16.2%。

12%，远低于美元的结算占比。全球贸易中人民币结算的占比约为2%，也远低于我国在全球贸易中11%的占比。

（二）人民币直接投资的发展

与跨境贸易人民币结算稳步增长到2015年以后再大幅下降的走势相比，人民币直接投资不仅起步更晚些，而且在平稳增长三年后突然呈现出大落大起的倒V型和V型走势，2016年达到最高值4.5万亿元后，2017年突然大幅下降了63.2%，2018年虽然同比大幅增长了61%，但2018年的总量上却不到2016年的60%。见图2-13。

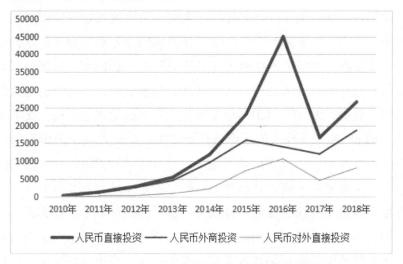

图2-13　2010—2018年人民币直接投资（亿元）

资料来源：根据中国人民银行2018年年报有关资料绘制。

人民币直接投资2017、2018年从2016年的最高值下降，主要有四点原因：一是外部环境更加复杂严峻。近两年来，逆全球化风潮出现，货币政策面临转向，国际贸易摩擦增多，国际市场不确定性加剧，部分国家进一步加强投资审核与外资管理，全球直接投资的风险与成本显著上升，减缓了人民币直接投资的步伐。二是前期过高的带有部分资本外逃性质的对外直接投资开始理性回落。2015年下半年至2016年，我国对外直接投资一度出现无序盲目的局面，这种爆发式的增长既有国家经济实力增强、企业积极参与"全球价值链"重塑动力的驱使，也有部分资本外逃的因素。2017

年1月国家外汇管理局发布多项措施加强了境外直接投资真实性、合规性的审核，要求境内机构办理境外直接投资登记和资金汇出手续时，向银行说明投资资金来源与用途，并提交其他证明材料。上述管控措施出台后，2017年第一季度人民币直接投资就大幅度跳水，环比下降了58.3%。2017年8月，国务院又发文限制境内企业开展与国家宏观调控政策不符的境外投资，包括限制房地产、酒店、影城、娱乐业、体育俱乐部等境外投资，进一步放缓了资金"走出去"的步伐。三是人民币汇率企稳回升，也在一定程度上减低了资金外流意愿，阻止了想借对外投资渠道进一步外逃的资本，人民币直接投资逐步回归到理性和正常的轨道上来。

随着跨境贸易结算和人民币直接投资额的变动，人民币国际支付占全球国际支付的份额由2015年8月的2.79%最高值下降至2017年10月的1.46%最低值（自2014年4月以来），之后又逐渐回升，2018年12月末人民币国际支付的占比为2.07%。人民币在全球国际支付货币中的排名曾经在2015年8月短暂爬升至第4位，在2017年10月跌至第7位，重新上升之后至2018年年年底重回到第5位。[①]

（三）人民币国际债券市场的发展

人民币国际债券市场可以分为点心债市场和熊猫债市场。点心债是在人民币离岸市场上发行和交易的人民币国际债券，熊猫债市场是指在中国大陆境内市场上发行和交易的人民币国际债券。它们都是境外投资者通过持有在岸和离岸人民币资产来获得分散和规避风险、进行人民币融资的重要渠道。

由于人民币债券在离岸人民币市场上的成功发行，使外国投资者持有的我国人民币国际债券和票据的存量在2015年之前都是连年增长的（见图2-3），根据BIS的统计，2015年人民币国际债券和票据的存量达到历史最高值1247.92亿美元，在全球国际债券和票据存量的占比也从2012年的0.26%上升至0.59%。但自2014年以后全球人民币点心债券发行量就出现

---

①张明. 人民币国际化进程有所回暖|人民币|外汇|逆周期_新浪财经_新浪网［EB/OL］.http://finance. sina.com.cn/zl/china/2018—01—23/zl—ifyQuptv8875068. shtml.

明显下降趋势，2017年发行量仅为峰值的30%左右，2018年点心债发行开始恢复增长（同比增长了1.4倍），但发行规模仍低于2014年的峰值，这表明2018年以来，国际发行人认为该市场仍然是一个有吸引力的市场。从长远来看，点心债券市场可能会遵循欧洲美元市场的发展路径。①根据国际清算银行的数据，2018年人民币国际债券和票据存量同比增加了42.02亿美元，比2017年增长了4.07%。人民币国际债券和票据存量的全球占比在经历了2016、2017连续两年的下降之后，2018年又开始恢复增长，在全球中的占比达到了0.44%，当然仍不及2015年的占比0.59%。以上这些变化首先要归因于2015年以来离岸市场上人民币存款的大幅度下降。因为人民币离岸市场资金池的大小对点心债券市场的发行规模起着重要的决定性作用。离岸市场的人民币存款规模在2014年达到1万亿元人民币的峰值，这与点心债券发行规模的历史峰值完美契合。中银香港统计显示，香港人民币存款在2015、2016年大幅减少，存款规模只及2014年的一半，后于2017年年初开始轻微反弹，2017年年末香港地区人民币存款金额为5591亿元，2018年12月底，香港人民币存款余额达6150亿元。2017年中国台湾、新加坡、英国的人民币存款金额分别为3223亿元、1520亿元、585.48亿元，同比分别上升了3.55%、20.63%、1.35%；中国澳门、韩国的人民币存款金额分别为321亿元、73亿元，同比分别下降了12.09%、21.86%；截至2018年11月末，中国台湾地区人民币存款规模为3017.9亿元，较2017年年末减少6.4%；截至2018年9月末，新加坡人民币存款规模为1320亿元，较2017年年末减少13.2%。而离岸市场上人民币存款的大幅度减少又与2014年年底以来出现的人民币贬值预期紧密相关。2015年8月，中国人民银行对人民币汇率中间价的形成机制进行了改革（简称"811汇改"）。"811汇改"是央行推动汇率决定的市场化、实行汇率制度由"类爬行安排"到浮动汇率制乃至自由浮动汇率制过渡的一次重要尝试。由于汇率波动幅度扩大，同时受到外部美联储加息预期的影响，市场对人民币汇率出

---

①欧洲美元市场起源于20世纪60年代的伦敦，旨在促进美元在不同时区的国际贸易及投资中使用。该市场允许以美元计价的债券由非美国实体在美国境外发行，并由外国投资者持有，因其具备高度的灵活性及在税收、法律和监管框架方面的友好性，而具有非常高的吸引力。

现了的贬值预期，对后期的人民币国际化产生了重大影响。根据张国建等人的研究，实际有效汇率的波动是人民币国际化的重要影响因素，且具有显著的抑制效应，汇率波动越大，越不利于人民币国际化。2015—2016年人民币汇率快速下滑，资本外流严重，在各种因素的影响下，我国外汇储备连续几个月下降。紧接着，我国的资本管制有所加强或恢复，直接导致跨境人民币流通规模的大幅下降，使离岸市场人民币资金池的收缩明显。

熊猫债券一直被认为是点心债券的直接竞争对手，2015年以来，中国央行加快了向外国投资者开放国内证券市场，尤其是开放国内债券市场的举措。2015年7月，中国人民银行发布《中国人民银行关于境外央行、国际金融组织、主权财富基金运用人民币投资银行间市场有关事宜的通知》（以下简称《通知》）。该《通知》规定境外央行、国际金融组织、主权财富基金这三类机构通过备案即可运用人民币投资中国银行间市场。在投资范围方面，《通知》规定在备案完成后，相关境外机构投资者可在银行间市场开展债券现券、债券回购、债券借贷、债券远期以及利率互换、远期利率协议等交易，而在此之前只允许进行债券交易业务。在额度方面，《通知》提到"相关境外机构投资者可自主决定投资规模"的同时，央行将根据双方对等性原则和宏观审慎要求对其进行管理（大多数境外央行对我国的投资政策没有限制的上限，对等原则下，意味着对境外相关机构的限制额度放开）。随着各项限制的逐步放开，人民币国际债券的发行主体也从香港地区向全球各地不断扩展。从2016年到2018年的三年多时间里，进入我国银行间债券市场的境外机构不断增加，分别增加了105家、210家、380家。截至2018年年末，来自44个国家的1186家境外投资者获准进入银行间债券市场，境外主体的不断进入带动了熊猫债市场的飞速发展，很多原本打算在离岸市场发行人民币点心债的境外主体纷纷改为进入境内的银行间债券市场发行熊猫债，导致境外投资者持有的人民币境内债券比重日益提高。2016年第二季度，外国投资者在经历了此前三个季度的净出售中国债券之后，开始重新净购入中国债券。自2017年6月到2019年1月底，外国投资者持有的中国债券规模就翻了一倍多，达到1.75万亿元人民币。虽然与发达经济体市场相比，中国债券市场的外国投资者持有量仍然很小，但预计今后将继续快速增长。根据中债登与上清所的合计数据，境外机构在中国境内债券市场整体中的占比从2016年年末的1.26%提高到2017年年末的1.99%，2018年进一步提高到2.09%。国际投资者对中国市场表现出越来越浓厚的兴趣，中国债券市场纳入国际主要债券指数的进程也在加快。随着中国债券被全面纳入全球各类债券综合指数，中国债券市场将变得越来越有吸引力，预计将进一步吸引1.919万亿元人民币（折合2860亿美元）的国际投资。①中央国债登记结算有限责任公司发布的统计月报显示，②截至2018年7月末，境外机构在该公司的债券托管量达13540.77亿元，在继续刷新历史纪录的同时，环比上月末增加582.22亿元，比上年同期增长60.92%，为连续第17个月增加。截至2019年9月末，银行间市场境外投资者持债量达1.9万亿元（不含银行同业存单），其中95%都托管于中央结算公司；通过中央结算公司参与银行间市场的境外机构已超过1400户，并持续保持增长态势。③

2018年6月12日，央行、国家外汇管理局发布文件，针对QFII和RQFII做出重大改革：取消QFII资金汇出20%的比例要求和QFII、RQFII本金锁定期要求，允许其开展外汇套期保值、对冲境内投资的汇率风险。这次改革通过取消相关限制，简化管理、便利操作，使QFII和RQFII管理原则逐渐趋于统一，为境外机构投资者投资中国境内资本市场提供了更多便利，大大激发了境外机构来华投资的热情。2018年，中国外汇交易中心已经成功与彭博连接，境外投资者可以直接通过彭博终端进行债券的发行和买卖。许多大型机构投资者和主权财富基金通过直接入市参与银行间债券市场（占现有银行间债券市场境外投资者的80%），而私募投资者选择通过"债券通"进入，加上通过合格境外机构投资者和人民币合格境外机构投资者直

①伦敦人民币业务最新进展 ——《伦敦人民币业务季报》第三期摘译_债券杂志_传送门［EB/OL］. https://chuansongme.com/n/2943767451730.

②中央国债登记结算有限责任公司托管的债券中不包含在上海清算所托管的债券以及直接在中证登托管的公司债等。

③陈刚明.深化债市开放发展助力人民币国际化［J］.债券，2019（11）：7—9.

接入市的渠道，目前所有类型的离岸金融机构都有资格参与银行间债券市场，银行间债券市场的大部分金融工具都对境外参与者开放。境外参与者没有配额限制，并且申请和监管流程已经极大地简化了。以上这些资本市场的进一步开放和资本管制的逐步放松，对人民币国际化重拾升势具有决定性的作用。张明（2018）认为，人民币贬值预期的逆转与中外利差的重新扩大将会再度提高外国投资者持有人民币计价资产的兴趣，而中国债券市场的开放给了外国投资者大规模投资人民币计价资产的新渠道。这两者的结合导致了人民币国际化进程的回暖。

（四）人民币加入SDR带来的官方身份具有明显的推动效应

2015年11月30日，国际货币基金组织宣布将人民币纳入SDR货币篮子，从此作为全球第二大经济体和世界第一大贸易国的货币——人民币，成为SDR中的第三大货币，这是中国经济融入全球经济金融体系的一个标志，是人民币国际化道路上的一个重要的里程碑，表明国际官方对人民币国际地位的认可和接受，一些国家会因此而增加人民币作为外汇储备的比重，虽然"官方身份"未必自然产生人民币的"市场地位"，加入SDR也不代表人民币国际化目标已经实现，人民币国际化的最终目标是要获得与中国经济和贸易地位相匹配的货币地位，还要经历一个漫长的历史过程，人民币能否成为主要国际货币之一，还是要取决于国际市场使用和持有人民币的实际情况。但我国正式加入SDR货币篮子后所获得的制度红利，在2017年以后开始逐步释放，人民币的国际使用彻底扭转了前期的疲弱态势，国际上对人民币的信心逐渐增强，是这个阶段的人民币国际化重拾升势的一个重要因素。

（五）外汇市场的同步开放

与人民币国际化相配合的不仅有债券市场的开放，还有外汇市场的开放。我国2005年汇改后，外汇市场交易总额迅速增长，2016年交易量已是2004年的73倍，且在全球外汇交易量中占比为1.10%（按照经济体外汇市场的总成交量计算，2010年占比为0.4%，2013年占比为0.7%），在全球排名第11位。若按照币种细分全球外汇市场成交量，人民币占比为4%（2010年为0.9%，2013年为2.2%），排名第8，位于美元、欧元、英镑、日元、澳元、加元、法郎之后。[①]

外汇市场的改革开放是先从人民币汇率中间价的改革开始的。2015年8月11日，央行发布公告，决定完善人民币对美元汇率中间价报价机制。之后，人民币汇率出现了短期大幅波动。人民币汇率中间价报价机制的改革使得中间价的形成更加市场化。人民币兑美元汇率由2015年"811汇改"之前的6.1左右一度下降至2017年年初的6.9左右，之后重新升值至2018年年初的6.4—6.5，2018年年底又下降至6.86。2017年5月中国央行在人民币兑美元汇率中间价定价机制中加入逆周期调节因子，这成为扭转市场上人民币持续贬值预期的关键。2017年下半年随着人民币兑美元重新升值，外国投资者持有人民币资产的意愿重新增强。同时央行采取措施干预离岸人民币市场，缩小两岸价差，这使得人民币汇率可以很好地用于对冲在岸风险敞口。接着是推出国债新品种。财政部从2015年四季度起，按周滚动发行3个月记账式贴现国债。[②]人民币3个月期国债的发行，为人民币"入篮"SDR创造了条件。[③]再接下来是允许境外央行类机构进入中国银行间外汇市场。2015年11月25日，央行宣布首批7家境外央行类机构在中国外汇交易中心完成备案，正式进入中国银行间外汇市场。这项改革措施解决了人民币交易和利率风险对冲工具较少的问题。随着7家境外央行类机构获准进入中国银行间外汇市场，中国外汇市场开放就进入一个全新的阶段，境内外一致的人民币汇率正在加快形成。2017—2018年以来，人民币国际化在逐渐消化前期负面冲击与汇率的贬值预期后，人民币汇率在波动中显著回升，在全球货币体系中保持了较稳定的地位，也助推了人民币国际化水平的提升。

---

①赵方华，何伦志，张雯. 中国外汇市场开放综合成效评价［J］. 上海经济研究，2018（7）：108—118.

②在现行SDR篮子中的四种货币都有3个月期国债品种，而我国还没有这个国债品种，因此人民币要在"入篮"前补上这个空位。

③外汇市场对外开放"起跳"人民币"入篮"SDR指日可待［N］. 证券日报，2015-11-27（A02）.

二、政府的顶层设计和制度政策的创新对人民币国际化起到了重要推动作用

纵观人民币国际化的整个发展过程，可以看到我国政府在其中起着非常大的作用，政府推动型的国际化道路特色异常明显。从人民币国际化的启动到飞速发展，再从停滞到重新恢复发展都是在我国政府有关政策的推动下进行的，政策的方向标作用异常有效，可以说每一阶段的人民币国际化向前发展的背后都是管制政策放开后推动的结果，有的甚至是起到了立竿见影的效果。

具体来看，人民币国际化的启动是从上海、广州、深圳、珠海、东莞5个城市的跨境贸易人民币结算开始的，在取得一定经验的基础上逐步扩大到全国其他地区，境外试点地区也是从港澳地区开始再逐步扩展到东盟及所有国家和地区。2009年以来，除了全面实现跨境贸易人民币结算和人民币直接投资以外，我国政府还逐步放宽了我国银行间债券市场的准入限制，放宽了境外机构用人民币对境内的证券投资限制，放宽了境内机构赴境外发行人民币债券（点心债）和票据的限制，进行了深圳前海金融改革创新的先行先试、上海自贸区金融的改革创新以及对外汇市场交易的放宽，对离岸人民币市场的政策也同时进行创新等，还有人民币境外清算行的建立和货币互换协议的签署等等，这些都是制度创新和新政策推出实施的结果。在放松境外机构进入我国资本市场和境内机构进军境外资本市场的过程中，借鉴国际经验先后构建了QFII、QDII和RQFII、RQDII制度，始终把控我国资本市场开放的主动权，防止国内资金的大规模逃离和国外游资对我国金融市场的大规模冲击，以保持我国经济金融发展的稳定环境。在以上人民币国际化过程中，政府政策的主动作为和创新推动作用都是异常明显的。整个过程都是由政府来主导稳步推进的，以求尽量将人民币国际化的风险降到最低，努力做到政府对风险能够把控得住，一开始就将人民币国际化作为一项长期的发展战略来加以推行。

实践证明，这样的人民币国际化战略是成功的。特别是在人民币国际化的第一阶段，政策推动的效果非常好，人民币国际化程度在短期内获得

了大幅度提升。当然，市场需求的增加也是人民币国际化得到快速提升的一个重要的影响因素，但这种市场需求不能排除有的是建立在人民币升值预期的基础之上，还不是真正基于贸易投资基础之上的市场需求，有一定的套利投机的性质（张明、何帆，2012）。在人民币升值背景下，境外机构和个人对人民币的持有和使用都很活跃，参与跨境人民币业务的金融机构数量的扩大和贸易主体的放宽，使得越来越多的企业可以从人民币贸易结算中获得规避风险、降低成本的好处。因此这一阶段的人民币国际化的提升速度是最快的。中国人民大学国际货币研究所编制的人民币国际化指数，从2010年年初的0.02提高到2012年年底的0.87，增长了42.5倍。[①]

除了政策推动外，政府和银行等金融机构的宣传和奖励工作也起了很大的推动作用。人民币国际化的推行，跟基层银行不遗余力的宣传推广人民币业务的工作紧密相连。据不完全统计，9年多来广东举办跨境人民币业务政策宣传培训近10万人次。2012年，广东省人民政府专项拨款300万元，分别奖励了全省跨境人民币进口和出口结算排名前十位的企业，为全国首例，有效地调动了企业参与试点的积极性。此外，人民银行广州分行牵头广东商务、海关、国税等部门多次召开协调会，专门研究跨境人民币结算出口退税问题，优化退税流程。针对个别企业反映的具体问题，还派人贴身服务，上门协调解决，成功办理了全国首笔跨境人民币结算出口退税业务。截至2018年9月，广东跨境人民币结算累计16.6万亿元，累计结算量连续9年名列全国第一。[②]

三、我国人民币跨境流通渠道从跨境贸易结算为主渠道，转变为直接投资、证券投资等资本项目为主渠道

前面的有关数据表明2015年之前的人民币，持续通过经常项目输出、资本项目回流（离岸市场发行人民币债券）的渠道实现人民币的境内外循

[①]当然这与同时期的高达54.34的美元国际化指数、23.6的欧元国际化指数、4.46的日元国际化指数以及3.98的英镑国际化指数相比，人民币国际化的程度还是非常低的。

[②]王景武.人民币国际化在广东的探索［J］.中国金融，2018（23）：106—108.

环，使人民币在一定程度上成为国际贸易结算货币、投资货币和储藏货币，并在多项指标上都达到最高值，尤其是以跨境贸易结算推动离岸市场上人民币资金池的增长，是源于对人民币升值的预期。但随着资本项目的逐渐开放，资本项下的人民币结算量快速增长，如2014—2019年跨境人民币收付中资本项目与经常项目之比分别为1∶6.23、1∶1.48、1∶1.13、1.11∶1、2.1∶1、2.26∶1，[①]2014—2016年资本项目和经常项目的人民币结算之差就开始日益缩小，到2017年以后，资本项目下人民币结算量超过了经常项目的结算量。人民币跨境支付数据显示，2016年跨境人民币收付中，经常项目的收付（5.23万亿元）还大于资本项目（4.62万亿元）的收付，但2017年经常项目下跨境人民币收付金额（4.36万亿元）开始小于资本项目下的人民币收付金额（4.83万亿元）了，而2018年跨境人民币收付金额（15.85 万亿元）中，经常项下收付金额才5.11万亿，资本项目下人民币收付金额则达 10.74 万亿元，是经常项目的两倍多。2019年资本项目下的人民币收付（13.6 万亿元）继续增长，是经常项目人民币收付（6万亿元）的2.26倍。2018年资本项目中的人民币直接投资收付2.66万亿元，只占资本账户收付的25%，扣除经常项目和直接投资后的其他人民币跨境收付几乎占了2018年跨境人民币收付总额的一半，可见我国现阶段的人民币跨境收付已经转为以资本项目的人民币跨境收付为主了。从全球占比来看，资本项目的占比也超过了贸易项目的占比。如2018年，国际贸易的人民币结算全球占比为2.05%，在包括直接投资、国际信贷、国际债券与票据等在内的国际金融交易中，人民币计价的综合占比为4.90%。

一方面，在我国的人民币国际化进程中，继续按照以往模式实现人民币在经常项下的输出面临以下三方面的问题，使经常项下的结算很难再扩大规模，这也是导致我国必须从资本项下找到新的突破口。第一个问题是由于我国贸易结构的特点决定了贸易渠道输出人民币将放缓，人民币通过贸易输出的规模很难再扩展。中国贸易结构方面，进口商品以大宗商品和进口加工料件为主，中国不掌握定价货币选择权，而出口商品具备技术竞

---

①根据中国货币政策执行报告中的有关数据计算得出。

争优势和国际稀缺性的产品比重不高，吸引境外主体主动积累人民币采购中国产品的内在动力不足。进出口人民币结算比重缩小，则会加大通过贸易渠道输出人民币的难度。第二个问题是人民币输出规模受人民币汇率和人民币资产收益率波动的影响较大。在"经常项目输出、资本项目回流"的人民币输出模式下，境外机构和个人持有人民币的意愿很大程度依赖于人民币汇率和资产回报率这两个条件。现阶段在人民币贬值预期压力存在的情况下，持有人民币的资产回报率的吸引力不如前期大，因此想通过贸易结算增大人民币输出的难度更大了。第三个问题是近年全球贸易放缓，多边贸易体系面临诸多挑战，中美贸易关系未来走向恶化的可能性仍然存在，我国贸易进出口大幅度扩大的空间有限。据IMF预测，2017—2022年全球贸易增速为3.9%，大幅低于1980—2016年的历史均值5.3%。这些都将影响我国的对外贸易形势。如2015、2016年全球贸易需求疲弱，全球贸易量增长连续五年低于3%水平，中国对外贸易增长也在2015—2016年随之回落，出现了连续两年的负增长（中国2015—2018年贸易增长分别为-7%、-0.9%、14.2%、9.7%）。随着贸易增长陷入停滞，原有的利用经常项目和贸易结算渠道推动人民币全球使用的路径遭遇瓶颈。

另一方面，资本项目逐步开放。从2010年起，境内企业对外直接投资、境外直接投资人民币结算陆续开始试点；从2013年起，境外人民币放款、跨国企业人民币资金池、全口径跨境融资等相关融资业务也根据市场需要陆续放开。从2012年起，个人经常项目跨境人民币业务试点陆续启动，并于2018年最终扩展到全国，以满足日益增长的个人使用人民币进行贸易、旅游、留学等的正常需求。近年来，我国金融市场开放步伐不断加快，投资者范围不断扩大，风险对冲工具逐渐丰富，跨境资金交易结算更加便利，信用评级市场开放持续提高，会计税收政策安排逐步完善，为人民币国际化和资本项目开放打下了坚实的基础。我国股票市场、债券市场已纳入明晟、富时罗素、彭博巴克莱等多个国际主流指数。截至2019年3月末，境外主体持有境内人民币股票和债券规模合计3.5万亿元，同比增长34%。目前，境外投资者已经可以通过人民币合格境外机构投资者、沪港通、深港通、沪伦通、直接入市投资、债券通、基金互认、黄金国际版、特定品种期货等多种渠道投资我国金融市场。人民币合格境内机构投资者可按相关规定投资境外金融市场人民币计价的金融产品，也可通过沪港通、深港通和基金互认等渠道投资香港金融市场。从开放路径看，我国金融市场已经形成了渐进的管道式开放局面，这些管道各有侧重，满足了不同投资者的需求和投资偏好，且规模有限、风险可控。但是，各开放管道同时并存、相互隔离，在市场准入、资金汇兑等方面监管要求也不完全一致，这种情形在一定程度上增加了境外投资者多渠道投资的操作难度。为此，中国人民银行目前正在就统一各开放管道监管要求方面进行较大幅度的改革。可以预计，未来人民币通过资本项目的收付活动将日益增加，人民币国际化将日益依靠资本项目渠道进行。

因此，"一带一路"建设带动的人民币对外投资、资本市场开放带动的人民币境外证券投资以及内地居民的调整财富、在全球资产配置的需求，都进一步推动了离岸人民币资金池的扩张，成为资本项目下对外输出人民币流动性的主要力量，加速了人民币在海外的持续性沉淀和循环，致使资本项下的人民币收付金额连年增长，从2016的4.62万亿元增长到2019年的13.6万亿元。随着境内金融市场的进一步开放和人民币资本项目可兑换的持续推进，资本项下人民币结算量的占比有望继续提升，为人民币国际化不断提供新动力。

四、人民币国际化的效应——为实体经济发展提供了强劲动力

在政策因素之外，人民币国际化战略发展的关键在于是否存在市场需求。中国实体经济、贸易和投资的增长为人民币国际化提供了实实在在的市场基础。人民币国际化战略不是为国际化而国际化，而是助力国家经济发展，助力对外开放战略的整体需要，尤其是助力"一带一路"建设、服务实体经济的需要。从宏观方面来看，人民币国际化可以增加我国的铸币税收益、增强我国的对外贸易投资、促进我国金融市场发展、提升我国经济金融大国的地位以及可以减少货币错配的风险。从微观方面来看，人民币国际化可以帮助企业规避汇率风险，减少交易费用和汇兑成本，节约了

时间，提高了竞争力，还可以拓宽企业融资渠道，降低企业筹资成本，有利于企业开展对外直接投资活动。那么人民币国际化从2009年7月启动到如今已经走过了十一年的历程，在这十一年中，我国经济发展是否因人民币国际化而获益？

我们先看宏观经济的发展状况。2008—2018年，我国经济发展势头良好，不断进行改革开放，进一步融入全球分工和价值链，每年GDP以年均7.85%的速度增长。近年来我国经济在转型升级的强压下仍然保持了稳健增长，新动能更加强劲，增长表现也好于预期。2016—2018年我国经济增速分别为6.7%、6.9%、6.6%，表明随着中国金融市场对外开放的推进，境外投资者增持人民币资产对资本流入的积极作用也逐步显现。2016年中央经济工作会议提出要继续深化供给侧结构性改革，随着各项改革的持续深化、我国经济增长质量和效益的不断提高，人民币汇率的基本面因素进一步被夯实，人民币汇率在弹性增强的同时，更加有条件在合理均衡水平上保持基本稳定。

2018年中国已是全球第二大经济体、第一大贸易国，是第一大出口国和第二大进口国，进出口规模从2009年的2.2万亿美元提高至2018年的4.6万亿美元，在全球货物贸易中的比重从8.7%攀升至11%左右。在直接投资方面，外国直接投资已成为全球经济的一个重要的指标。2018年中国仍是全球第二大外资流入国以及外资流入最多的发展中经济体。我国吸收的外商直接投资在2009—2018年累计达1.2545万亿美元，非金融类对外直接投资累计达9180.6亿美元。我国从单向的外资引进国转变为双向投资大国，2018年中国对外直接投资与吸引外资基本持平，成为发展中国家中最大的外资流入国和对外投资国，2018年我国对外投资覆盖全球188个国家和地区。根据中国商务部统计，在全球直接投资连续三年下降的背景下，2018年我国吸引外资仍然逆势增长4%，达1390亿美元，创造了中国吸收外资的历史新高，继续稳居全球第二大外资流入国之位（第一仍然是美国，流入量为2520亿美元），在全球直接投资流入量中的占比为11.2%。在对外投资方面，根据《2018年度中国对外直接投资统计公报》，2018年中国对外直接投资1430.4亿美元（同比下降9.6%），略低于日本（1431.6亿美元），成为第二大对外投资国。2018年年末，中国对外直接投资存量达1.98万亿美元，是2002年末存量的66.3倍，在全球分国家地区的对外直接投资存量排名由第25位升至第三位，仅次于美国和荷兰，对外直接投资流量和存量稳居全球前三。中国在全球外国直接投资中的影响力不断扩大，流量占全球比重连续三年超过一成，2018年占14.1%，较上年提升3个百分点；2018年年底存量占6.4%，较上年提升0.5个百分点，皆创历史新高。与以上我国经济和贸易投资规模相比较，目前的人民币国际化程度仍显著低于实体经济的发展水平，但是以实体经济和贸易投资活动为基础的人民币国际化，是一个顺应市场需求的自然过程，二者要达到互相匹配的程度仍然需要较长期的发展过程。

我们再看人民币国际化对实体经济和"一带一路"建设的支持和促进作用。从近些年的实践来看，人民币国际使用的逐步扩大对落实"一带一路"倡议中的资金融通发挥着越来越大的推动作用。

第一，人民币国际化为"一带一路"建设提供了充足的流动性和建设资金。人民币国际化的推进加速了"一带一路"沿线各个国家和地区间的货币流通，从而促进"一带一路"倡议中贸易畅通目标的实现。人民币国际化已经通过资本项下人民币输出，为"一带一路"建设提供资金支持。2017年，中国对外直接投资流量的两成是以人民币方式出资，[①]涉及中国境内企业数量超过800家，主要形成对境外企业股权和债务工具投资。表2-5是2010—2018年我国人民币对外直接投资额，累计人民币对外直接投资3.43万亿元。"一带一路"建设虽然融资需求庞大，但沿线有的国家只有贸易项下开放，没有实现资本账户开放和货币可兑换，且建设所需融资多为中长期投融资需求，再加上不少沿线国家还面临政治动荡、战争、经济衰退等状况，人民币输出必然面临多重挑战。推动人民币国际化的资本项目输出并非只依靠对"一带一路"的直接投资，还可以通过银行体系对境外主体开展人民币信贷和发行"一带一路"建设债券。我国与"一带一

---

①商务部举办《2017年度中国对外直接投资统计公报》新闻发布会_外国直接投资［EB/OL］. https://www.sohu.com/a/257981104_100020944.

路"沿线的21个国家或地区的央行签署了双边货币互换协议，相关国家、地区还可通过备用信贷渠道取得人民币资金，便于各国国内机构或企业借贷人民币资产，支付本国的进口。这为区域内的双边贸易合作和经济发展提供了便利。

表2-5　2010—2018人民币对外直接投资额　　　　　　　　　单位：亿元

2010	2011	2012	2013	2014	2015	2016	2017	2018
57	266	312	867	2244	7362	10619	4579	8048

资料来源：根据中国人民银行2018年报资料编制。

第二，人民币国际化促进了"一带一路"区域经济的全方位深度合作。区域内公共货币的使用将提高区域内经济一体化的程度，使各国经济发展周期趋于一致。随着人民币国际化进程的加快，人民币的国际使用比例将稳步提高，这将促进区域内部的贸易与投资，提高区域各国间的产业相关性，增强区域各国之间的经济合作，降低经济波动程度，提高区域整体的经济发展水平。因此，人民币国际化对于实现"一带一路"倡议、深化区域内的经济贸易合作具有关键性的作用。总体来说，人民币国际化逐步推动了"一带一路"的进程，加速了沿线国家和地区的货币流通，降低了金融风险及区域交易成本，从而促进了区域经济的全方位合作。

第三，人民币国际化有助于企业规避汇率风险，降低资金成本，便利国际贸易和投资活动。"一带一路"沿线国家的货币大多与美元挂钩或参照美元，按照目前以美元为主融资方式，融资方和被融资方将面临两重汇率风险，即人民币兑美元汇率风险和有关国家货币兑美元汇率风险。绕过美元、采取人民币计价结算和人民币进行投融资后，汇率三角关系将不存在，国际贸易和投融资双方将仅面临人民币兑换有关国家货币汇率的风险，兑付成本也将相应降低。在一些特定财务支付安排下，我国企业甚至可以完全不受汇率风险的困扰。2018年，我国与"一带一路"沿线国家跨境人民币结算量达2.07万亿元，占同期全国跨境人民币结算量的13.1%。我国与"一带一路"沿线国家的双边货币合作也在不断深化。截至目前，我国已与21个沿线国家签署了双边本币互换协议，与7个沿线国家建立了人民币清算安排，有6个沿线国家获批RQFII额度，人民币与8个沿线国家货币实现直接交易、与4个沿线国家货币实现区域交易。俄罗斯、新加坡等多个沿线国家央行已将人民币资产纳入其外汇储备。2018年1月，巴基斯坦央行发布声明，明确在中巴双边贸易和投资活动中公共和私人部门均可自由选择使用人民币；8月越南国家银行颁布人民币使用新规，扩大人民币在越边境地区使用的主体范围和区域范围；2019年1月，缅甸中央银行发布通知，允许使用人民币作为国际支付的结算货币（潘功胜，2019）。

从我国与中亚国家能源合作的过程也可以看出，"一带一路"项目的实施将切实拉动我国与相关国家的贸易规模。我国向这些国家出口相关设备、建设以及运营管理服务，带动我国货物与服务贸易出口规模的提升。"一带一路"沿线国家对我国出口规模也将上升，以偿还债务。还可能通过物物贸易形式来交换我国的产品和服务出口。例如，我国与泰国的铁路合作项目，泰国方面曾准备用大米来换取我国为其修建铁路。如前所述，人民币国际化意味着这部分国际贸易都可以采用人民币作为计价和结算货币，这样能够带来贸易效率的提升，便利双边贸易，从而进一步提升我国与相关国家的贸易规模。

近年来，全球贸易的区域结构不断演化，贸易格局的变化也有利于人民币国际化的发展。以东盟为例，2008—2017年，其占中国外贸进出口总量的比重，从9.0%上升至12.6%；中国占东盟对外贸易的比重，从10.3%上升至17.1%。而同期，美国占东盟贸易的比重从9.7%下降至9.1%。这种格局的演化，使得人民币在中国—东盟间贸易结算时节省汇兑成本、促进经贸投资便利化的优势越来越突出。人民币对非美货币直接交易的快速发展也印证了这一现象。近两年，中国外汇交易中心人民币兑非美货币的外汇交易量年均增速都在12%以上，2018年全年人民币对非美货币交易量突破了1.6万亿元，挂牌交易的非美货币对达23个。在部分国家，如俄罗斯和韩国，人民币对当地货币的报价交易市场已初具规模。这表明，跨境贸易人民币结算在节省汇兑成本、便利经贸投资方面的吸引力已逐步获得市场认同，其发展潜力正被境内外市场参与方所发掘，提升了融资便利。2017年来随着美联储连续加息缩表，美元市场利率逐步走高。2018年年末，1年期美国国债实际收益率约为2.5%，已经略高于同期限中国国债2.45%的实际收益率。此外，美联储通过加息缩表收紧美元流动性，给许多新兴市场和发展中国家带来货币贬值压力。部分国家被迫保持较高利率以维护汇率稳定，如印度、巴西、印度尼西亚1年期国债实际收益率高于6%，墨西哥同期限国债收益率超过8%。与此相比，人民币利率水平处于相对低位，上述国家的对华双边贸易如采用人民币进行贸易融资，除了可以节省汇兑成本外，还可以降低融资成本。①

第四，以扩大人民币项目融资与直接投资为突破口，加快互联互通基础设施建设。"一带一路"沿线国家多数的基础设施较薄弱，而中国在基建领域有着丰富的资本、人才与经验，互补性很强，可以结合各国经济发展的具体需要，以重大支撑项目为基础，推动双边经济合作迈上新台阶。此外，近年来中国帮助一些新兴市场国家建设工业园区和经济新区，将苏州工业园区、天津滨海新区和中关村科技园区的成功模式推广到国外，得到东道国的高度认同。在这方面，中国同样可以与"一带一路"沿线各国加强政府间合作，建立具有地方特色、保障就业以及经济长远发展的工业园区、经济新区，从而以点带线，以线带面，将基础设施、产业发展、金融合作融为一体，深化全方位经济合作。这些重大支撑项目以及工业园区建设需要项目融资、直接投资的大力支持，而且建设工程中的许多产品和劳务采购来自中国，使用人民币来进行所需的金融交易，对项目参与主体而言可能是最有利、风险最低的方式。

当然，人民币国际化的发展带给实体经济的风险因素也还是存在的。2014年美国经济复苏以后，美国宣布将逐步退出量化宽松政策，并连续提高利率，引起国际资本向美国回流，美元升值预期走强，人民币贬值预期加强。尤其是2017年美国特朗普政府政策的不确定性增强、英国2018—2019年的"脱欧"事件、欧元区面临多国大选形势的变化以及欧元区一些国家改革放缓和潜在财政问题等因素，都可能引发国际金融市场的动荡。尤其是我国在2015—2016年出现了资本外逃现象，但在政府采取有关措施后，外汇储备开始回升，市场对人民币的信心又重

①林景臻.强化人民币国际化基础性工作［J］.中国金融，2019（14）：37—38.

新加强了。随着离岸金融市场上套利性、投机性的人民币头寸的加速消失，人民币国际化的"泡沫"也被充分挤出，回归到服务实体经济的本源。近年来资本市场的进一步开放政策和"沪港通""深港通""沪伦通""债券通"的相继开通，短时间内就吸引了大量的境外机构投资者和境外资金进入我国的资本市场，迅速提升了人民币的国际化程度。随着我国的综合国力进一步提升，改革开放继续有序地向前推进，都进一步夯实了人民币国际化发展的基础，促使人民币国际化从2017年第一季度后开始触底回升，到2017年第四季度末，人民币国际化指数RII已升至3.13，与2015年年末的高峰水平3.6只相差0.47，与日元、英镑的国际化水平差距正在日益缩短。

五、人民币国际化与套汇套利交易相伴随，呈现顺周期性

我国的人民币国际化是从跨境贸易人民币结算开始（主要是进口结算），同时发展离岸人民币市场，再逐步开放资本账户。国内不少专家都主张和赞同这种模式，如国家外汇管理局课题组认为，[1]在对外交往中履行计价结算职能是人民币国际化的起点和基石。学者李婧认为，[2]中国通过多种方式促进人民币国际化，核心措施是跨境贸易人民币结算和发展香港离岸人民币市场。学者孙杰指出，[3]应该明确以推进人民币跨境结算为目标。这种"贸易结算+离岸市场/资本项目开放"的模式在人民币国际化启动早期确实取得了一定的成果，最为标志性的成果就是人民币被纳入国际货币基金组织的特别提款权货币篮子。那么，这种模式是否存在问题？为什么人民币国际化会在2015年以后遇挫？国内一些学者对此进行了研究。刘建丰、潘英丽认为，[4]我国人民币国际化的这种推进模式是顺周

---

[1] 国家外汇管理局课题组. 人民币在对外交往中计价结算问题研究［J］. 金融研究，2009（1）：42—49.

[2] 李婧. 人民币国际化道路设计的再评估［J］. 经济社会体制比较，2014（1）：42—51.

[3] 孙杰. 跨境结算人民币化还是人民币国际化？［J］. 国际金融研究，2014（4）：39—49.

[4] 刘建丰，潘英丽. 人民币国际化的成功标志及其可行路径——一个"有保有压"具有中国特色的推进策略［J］. 国际经济评论，2018（2）：52—68.

期的，跨境贸易人民币结算先行及离岸与在岸市场的非协调发展，极易造成助涨杀跌的"超调"，形成极不稳定的正反馈机制，从而更加放大这种顺周期性。他们认为，首先，在人民币汇率稳定或升值时期，境外投资者人民币需求增长，进口贸易人民币结算金额稳步上升，香港离岸人民币存款增加，人民币升值压力变大，这就形成了升值的正反馈机制。在人民币升值预期下，境内外机构、企业和个人更愿意把外汇卖给央行，导致央行的外汇储备增加（余永定，2011）。相反，在人民币汇率贬值时期（例如"811汇改"前后），境外人民币持有者不断抛售人民币，导致跨境贸易人民币结算和境外人民币存款快速下降，境外人民币需求下降，人民币贬值压力加大。这就是贬值阶段的正反馈机制。为稳定人民币汇率，央行不得不抛出美元，买入人民币，导致外汇储备减少。其次，离岸与在岸市场的非协调发展，使得离岸人民币转变为攻击人民币汇率的弹药。香港离岸人民币市场是在人民币存在强烈升值预期的情况下启动的，在香港市场化的汇率和利率机制下，境外投资者大举购买人民币促使离岸人民币（CNH）汇率高于在岸人民币（CNY）汇率。因此，离岸市场的汇率溢价引发了强烈的套利动机，人民币急剧外流。这表明在"811汇改"以后，投资者在更大程度上可以利用前一天的离岸与在岸人民币汇率差来预测第二天在岸人民币汇率的走向。离岸人民币汇率领先在岸汇率变动，香港人民币市场拥有较大的汇率定价权。为帮助在岸市场重新夺回人民币汇率的定价权，央行不得不进行干预，央行利用在香港离岸市场的人民币清算行如中国银行等大幅卖出美元，买入人民币，付出了较大的代价，其后果是央行的外汇储备减少，香港离岸市场的人民币流动性几近枯竭，利率飙升。2016年1月12日，香港人民币同业隔夜拆借利率最高达到了66.82%；2017年1月6日，最高达到了61.33%。从2012年5月以来，在人民币汇率稳定或升值时期，香港离岸人民币存款显著增加，至2014年12月达到10000多亿元的顶点；而"811汇改"以后，香港离岸市场的人民币存款从2015年7月的9941亿元逐步下降至2017年第一季度的5000多亿元，减少的离岸人民币存款显然均被兑换成了外汇，成为攻击人民币汇率的弹药，加速了人民币的贬值。境外机构和个人持有境内人民币存款从2014年10月的

25067亿元逐步下降至2017年第一季度的9000多亿元，下降达2/3。这就是不恰当发展离岸人民币市场的正反馈机制。还有很多学者都对人民币国际化进程中的套汇、套利现象进行了剖析和研究。如余永定分析了套汇套利活动对CNH和CNY汇率的影响。他指出，2011年9—10月CNY的贬值主要是套汇套利发生方向性逆转的结果。[①]张明和何帆剖析了人民币国际化进程中在岸离岸套汇套利活动的市场背景、具体机制、相应结果及有关证据。[②]何帆等探讨了当时香港离岸人民币金融市场的现状、前景、问题与风险。[③]学者张明认为，[④]蓬勃发展的人民币国际化背后，也出现了大量的金融套利交易。这些套利交易表面上表现为跨境贸易的人民币结算，其实质却是关联公司利用内地与离岸人民币市场上的汇率差与利率差进行财务套利的结果。这种套利行为一方面制造了人民币国际化的泡沫，另一方面降低了中国政府宏观调控的效果，还造成了中国的国民福利损失，弊大于利。

综上所述，跨境套利的表现形式之一，是利用内地市场与香港市场的人民币利率之差进行套利。在人民币国际化启动的最初几年，由于内地的人民币存贷款利率水平显著高于香港的人民币存贷款利率水平，从而给以"内保外贷"为代表的跨境套利提供了空间。跨境套利的实质，是境内企业以跨境贸易人民币结算为伪装，从香港金融机构处借入人民币款项并汇至国内使用，以获取两地利差的财务操作。人民币跨境套利的强有力证据之一，是近年来香港银行对内地银行的人民币债权，由2010年的3000亿港币左右上升至2014年的接近3万亿港币左右。跨境套利的表现形式之二，是利用内地市场与香港市场的人民币汇率之差进行套利。由于香港市场上的人民币汇率是由市场供求自发决定的，而内地市场上的人民币汇率依然

---

①余永定.从当前的人民币汇率波动看人民币国际化［J］.国际经济评论，2012（1）：18—26.

②张明，何帆.人民币国际化进程中在岸离岸套利现象研究［J］.国际金融研究，2012（10）：47—54.

③何帆，张斌，张明，等.香港离岸人民币金融市场的现状、前景、问题与风险［J］.国际经济评论，2011（3）：84—108.

④张明.汇改背景下的人民币国际化［J］.中国外汇，2015（13）：18—20.

存在一定程度的干预，从而导致了香港与内地人民币即期汇率之间往往会存在显著差异。在大多数时期内，由于内地存在稳定的人民币升值预期（这是人民币汇率形成机制改革采取了渐进方式的必然结果），造成香港人民币即期汇率高于内地人民币即期汇率，这就会刺激企业与居民将人民币从内地转移至香港，将美元从香港转移至内地的跨境套汇行为。这种行为也会通过人民币跨境贸易结算的伪装进行。还有一个人民币跨境套汇的强有力证据，就是香港人民币存款环比增速与人民币升值预期指数之间具有很强的正相关。这意味着，当市场上存在显著的人民币升值预期时，由于香港人民币要比内地的更贵，导致居民与非居民将人民币由内地转移至香港，从而导致香港人民币存款上升，反之亦然。跨境套利的表现形式之三，是人民币跨境套利与人民币跨境套汇合二为一。在市场上存在持续的人民币升值预期的背景下，居民与非居民可以在香港借入美元，兑换为人民币之后，通过跨境贸易人民币结算的伪装转移至内地，在内地投资于房地产、股市或影子银行产品，借此可以赚取利差与汇差的双重收益。这种跨境套利交易的规模如此之大，以至于多家国际金融机构均将人民币套利交易视为"21世纪以来最重大的货币套利交易"。

六、借助跨境电商的快速发展，第三方跨境支付成为推动人民币国际化的新途径

2009年开始的人民币国际化进程在时间上基本与我国跨境电商从诞生到快速发展的过程在时间上基本吻合，跨境电商支付的市场需求为我国人民币国际化创造了新途径，而针对跨境电商的人民币跨境贸易结算又降低了成本，提高了效率，进一步促进了跨境支付市场的大发展，进而促进了跨境电商的大发展。近几年来，我国政府根据市场需求的发展，积极采取措施创造比较宽松的政策环境，相继出台了多个文件，对跨境电子商务的平台建设、通关、物流、税务、支付等各方面提出了一系列具体支持措施，支持跨境电商的发展。随着跨境电子商务在我国对外贸易中的地位和作用的不断提高，跨境电子商务已经成为我国对外贸易发展的新引擎。在

这个模式下，传统外贸、供应商、支付机构、物流公司等整个产业链，都发生了巨大的变化。

随着跨境电子商务迅猛发展，电商平台和中小卖家对跨境支付的需求呈现几何级数增长，跨境支付也迎来黄金发展期。2018年，人民币跨境支付系统处理业务144.24万笔，金额26.45万亿元，同比分别增长14.57%和81.71%。在跨境支付方式中，第三方支付相较于金融机构支付、专业汇款公司更得到买卖双方的青睐。跨境电商的跨境支付结算很多是通过第三方支付平台进行的，①尤其是B2C跨境电商，因其跨境支付结算的金额较小，再加上安全方面的考虑，第三方支付受到特别青睐。据艾瑞数据显示，②在中国消费者常用的跨境支付方式中，第三方支付相较于金融机构支付、专业汇款公司支付占比约为50.9%。面对日益庞大的跨境贸易和跨境支付的需求，人民币跨境支付业务相关的各项政策相继出台，跨境电商人民币跨境支付业务规模也不断扩大，国内的第三方支付机构纷纷申请并获批央行授予的"跨境人民币结算资质"。目前经审批的第三方跨境支付机构可为企业和个人跨境货物贸易、跨境服务贸易提供"一站式"的人民币跨境结算服务，一些大型支付机构甚至走出国门，与东盟各国合作，为东盟国家提供跨境资金结算的整体解决方案，不仅为跨境电商卖家解决了交易安全的需求，也为他们普及了跨境结算的相关金融知识。客观上带动了人民币走出国门，大大提高了人民币国际支付的范围和程度，强化了人民币的国际结算货币功能，从而在一定程度上加速了人民币国际化进程。

此外，在传统贸易结算中，由于我国出口企业规模较小、产品附加值较低、处于价值链的中低端、产品的议价能力弱，很难通过谈判要求境外交易企业使用有利于我方企业的人民币结算。而通过第三方支付平台，可

①2015年7月，跨境电商广州订订宝母婴商城通过中国银行广东省分行成功达成针对广东自贸区电商企业的跨境人民币支付结算业务合作，并完成了全国第一笔跨境电商银行支付，使跨境电商支付结算进入新纪元。

②微信和支付宝如何打好跨境支付这张牌？〔EB/OL〕. https://baijiahao.baidu.com/s?id=1568898035315592&wfr=spider&for=pc.

通过平台集体议价方式显著提高我国企业的议价能力，有利于要求境外企业和个人使用人民币结算。目前在跨境电商支付结算中，第三方支付机构提供的结算占据了一半以上的份额，很多国外的电商为了吸引中国消费者的购买，都愿意以人民币计价结算。第三方支付的统计数据显示，目前在我国的跨境电商结算业务中，40%用人民币结算，而且越来越多的商品在网上的标价中共同使用人民币和美元标价。据粗略统计，在阿里巴巴、兰亭集势、环球资源、慧聪网、敦煌网、金银岛、中国制造网等各大跨境电商网站上，超过90%以上的商品正在使用人民币和美元同时标价，从而大幅度强化了人民币的国际计价结算功能，有效扩大了人民币的跨境使用，客观上助推了人民币的国际化过程。此外，一些跨境电商特别是B2C交易需要通过银行卡交易的方式实现，因此，跨境电商的人民币结算还促进了银联海外人民币卡业务的拓展。

第三节　其他主要货币国际化的比较及启示

美国经济学家巴里·艾肯格林认为，任何货币与金融体系的演进发展从本质上说都是一个历史的过程，对这一体系的任何变革都必然依赖于它过去的制度安排，而这些制度安排又无疑脱胎于更早的历史轨迹之中。因此任何一种国际货币的产生和发展都要从历史轨迹中去寻找。而历史上各国推行本国货币国际化的背景不同、路线图各异，没有一种国际货币的国际化道路是相同的，都有自己的特色。总体来看，一种货币从国内货币成为国际货币本质上是一个国家综合实力的体现，是一国经济贸易金融发展到相应阶段的必然结果。每一种国际货币的产生和发展都必须具备一些重要的条件，并经历曲折漫长的过程。

一、四大国际货币的国际化之路比较

目前，美元、欧元、英镑、日元是最主要的四大国际货币，各种数据显示美元在国际贸易计价、结算、外汇交易及各国外汇储备中的占比最

高，其次是欧元、英镑、日元；但在国际证券交易市场上，欧元的占比最高，其次是美元、英镑、日元。通过回顾和比较以上四种国际货币的产生和发展历史，我们可以看到，四种货币的国际化道路、措施或手段都不相同，但它们有一个共同点，都是在完全自由的市场经济制度体系内发展起来的，在实现货币国际化之前它们本身都是可自由兑换的货币，这点是与我国人民币国际化的最大的不同之处。

先来看英镑。促成英镑国际化的关键点就是英国在世界上第一个建立了金本位制和推行了自由经济制度。1816年英国率先以法律形式确定了金本位制，英镑可自由地兑换为金条、金币，且不受出口限制，由此英镑作为一种信用货币的可靠性得到了极大提高。19世纪下半叶，德、美等主要国家也普遍采用金本位制，进而形成以英镑为中心、以黄金为基础的真正意义上的国际货币体系。建立了金本位制以后，英国凭借自身实力、信誉和影响，促成了英镑的广泛的国际使用，使英镑成为世界上最重要的国际货币，英镑逐渐代替了黄金执行了国际货币的职能，成为国际交易的计价单位、支付手段和储藏手段，成为世界的第一货币。英镑的国际使用还应当归功于英国的经济自由理论。随着海外贸易与殖民活动的展开，英国迅速完成了原始积累，工业革命进一步奠定了英国在世界经济中无可比拟的优越地位。工业革命前，英国政府根据重商主义原则，在维护土地贵族利益的前提下，长期实施限制进口、支持出口的保护关税政策。为了在全球日益增长的财富中继续获得更大的份额，英国废除了早期十分成功的重商主义政策，并在19世纪中叶确立了自由贸易原则。在英国这一世界霸权统治的努力下，其他世界主要强国也基本同英国保持一致，也相继采取了不同程度的自由贸易政策，认可自由主义的国际经济体系。之后由于英国在海洋争霸中又连续击败荷兰和法国，英镑终于在19世纪中后期得以取代荷兰盾和法郎，成为当时唯一的国际货币。因此，强大的经济实力是英镑国际化的重要保障，发达的工业制造水平造就了英国在国际贸易中的强大竞争力，英镑也随着英国产品的出口走向世界。自由的国际贸易不仅在实际操作层面上推广了英镑的使用，也奠定了英镑价值的物质基础。以海洋霸权为依托的经济实力、国家安全和殖民帝国，分别构成英镑信誉的经济、政治基础和示范性推动力。英镑的国际化很大程度上是建立在英国海洋霸权的建立和稳固的根基上。[①]

　　而美元的国际化之路则经历了与英镑相伴相生的漫长的七八十年的时间，美元的国际地位是在两次世界大战的战火中逐渐崛起的。19世纪70年代，美国国民收入和生产率开始超过了西欧，而且随着时间的推移，美国与西欧的经济差距逐渐拉大，美国的经济实力开始在全球遥遥领先。然而，由于美国国内货币体系存在弊端，国内出现了一系列的民主运动和难以解决的民族问题，那时的美元国际地位还远不如英镑。一直到两次的世界大战才为美元的国际地位的崛起创造了绝佳的机会。首先，第一次世界大战对美元作为国际货币的崛起发挥了关键作用。第一次世界大战爆发之后，欧洲各国忙于打仗，把美国作为主要的供给方，为了购买物资，它们卖掉了在美国的一多半的欧洲投资，并同时把欧洲自己发行的30亿美元有价证券卖给美国人。仅仅在战争爆发后的三年内，美国投资购买的欧洲有价证券数量就超过了它们在20世纪的总购买量。外国政府还为了筹集战时资金，将大量的黄金卖给了美国，导致1913—1919年美国的黄金储备增加了一倍。同时外国官方机构持有的流动性美元资产大幅度增加，美国国际贷款者地位逐渐形成，加上各国的战时外汇管制和欧洲各国都脱离了战前的黄金平价，这些都促成了美元作为国际货币的崛起。因此，第一次世界大战（1914—1918）使大量的资金和技术流向美国，为美国国内经济的发展注入了大量的新鲜血液。1859—1918年，美国工业总产值从不到200亿美元上升到840亿美元，黄金储备从占全球储备总量的17%上升到占59%，贸易量占比则从4%上升到39.2%。尽管美国经济此时已经赶上并超过了英国，但在二战之前，美元却始终没有取代英镑的地位。其次，第二次世界大战又给美元的崛起创造了绝佳的机会。由于美国远离二战的战场，不仅经济上未受影响，相反它还成为同盟国的物质供给基地，大发战争之财，经济实力不仅未被削弱反而显著增强，逐渐成为世界上最大的债权国。[②]

①李云帆.英镑国际化背后的海洋霸权［J］.福建论坛，2011（10）：35—36.
②孙健，魏修华，唐爱朋.从三大货币发展历程看人民币国际化战略的路径选择［J］.亚太经济，2005（2）：69—71.

美国的国内生产总值占当时全球生产总值的48%左右，贸易量占了全球贸易的三分之一。至此，美元逐渐地在国际货币中确立了自己的重要地位。而同时期，以英镑计价的国际储备迅速下降，迅速崛起的美元可以与黄金媲美。[①]1943年4月7日，美国政府公布了"怀特计划"。该计划有助于取消外汇管制和国际资金转移限制，以设立国际金融机构、稳定汇率、扩大国际贸易、促进世界经济发展为目的，力图通过基金货币单位"尤尼塔"（Unita，1尤尼塔=10美元）初步建立以美元为中心的汇兑平价体系，即建立美元与黄金挂钩、其他货币与美元挂钩的"双挂钩"货币制度。同时美国迫使英国放弃了发行一种超主权货币的"凯恩斯计划"的设想，而接受美国的"怀特计划"，把美元确立为主要的世界货币，最终"布雷顿森林协定"的达成，标志着美元初步获得了世界货币的霸主地位。1947年美国国务卿马歇尔开始实施新的计划，通过向战后各国提供贷款和援助，试图掌控全球经济命脉，美元成了美国实施扩张计划最强有力的武器。通过马歇尔计划，美国以赠款和贷款形式向欧洲提供援助，美元就通过该渠道大量流出。同时外国官方机构也纷纷购买美元作为国际储备。1947—1949年，仅接受马歇尔计划和欧洲合作组织的十几个西欧国家，对美国的借贷就高达16亿美元。这些国家需要大量的美元来填补财政赤字（当时还因为得不到充足的美元，造成了普遍的美元荒），这种对美元饥渴的巅峰状态持续了整整十年。二战以后，美元以其自身的优势，通过各种方式在世界各个角落流通，逐渐使美元作为支付结算、交易的功能和储备货币的功能达到顶峰。在这期间，美国始终保持着头号世界经济强国的地位，在国际上的地位如日中天，世界货币开始进入了美元世纪，英镑地位逐渐衰弱。

相较于英镑与美元，德国马克（可以说是欧元的前身）的货币国际化之路则呈现出另外一种样子。德国刚开始时并没有将马克国际化作为目标来推动，德国甚至出台了很多措施限制本国货币的国际化，一直到20世纪80年代中后期，德国都保持了一定程度的资本管制。德国一直坚持低

---

①杨虹. 对人民币国际化的思考——基于美元、日元、欧元国际化的比较 [J]. 南京审计学院学报，2010（3）：24—31.

通胀目标制的货币政策和制造业优先的经济增长理念，为其赢得了币值稳定和经济强劲的国际声誉。随后不断演进的欧洲一体化的货币制度框架才进一步促进了德国马克的国际货币地位的形成。①因此，德国官方并没有出台有关货币国际化的战略，而是在追求其他政策目标的过程中"非故意"地实现了德国马克在外汇干预市场和国际贸易结算领域的国际化。②实际上，德国是通过"币值稳定+资本管制"的方式逐渐使德国马克成为国际贸易结算和外汇干预和储藏货币的，并最终在客观上促进了德国马克的国际化。在马歇尔计划的帮助下，德国自1951年开始改变在欧洲支付同盟中的国际收支逆差状况，由此开始了连续十年的经常项目顺差。1958年12月，德国马克成为可自由兑换的货币。德国资本项目可兑换的基本进程是先放开资本流出、后放开资本流入。为平衡国际收支德国从1952年至1958年分三步取消资本流出管制：1952年，首次个案批准居民对外直接投资；1956年，允许居民对外进行证券投资；1957年资本流出限制基本取消。1958年德国实现了经常项目自由兑换，但德国的资本流入自由化经历了一个较长的过程，一直至1984年年末，德国才实现了资本项目的自由兑换。对资本流入的管制反映出德国政府限制马克国际化的立场：认为与保持国内物价稳定和维护金融安全等目标相比，马克国际化处于次要、从属地位。正是国内经济金融长期保持了稳定增长，到20世纪50年代末，联邦德国已经成为欧洲大陆的经济领导国，由于德国马克的币值十分稳定，反而促进了马克的国际使用，使马克的国际货币地位不断增强。③我们可以来看看以下一些数据：1988年德国以本币结算的出口和进口比例分别为81.5%和52.6.%，远高于日本；1992年，全球出口贸易中以马克结算的比重为15.3%，与德国在全球贸易中的份额之比约为1.4，表明马克作为国际

---

①由于德国是欧洲经济共同体和欧盟的中心国家，自从欧洲国家结成经济联盟以来，各国积极发展相互贸易，而德国是欧洲联盟的经济大国和进口大国，各国均保存大量马克作为维持欧洲货币体系的外汇储备，从而使马克的使用量大大超过日元。所以马克国际化程度高于日元的重要原因之一是德国与欧洲成功的货币合作，而日本与亚洲国家基本上没有货币方面的合作。

②德国马克的国际化是一种"非故意后果（unintended conseQuence）"的提法，参见赵柯. 货币国际化的政治逻辑 [J]. 世界经济与政治, 2012（5）: 120—141.

③贾宁. 日元和马克的国际化比较及其启示 [J]. 中国货币市场, 2010（1）: 20—25.

贸易结算货币的地位超过德国在全球贸易中的地位。据德意志联邦银行估计，1994年年末境外流通的马克现钞占流通总量的30%—40%；1998年全球外汇市场交易中马克所占比重为15.1%，接近日元和英镑的总和。此外，马克作为官方外汇市场干预货币的地位也较为突出，马克是美联储干预外汇市场的最主要货币，20世纪七八十年代，一直保持在50%以上；在欧洲货币体系的外汇市场干预中，马克的比重明显上升，这种地区性差异也反映出马克的国际化具有一定的地区性色彩。1970年，马克在全球外汇储备中约占2%，1975年上升至10.8%，1989年达到历史最高水平17.8%，至欧元诞生前的1998年马克以13.8%的比重位居美元之后，是日元的两倍多。除被官方部门作为储备资产外，马克还被私人部门作为价值储藏手段。20世纪80年代欧洲马克存款占欧洲货币存款总量的比重交替上升，至1990年达到11.9%，远高于日元；1985—1996年欧洲债券市场以马克计价发行的比例年均为11.5%。因此，无论从贸易的计价结算货币、外汇市场交易和干预货币、官方外汇储备来看，马克的国际地位都仅次于当时的美元。一直到20世纪80年代中期，德国都保持着严格的资本控制，通过各种的管制措施和税收政策，阻碍德国金融市场的外部联系，德国的债券和股票市场的发展受限，国内金融工具非常有限，然而这并没有阻止马克的国际化步伐，一直到1999年德国马克被欧元取代，欧元很快就成为仅次于美元的全球第二大流通货币和储备货币。

最后，日元的国际化。日元的国际化之路真不平坦，无论是从最初的被动国际化到亚洲金融危机之后的主动国际化，日元国际化的成效显然都不如马克，导致日元始终无法超越马克（欧元）的国际地位。日本在第二次世界大战结束后的经济重建初期由于外汇短缺，采取了严厉的外汇管制措施，当时的日元是不可兑换货币。1958年12月，英国、法国、联邦德国、荷兰、意大利、瑞士等西欧国家缔结了恢复货币可兑换的措施，促使日本加快日元自由兑换的步伐。1960年7月，日本实行"自由日元账户"政策，即允许非居民在日本的外汇银行开立可以自由兑换、自由转账的账户，这被认为是日元国际化的启动，其实目的是为了解决外汇短缺的问题。①当非居民向日本出口时，可用日元结算，这样就可以节省日本的外汇储备；同时日本政府向进口日本设备的外国企业提供优惠的日元出口信贷。日本实行上述措施的目的是通过促进日元成为对外贸易的计价结算货币，减少外汇储备的使用和降低汇率风险。1964年4月，日元实现了经常项目的可兑换，由于日本已先实行了"自由日元账户"，非居民已经持有了自由日元，这意味着非居民在经常账户下也可以自由兑换货币。1973年2月日本实行浮动汇率制度，并逐步放松资本项目管制。由于日本实施贸易立国，日本的出口贸易在世界经济中的比重日益增大，日本贸易收支开始出现顺差，且幅度越来越大，把出口贸易由美元结算改为日元结算，就成了日元国际化的最初动因。1970—1980年，在日本的出、进口额中，按日元结算的比重分别由0.9%和0.3%，提高到了29.4%和2.4%，②1980年日本出口中以日元计价金额占比达到17.5%。1974年，日元成为国际货币基金组织特别提款权"一篮子"货币之一，日元在当时的SDR中占比为7.5%，日元也逐渐成为国际储备资产货币，尼日利亚、沙特阿拉伯、马来西亚等国开始将日元作为外汇储备资产。③1979年随着日本金融市场自由化开闸，日元国际化开始加速。1980年，日本修订《外汇法》。1984年，当时的美国里根政府向日本施加压力，成立了日元—美元委员会，在谈判过程中，美国不断施压要求日元升值，要求日本开放东京金融市场，增加美国金融机构的参与程度，要求日本进行金融自由化改革，并推行日元国际化。最终达成"日元—美元"协定，1984年5月，大藏省发布《日美日元美元委员会报告》，提出为促进金融自由化和日元国际化应采取国内金融市场自由化、改善外国金融机构的市场准入、欧洲日元市场自由化等三项措施。20世纪80年代中期以后，日本贸易连年出现巨额顺差，与此同时，

①1956年日本的外汇储备从15亿美元降至1957年的5亿美元，为了渡过国际收支恶化的难关，日本向国际货币基金组织申请了1.25亿美元的贷款。1953、1957、1961、1963及1967年，日本国际收支均为逆差。

②刘昌黎.日元国际化的发展及其政策课题［J］.世界经济研究，2002（4）：65—70.

③张继军，孙伯银，刘晓兵.日元的国际化历程与启示［J］.农村金融研究，2009（10）14—18.

美国的国际收支逆差越来越大，日本逐步取代了美国成为世界最大的贷款国和债权国。1985年，大藏省发布《金融自由化以及日元国际化的现状和展望》报告，宣布开启日元国际化进程，陆续出台了一系列政策，包括1986年12月建立的东京离岸金融市场、开放境外金融市场、取消外资流出的限制及放宽外资流入限额；对外国人在日本发行日元债券和发放日元贷款、非居民间的"欧洲日元"交易采取一系列自由化措施；允许日本企业到境外融资，支持提供日元进口信贷，取消资本项目管制；逐渐放宽欧洲日元债券的发行条件限制；加强对东京国际金融中心的建设，创立东京金融期货交易所等。在各项政策刺激下，日本利用资金雄厚的优势，开始向包括中国在内的亚洲国家大量进行日元贷款和直接投资。通过这些日元贷款、直接投资和对外援助，日元在亚洲国家实现了一定程度的国际化，进而日元在国际结算、国际储备、国际投资与信贷以及国际市场干预方面的作用全面提升。尤其是随着日本对外直接投资的大幅增长，日元在国际投资中的使用上升很快。1990年日本38%的出口和14.5%的进口以日元计价，日元占世界外汇交易的14%，世界外汇储备的9%。至此，日元成为仅次于美元和德国马克的第三大国际货币，形成美元、马克、日元三足鼎立的格局。但随着日本泡沫经济的崩溃，经济发展陷入了长期的停滞，日本经济的国际化和金融国际化也遭受挫折，1992年以后，日元国际化出现了停滞和倒退的局面，日元在国际金融市场上的地位也一落千丈。[①]1997年爆发的亚洲金融危机，使日本政府对金融自由化和日元国际化的态度与以前相比发生了根本性的变化，从过去的被动接受进而转向大力推动，并研究提出了推进日元国际化的整套政策方案，开始大力推动日元国际化。在战略上，由过去的注重发挥日元国际化的功能性转向区域化发展，以推动东亚区域货币合作，实施日元亚洲化战略；同时加强国内金融和资本市场基础，完善日元国际化的基础条件。但事与愿违，推动结果并没有像日本政府所期望的那样，日元国际化水平不仅没有上升，反而出现下降趋势。到了

---

① 葛艺豪.人民币国际化的历史审视 [J].金融市场研究，2013（8）：148—154.

2010年，日元在全球官方外汇储备中的占比下降至3%，日元在全球外汇交易中的占比也下降至9%，日本进出口中以日元计价的比重也大幅下降，在欧洲债券市场的份额从1990年的13%急剧下跌至2002年的4%左右。根据BIS的统计，国际债券市场以日元计价的发行额比重自1996年的16.2%连年下降到2008年的3.3%。从以上有关数据可以看出，日元的国际地位一度超过英镑成为仅次于美元、欧元的第三大国际货币，后来由于经济长期停滞又被英镑反超，近年来其地位又超过了英镑，在国际货币体系中始终处于第三或第四的地位。

从上述的分析我们看到，英镑、美元、马克、日元对本国货币的国际化在刚开始时并不十分热衷，这些国家更关注的是本国经济发展的其他方面，英国当时根本就没有制定什么英镑国际化的目标，一心只想着发展工业和推动国际贸易、扩张殖民地，若没有两次世界大战，英镑地位的衰弱也不会那么快，美元国际地位的建立可能需要更长的时间，马克和日元的国际化则更像是副产品，德国更加注重币值的稳定和区域经济一体化的发展，日本更加注重的是节约外汇储备、拓展国际贸易和国际投资。这表明，一种货币从国内货币成为国际货币本质上是一个国家综合实力的体现，是一国经济贸易金融发展到相应阶段的必然结果，而不是单靠人为推动的。而我国人民币国际化明显带有主观政策推动的痕迹，是在仍存在资本管制、资本市场也未完全开放、汇率是在有管理的浮动汇率制度下启动的，同时采取"离岸市场+清算行"的模式，至今人民币还是不可自由兑换的货币，因此我国的人民币国际化之路注定走的是一条完全不同于现代货币国际化的道路，这是由我国经济发展模式和道路所决定的，对于上述货币国际化的成功经验和做法我们可以借鉴吸收，但不能完全照搬照抄，要结合我国的具体国情来规划我国的货币国际化之路。

二、四大货币国际化的经验及启示

（一）英镑的成功经验

事实上英国并未主动地追求英镑的国际货币地位，英镑国际地位的确立是英国政治、经济，甚至文化影响力发展的自然结果，但是英镑的衰弱却是在英国自然优势丧失后人为的结果。

　　首先，英镑的成功归功于英国当时拥有先进的工业技术并成为世界工厂。英国的工业革命以棉纺织业的技术革新为契机，不仅表现为经济的加速增长，也加速了一场深刻的经济、社会转型。近代早期，海外扩张与对外贸易的发展为英国商品打开了市场，随工业革命而来的生产力飞跃反过来又刺激了这一市场的成长。18世纪末以来，英国的工业品出口额逐年增长，1815—1860年，工业革命最重要的棉织品货值、煤炭出口值和钢铁产值分别从206万英镑、1万英镑和11万英镑增至520万英镑、34万英镑和136万英镑。显然，从增长率角度来看，棉纺织品的主导地位自19世纪下半叶开始逐渐被钢铁、铁路等资本货物赶超，这标志着英国进入了全面工业化的时期，现代化的技术与组织结构开始渗透到各行各业，一个以"小店主国家"闻名的国度逐渐转型为当之无愧的"世界工厂"。1850年，英国生产的金属制品、棉织品、铁产量占世界总产量的一半，煤产量占世界的2/3，造船业、铁路修筑更是居世界首位；1860年，英国的工业品产出占世界工业品的40%—50%。[1]1880年随着美、德等国的赶超，英国制造业产值占世界制造业产值的比重有所下降，但仍以22.9%的水平位居世界第一。[2]19世纪下半叶英国的制造业世界比重开始下降以后，服务贸易的繁荣发展继续为确立英镑在国际支付体系中的核心地位起到了关键作用，航运、保险、海外投资红利等收益开始蒸蒸日上。以航运业为例，英国航运业在1890年前后达到极盛，外贸进出口总吨数的3/4都由英国船只运送，1913年英国航运业收入达9400万英镑，占世界航运总收入的一半。自19世纪70年代以来，英国海外投资净收益占国民生产总值的比重持续增加，1870—1874年约为3.48%，1890—1894年上升至5.98%，1910—1914年更达到7.15%。因此，发达的工业制造水平造就了英国在国际贸易中的强大竞争力，英镑

---

①杨玲.英镑国际化的历程与历史经验［J］.南京政治学院学报，2017（2）：72—78.
②杨玲.英镑国际化的历程与历史经验［J］.南京政治学院学报，2017（2）：72—78.

也随着英国产品的出口走向世界，强大的经济实力是英镑国际化的重要保障，它不仅在实际操作层面上推广了英镑的使用，也是奠定英镑价值的物质基础。人们对货币的认可说到底是一种信心，这种信心在生产与消费持续繁荣、就业扩大、生活水平日益提高等切实可见的环境下自然会得到巩固，相反，如果一味鼓吹而缺少实际的物质保证，这种信心就会像泡沫，在一阵虚假的繁荣后破灭。

其次，英镑的成功还应当归功于自由贸易主义的推行和被广泛接受和效法。工业革命前，英国政府根据重商主义原则，在维护土地贵族利益的前提下，长期实施限制进口、支持出口的保护关税政策。英国的经济自由理论，可追溯到亚当·斯密和大卫·李嘉图等人的学说。1819年，李嘉图成为议员，在英国下院宣传自由放任主义。1838年理查德·科布登和约翰·布赖特创建了"反谷物法同盟"，反对农业保护关税，呼吁实行自由贸易，废除损害工业资产阶级的"谷物法"。1846年5月，自1689年以来实行的"谷物法"被废除。1849年英国废除了《航海条例》，不再坚持用英国船只运送货物的限制。1853年又取消了沿海贸易限制，使外国船只与英国船只享有同等的待遇。同年，英国政府的预算法案中取消了123种货物的进口税，降低了另外133种货物的进口税，并规定半成品和原料都免税进口，即使工业品的进口税也不超过10%，至此英国正式确立了自由贸易原则。19世纪中叶英国经济政策向自由主义的转向既是英国经济优势确立的结果，反过来也推动了英国经济发展，进一步巩固了英国经济的领先地位。与此同时，通过直接统治或"非正式帝国"的控制手段，英国将许多殖民地、半殖民地卷入世界经济体系中，伦敦崛起成为世界的资本中心，及至19世纪末，超过一半的国际贸易都使用英镑进行交易，英镑对世界的"占领"始终离不开贸易这股强大力量的推动。① 此后，英国凭借其强大的经济实力和当时独一无二的工业地位，在世界各地大力推行自由贸易政策。在英国霸权统治期间，从总体来看，法国、美国、德国、意大利等主要资本主义经济强国基本都

---

① 杨玲.英镑国际化的历程与历史经验［J］.南京政治学院学报，2017（2）：72—78.

未对霸权国进行明显的挑战，比较倾向自由主义。在政治上，各国都先后建立了资本主义的政治制度，尤其是法国和美国，建立了资本主义民主制度。在经济上，在英国的努力下，各国也相继采取了不同程度的自由贸易政策。正是这个原因，建立在国际金本位制基础上的国际货币体系的稳定才能得以长期实现和维持。

再次，海上霸权及殖民地的建立促进了英镑的全球流通。强大海权支撑下的国家安全为英镑的稳定性注入了信心。光荣革命后，英国尽管相继卷入九年战争、西班牙王位继承战争、七年战争，但这些战争与其说对英国国家安全构成了威胁，不如说是英国建立海上霸权所必经的一次次洗礼，英国皇家海军得到迅速发展，海外殖民范围不断扩大，遍及全球的战略基地链更是使英国人掌握了锁住地球的"钥匙"。强大的海上力量与岛国的天然地缘优势为英国国家安全提供了有力保障，这点在与欧洲大陆其他国家的对比下显得尤为突出（杨玲，2017）。正是英国对强大海权的不懈追求，对英镑的国际化进程产生了直接影响，如英国在海洋争霸中连续击败荷兰和法国，英镑才在19世纪中后期得以取代荷兰盾和法郎，成为当时唯一的国际货币。以海洋霸权为依托的经济实力、国家安全和殖民帝国，分别构成英镑信誉的经济、政治基础和示范性推动力。英镑的国际化正是以英国海洋霸权的建立和稳固为根本。①英国在海上强有力的存在本身就是对英镑价值的支撑，如果说与黄金挂钩是从经济层面确保了英镑的稳定，那么强大的海权就是从军事、政治层面为英镑价值提供了可靠保障，从根本上保证了英镑在国际货币体系中的地位。

最后，国债、税收制度的完善和发展为英镑的国际信用和金融中心的形成提供了保证。任何货币的国际地位的树立都离不开发达的金融市场的支持。伦敦的金融市场随着英法战争早期政府的庞大融资需求蓬勃发展起来，1695年，皇家交易所就已买卖公债以及东印度公司和英格兰银行的股票。到18世纪后半期，伦敦的资本市场开始超越阿姆斯特丹的资本市场，确立其支配地位。伦敦金融市场的繁荣，扩大和深化了政府债务市场，英

---

①李云帆.英镑国际化背后的海洋霸权［J］.福建论坛，2011（10）：35—36.

国政府发行的债券越来越受外国投资者欢迎，其融资成本也大大降低，较低的利息负担使得英国可以筹到更多的资金用于本国的发展。1844年的《英格兰银行条例》赋予了英格兰银行基本垄断货币发行的权利；1872年，英格兰银行开始对其他银行负起在困难时提供资金支持即"最后贷款人"的责任，成为世界上第一个真正意义上的中央银行。英国政府通过英格兰银行能够在发生金融危机或恐慌时迅速向有困难的金融机构提供清偿手段，维护英国金融和经济体系的稳定；并能有效地调节国内货币流通与信用活动，支持经济的高速发展。高度发达的财政金融体系使得英国掌握了充足的资本，并保证了稳定的资金来源渠道。自19世纪20年代起，伦敦金融市场越来越受到青睐，投资英国国债或发行以英镑计价的债券日趋活跃，英镑随之成为国际资本市场上的重要交易工具。英镑崛起为国际货币的过程与伦敦金融中心地位的加强相辅相成，而这一切都离不开英国国债所奠定的信心基础。[1]

（二）美元的成功经验

二战以后美元会取代英镑成为最重要的国际货币，原因如下：

第一，是由其经济规模决定的。[2]早在1870年，美国的经济总量就已经十分接近英国，此后很快超过英国。1913年，美国经济总量占全球的比例达到19.1%，而英国只占8.3%。但在1870—1913年，国际货币仍然以英镑为主导，美元的地位并不显著。随后美国的经济实力继续不断得到加强。第一次世界大战使得欧洲政局动荡，大量资金和技术流向美国，这给美国国内经济的发展注入了大量的新鲜血液。第二次世界大战期间，美国远离战场，不仅经济上未受影响，相反它还成为同盟国的供给基地，大发战争之财。在二战期间，各参战国陆续到美国发债募集资金，国际上对美元的需求量不断扩大。由此，以英镑计价的国际储备迅速下降，美元则更多地成为国际储备货币，迅速崛起的美元可以与黄金媲美。1950年美国经济规模为英国的4.18倍、德国的5.48倍，占全球经济总量的比例达到

①杨玲.英镑国际化的历程与历史经验［J］.南京政治学院学报，2017（2）：72—78.
②翁东玲.货币国际竞争与人民币国际化［J］.发展研究，2012（6）：85—91.

27.3%。①美国的人均GDP也是全球第一。

第二，与其金融市场的深度发展是分不开的。尽管美国的经济规模在19世纪末已经超过英国居世界首位，但其在金融市场的发展远不如英国。一直到大萧条发生的1929年，伦敦和纽约的国际金融中心地位仍然不相上下，甚至伦敦的国际金融市场比纽约还有一定的优势。大萧条发生到二战以后，国际金融市场的格局发生了重大调整。美国在国债余额、股票发行额、黄金和外汇储备方面都远远超过了英国，纽约超过伦敦成为最主要的国际金融中心。在银行业方面，美国的银行发展速度飞快，大银行无论在资产规模还是发展速度上，都大大超过了英国的大银行，其他国家的银行更无法和美国相比。到了20世纪中叶，美国金融业和金融市场的发展已经全面超过了包括英国在内的其他国家，这为美元成为主导性国际货币提供了雄厚的金融市场基础。

第三，美元获得的便利性和美元汇率的稳定升值趋势也为美元本位提供了很重要的支撑。只有币值稳定坚挺和可自由兑换的货币才有可能被市场广为接受。美元和英镑一样，都是可自由兑换的货币，美元兑英镑的汇率自20世纪30年代以来逐年攀升，从19世纪到20世纪30年代，美元与英镑的汇率大约在1美元兑0.2—0.27英镑，到1950年升至0.36英镑，1972年后再升至0.4英镑以上。美元对法郎的比价关系同样如此，升值势头更加强劲。欧洲美元市场的出现，使国外投资者可以很方便地进行美元交易，更是提升了美元的国际地位。因此伴随着英镑的不断贬值，英镑的国际货币地位在第一次世界大战以后也逐年下降；而随着美元的不断升值，美元逐渐演变成为最主要的国际货币，其国际化程度渐渐地超过了英镑。

第四，美国的国际贸易和对外投资规模也起着重要的作用。美国的出口规模从19世纪中后期起，就持续较快增加，且一直保持贸易顺差约达百年以上的时间。到20世纪，美国逐步替代英国成为全球最大的国际贸易国和资本输出国。1948年美国的商品出口占世界总出口额的21.8%，而进口

---

①韩文秀.国际货币的支撑要素——国家货币演变为国际货币的历史考察［J］.宏观经济研究，2009（3）：19—25.

占世界的11.3%，为美元的国际货币地位奠定了强有力的贸易基础。从19世纪末期开始美国成为资本输出国，美元开始大量输出到世界各地。尤其是两次世界大战增强了美国资本输出国的地位。二战以后美国对日本、西欧的经济援助以及大量的对外直接投资等也多数都是用美元进行，美元的国际货币地位因此得到不断提升和巩固。

第五，国家意志和经济外交促成了"布雷顿森林协定"的签署。由于西方几个大国的整体经济实力都受到战争的影响而大幅下降，唯独美国基本保存了经济实力，因此二战以后，美国凭借强大的经济实力和具有相当深度、广度和开放度的金融市场，美元自然成为世界金融市场上的强势货币。美国为了获得对全球经济的主导权和控制权，积极同英国等国进行协商谈判，从维护其国家利益的角度相继提出了"盟国间平准基金"计划、"怀特计划"，并通过经济外交斗争和合作，最终使英国不断退缩、让步、屈从。争执的结果是英国大幅度让步，签署了《国际货币基金协定》和《国际复兴开发银行协定》，总称"布雷顿森林协定"，确立了以美元为中心的国际货币体系，以美元为主导的布雷顿森林体系确立，美元从此获得了国际货币的合法地位。美国终于凭着国家意志和经济外交与其他国家签署了"布雷顿森林协定"，赋予了美元特殊的国际地位。从此，因着美元的这一特殊地位，美国不仅获得了巨大的铸币税和通货膨胀税收入，还在全球确立了其经济霸主的地位。马歇尔计划和石油美元计划都强化了美元作为国际主导货币或本位货币的地位。

布雷顿森林体系瓦解后，美元的国际地位并未发生根本性动摇。货币使用的惯性优势和出于维护国家利益的需要，美国处处维护着美元的国际地位。但随着英国、法国、德国和日本的经济在战后的迅速恢复和发展，猛烈冲击着美元的本位地位。1973年，美国、日本、德国的GDP分别占全球的22%、7.7%和5.9%，德国马克和日元也开始有了一定的资本与美元抗争。渐渐地，在国际货币格局中除了美元外，德国马克、法国法郎、英镑和日元等都占有一定的位置，这就在一定程度上挤占了部分的美元份额。但这些都是不同国家的主权货币，因此还没有任何一种货币能够对美元的全球霸权形成实质性的冲击。一直到欧元问世前，美元仍然在国际储备货币中约占有71%的全球份额。

美元成为国际化货币有其特殊的国际背景，它实际上是在二战中崛起的国际货币。其国际化的过程依赖的是一个全球性的汇率制度安排，它通过"合法"的程序——"布雷顿森林协定"顺理成章地成为唯一的国际计价单位和与黄金地位相同的国际储备货币。20世纪70年代布雷顿森林体系解体后，美元仍依赖其强大的国际政治经济实力继续充当着国际货币的角色（翁东玲，2012）。

（三）马克和欧元的成功经验

在马克被欧元代替退出流通前，马克已成为仅次于美元的国际主要货币，其国际地位明显超过了日元。究其原因，币值稳定和欧洲经济货币一体化是两个重要因素。德国中央银行曾指出马克的国际化"不能归因于德国的国际收支地位不断提高，这方面日本超过德国，也不能归因于与国际政治相关的因素，这方面西方首领国的美元才具有这种重要性。德国马克的重要性首先应归因于其内在价值的稳定性，即用德国马克兑换其他货币一般不会带来损失，甚或可带来名义收益"。出于对历史上高通胀破坏经济增长的恐惧和痛恨，1948年6月币制改革后，德国中央银行一直以稳定币值作为货币政策首要目标。特别是1975年以来通过制订和公布货币供应量增长指标来实现这一目标。这种反通货膨胀的货币政策，也因德国中央银行在法律上具有较大的独立性而获得了制度保障并取得了较好的效果。德国中央银行根据经常项目和资本跨境流动状况动态调整对资本项目的管制措施，并主动允许马克升值，保证了货币政策的独立性和有效性，成功实现了长期低通胀。1950—1994年，德国月均通胀率仅为2.89%，而同期日本的通胀水平为4.70%。由于马克对内价值长期保持稳定，对外价值逐步上升，使马克成为名副其实的硬通货，从而推动了马克的国际化。

"格拉斯曼法则"和"麦金农假说"均认为，发达国家出口贸易多以本币计价，德国较日本更符合这种情况。李晓的研究[1]表明，日元之所以在本国进出口贸易中难以取得计价货币的优势，主要与日本对外贸易的产

---

①李晓. 日元国际化的困境及其战略调整［J］. 世界经济，2015（6）：3—18.

品和区域结构有关，出口市场主要集中在美国和属于美元区的东亚，而进口产品半数为以美元定价的原材料、燃料等初级产品。反观德国，对外贸易主要集中在欧洲。1991—2001年，德国出口和进口市场的欧洲比重，年均分别高达72.9%和70.4%。由于德国与欧洲国家具有紧密的贸易关系，同时作为本地区第一大经济体，马克在本国对外贸易中顺其自然地取得了计价货币的优势。更为重要的是德国在欧洲经济货币一体化进程中扮演着重要角色。1979年3月欧洲货币体系正式建立，其他成员国的货币与马克挂钩，马克成为这些国家事实上的"名义锚"，同时被EMS作为干预外汇市场的主要货币。依靠区域内国家集体的政策约束和制度安排，减轻了马克国际化对德国的外部冲击，从而进一步提升了马克的国际货币地位。而日本在相当长一段时期内，忽视促进日元稳定的地域经济基础和金融环境，在缺乏区域货币合作的情况下面对美元和马克的双重竞争与压力，单凭放松资本管制和实现国内金融自由化直接推进日元国际化的难度可想而知。[①]

欧元是世界货币史上第一个既不依赖黄金又不依赖单一国家主权的国际区域货币，欧元的出现是一种全新的国际经济与政治现象，它是特定力量交互作用的结果。欧元是在以让渡货币主权、放弃独立自主的货币政策、采用趋同的财政政策为条件形成区域共同体基础上，以相近的文化背景为纽带，以马克为核心货币最终走向国际化道路的。[②]欧元的诞生更多是欧洲国家间政治联盟的产物，欧元建立的核心动因，即通过创立统一的强势货币和强大的区域货币体系，减少欧元区内部贸易交易成本，使其使用更加便捷，这是能使欧元区所有国家受益的，是它们的共同利益所在，也是欧元存续至今的一个重要原因。在经历了2008年金融危机、2009年欧债危机、2018年英国脱欧等多番"洗礼"之后，欧元仍然未被"击垮"，甚至获得更多欢迎，其在国际市场的影响力和国际地位仍然得以保持。目前，欧元区扩展至19个成员国，覆盖3.4亿人口，欧元在国际支付中所占

①贾宁.日元和马克的国际化比较及其启示［J］.中国货币市场，2010（1）：20—25.
②杨虹.对人民币国际化的思考——基于美元、日元、欧元国际化的比较［J］.南京审计学院学报，2010（3）：24—31.

份额约36%，占所有央行外汇储备总额的20%，成为全球第二大流通货币和第二大储备货币。对此，哈佛大学经济学教授、曾担任里根时期总统经济顾问委员会主席的马丁·费尔德斯坦做了很好的解释：一是支持欧元的政治精英相信，欧元给了欧元区在国际事务中一个重要地位。如果没有欧元，单个欧元区成员国是不可能享有这样的地位。二是德国企业界会支持用本国税收维系欧元的做法，因为他们意识到德国受益于固定汇率制度，在这种制度安排下，欧元区的其他成员国无法通过贬值本币同德国展开竞争。三是投资者需要欧元来分散美元的风险。在希腊危机开始前，投资者就开始悄悄地将资金分散到欧元资产中去。四是大家终将认识到周边国家的问题并非欧元的问题。其中最为核心的是第二条：德国对欧元的支持。欧元之所以能够避免崩溃的命运，关键在于德国。许多观察家在预测欧元前途的时候都会提到，德国的支持是欧元能够继续存在的有力支撑。实际上，欧元是德国马克的"升级版"，它让德国享有比在马克时代更多的经济利益和更大的特权。欧元存在本身就是德国核心的国家利益，德国为保卫欧元所愿付出的代价要超出很多经济学家的想象。

（四）日元的成功经验

日元在短短不到十年时间内，曾一度超过英镑，成为仅次于美元、马克的第三大国际货币，后来由于经济长期停滞又被英镑反超，近年来其地位又超过了英镑，在国际货币体系中始终处于第三或第四的地位。但有一些研究表明日元的国际化是失败的，我们认为日元的国际化其实不能算是失败的，若说失败应该是跟马克相比，它的国际化程度的确不如马克，但若跟法国法郎、澳大利亚澳币、意大利里拉等相比，应该算是成功的。日元真正的国际化始于20世纪80年代初期，日本通过放松金融管制和资本账户开放来推动日元国际化，当时这是一种被动的行为，是在美国政府的高压下进行的。当时的美国对日本贸易逆差严重，美国已成为世界最大的债务国，而日本经济崛起，国际地位和影响力大增，成为美国经济的有力对手。为了抑制日本的崛起，当时的美国里根政府向日本施加压力，于1984年成立了日元—美元委员会，在日元—美元委员会的谈判过程中，美国不断向日本政府施压，要求日元升值和日本开放东京金融市场，增加美国金融机构的参与程度，要求日本进行金融自由化改革，并推行日元国际化。当时日本政治和军事实际上不独立，处在美国的控制之下；经济对外依赖比较重，受日元汇率和美国市场需求影响较大，金融体系和资本市场高度封闭、落后和脆弱，与欧美发达国家相差甚远。"广场协议"后日元进一步升值，日本政府为了保护日本金融机构，采取"隔离"式的金融自由化促进日元在国际金融领域的国际化，而日本银行也希望在保留政府对其保护的前提下进行去管制化改革，为其跟随日本企业拓展海外市场和证券业务开通道路。因此，日本仍旧保留着各种金融管制，对国内贷款施加很多限制，在并没有实质性推行金融改革的前提下，就开放了资本账户。1979年，日本政府宣布解除外汇管制。1984年，日本解除对非居民兑换日元的限制，日元成为可自由兑换的货币。这时候出台的具体的日元国际化的措施主要是发展、完善包括外汇管理自由化在内的金融、资本市场。在日本国内还保存着"窗口指导"等管制措施的情况下，新成立的日元离岸市场（JOM）获取日元资金又非常容易，因此大量的日本资金经由日本公开市场向在中国香港的海外分行转移并返流至国内分行，满足国内非银行顾客的日元资金需求，形成了日元的国际迂回流动。①离岸和在岸巨大的金融管制差别导致大型金融机构将离岸市场作为逃避监管、资金迂回的渠道，日元离岸市场成为国内金融机构逃避国内金融监管的新渠道，而不是真正促进日元成为国际投资货币，也并未用于促进对亚洲各地企业的贸易和投资活动，即对日元国际化并没有起到积极的作用。政府担心日元国际化将对国内金融体系和金融市场造成过大的负面冲击，因而在推进日元国际化的有关政策措施时，以推动欧洲日元交易自由化为主，走单一、功能性的货币国际化道路，竭力限定日元国际化的内外分割，以隔离日元国际化对国内金融体系和金融市场的负面影响，结果造成国内政策为日元国际化和日元升值所绑架。为缓解日元升值压力，日本政府采取极度宽松的货币政策，却导致泡沫经济失控，犯下又一个重大政策失误。同时，国内金融市

---

①殷剑峰. 人民币国际化："贸易结算+离岸市场"，还是"资本输出+跨国企业"？［J］.
国际经济评论，2011（4）：53—68.

场的改革或自由化进程缓慢，欧洲日元债券市场增长缓慢，也未能带动日元国际化程度的提高。①20世纪80年代，日元国际化的有利条件较多，但日本政府的日元国际化战略和策略以实现日元作为国际货币的部分功能为目标，却背离了周边化、区域化的发展路径，加之日本作为美国附庸的政治经济地位，使得日元国际化没有获得亚洲国家和地区的信任与支持，造成日元没有能像德国马克那样成为地区主导货币。

　　亚洲金融危机以后，日本再次将目光投向了日元国际化，这次是日本主动推动的日元国际化。因为日本认识到：亚洲货币危机究其原因，可以说是亚洲各国经济关系与货币的不协调，由此产生了对美元的过分依赖，造成出口竞争力衰退，投机资金涌入，最终引发货币危机。那么要使亚洲经济稳定，就必须消除亚洲地区过度依赖美元的现状，要有另一种货币来取代美元的地位，这就要先促使日元国际化。日元国际化不仅对日本有益，而且也有利于整个亚洲的经济稳定。②因此，亚洲金融危机爆发后，日本政府总结经验教训，开始调整日元国际化战略，试图建立以日元为中心的亚洲货币区，但日元国际化的有利条件不再，不利条件却增多，包括日本历经"失去的十年"，国际地位和影响力大幅下降，日元国际化的基础进一步弱化；同时中国经济崛起，已成为东亚地区的重要力量，人民币开始了国际化的进程，中国也想在东亚地区合作中获得更大的主导权；1997年亚洲金融危机爆发后，日本放任日元大幅贬值的不负责任做法，失去了亚洲国家和地区对日本的信任；日本与亚洲国家之间的历史问题没有和解；日本政治经济不能自主，亚洲金融危机以后，日本政府提出了建立亚洲货币互换系统、亚洲货币基金以及亚洲篮子货币等诸多设想，都因美国和IMF的强烈反对而流产。在诸多不利因素下，日元的主动国际化战略最终未能取得明显成效（张继军、孙伯银、刘晓兵，2009），使日元的国际化水平始终无法超越80年代末期第一次被动国际化时期的水平。

---

①张继军，孙伯银，刘晓兵.日元的国际化历程与启示［J］.农村金融研究，2009（10）：14—18.

②中条诚一.日元的国际化［J］.郑甘澌，译.经济资料译丛，2002（2）.

（五）四大国际货币的国际化之路的启示

通过以上几种主要国际货币的形成过程及其所占据的国际地位的分析比较，可以归纳总结出以下几点启示。

第一，一国的综合经济实力是货币国际化的决定因素。这个综合经济实力包括一国的经济规模、贸易规模和金融市场的发展。国家的综合经济实力越强，货币的国际地位就越高。国际货币竞争的实践表明，经济总量与对外贸易额是首先要具备的条件。从美元与英镑的盛衰交替就可以看到，一个国家货币要成为第一大国际货币，其经济总量和国际贸易额都要占据世界第一位，而且还要保持很长的一段时间，美国的GDP就超过英国70多年之后才正式成为最重要的国际货币。美国的出口规模从19世纪中后期起，就持续较快增加，且一直保持贸易顺差达百年以上的时间。20世纪初期美国逐步替代英国成为全球最大的国际贸易国。当世界大部分国家都要与美国发生贸易时，就不得不使用和储藏美元，以备国际贸易和国际结算之需。同时，美国的金融市场也逐渐发展到了相当的广度、深度和开放度，当纽约国际金融中心超过了伦敦国际金融中心成为世界第一大金融中心时，当美国金融业和金融市场的发展已经全面超过了包括英国在内的其他国家时，美元作为主导性国际货币才拥有了雄厚的金融市场基础。自从美元被确立为国际本位货币以来的半个多世纪里，国际货币体系之所以一直保持着美元的本位地位，最基本的原因是它基本没有对手。没有一个国家或集团的政治、经济和金融实力同美国相当，也没有一种货币可以获得同美元在全球范围内竞争所必需的内部和外部经济规模。虽然20世纪70年代以来德国马克、法国法郎、英镑和日元等主权货币在一定程度上参与了国际货币的竞争，"蚕食"了部分的美元份额，但没有任何一种国际货币能够对美元的全球霸权形成实质性的冲击。欧元问世以后，美元才有了比较强劲的竞争对手，但是目前无论从经济规模、贸易规模、金融市场规模、信贷质量、流动性，还是从国际货币的历史惯性和网络外部效应来看，美元都比欧元更胜一筹。①

①宋晓玲.国际货币竞争的决定因素：理论评述［J］.西南金融，2010（10）：10—12.

第二，政治军事外交因素和政府意愿能够左右货币国际化的进程。虽然经济全球化和国家经济一体化不断得到深化，但是国家政治利益与经济利益的差别还是存在，政治因素仍然极大地影响一国的经济活动。政治军事上的强大影响力和本国的政治稳定有助于国际上保持对本国货币的信心，增加本国货币在国际上的吸引力，更有助于实现和维护本国的最大经济利益。国际核心货币的形成交替过程，表明仅凭在单一领域上的独特优势是不足以成为世界核心货币的，必须是在经济、贸易、金融、政治、军事等各领域中都具备综合的领先优势才有可能成为世界的核心货币。尤其是在一种货币扩大影响力和竞争力的初期，国家的政治、军事和外交的影响力就更为重要。如尽管早在1870年，美国的经济规模已经超过英国，但直到二战以后，英国因战争导致的政治、经济、军事综合力量的下降，部分殖民地优势的丧失和其他国际领先地位的下降，使之在综合经济实力方面远远无法与美国相抗衡，而此时美国的出口量又明显超过英国，金融市场的深度、广度和开放度都达到了前所未有的程度，美国凭借其强大的政治、军事、外交的综合力量，使"布雷顿森林协定"顺利签署，美元才正式替代了英镑，成为第一大的国际货币。从此布雷顿森林体系就为美元国际化网络系统的建立提供了必要的制度条件，从而加速了美元世界货币地位的形成和巩固，美元也成为二战后国际货币体系中的唯一霸权货币。又比如，政治因素对欧元国际地位的提升也有着非常重要的影响，欧元的产生就是由于德法两国抛弃历史恩怨，加强政治合作的结果。谁都不可否认，政治因素在欧洲统一货币过程中发挥了非常关键的作用。欧元作为竞争者出现后，随着欧元的市场份额的不断增加，欧盟成员国及其政治影响力也日益扩大，才导致美元的国际地位开始下降，使国际货币体系进入了美元与欧元双头竞争的格局。而发行国的政治稳定至少在货币跨境使用的起始阶段支撑了对该货币未来价值的信心。

在国际贸易结算中，货币使用习惯也与国家地位有密切关系。经济、政治地位高的国家，其货币往往在国际贸易中使用更频繁。此外，货币的使用还存在着地理区域范围和势力范围，国际货币竞争就是各个国家或经济体不断重新划分势力范围的过程。有时候政治因素甚至比经济因素发挥出更重要的作用。即使在经济方面逐步丧失特权，政治社会历史文化的传统因素仍然会继续发挥重要的作用。第一次世界大战以后，英国综合国力就已经下降，但英镑仍然保持着较高的国际货币地位，这与其殖民地国家大量使用英镑不无关系。此外，殖民地、战争、联盟，乃至联合倡议等因素都会促进货币竞争力的增强。纵观全球各国的经济指标，我们可以发现有一些国家在经济总量或人均GDP上都位于前列，但其货币的国际地位却与其经济地位极不相称，就是因为一些国家的政治军事以及外交地位比较低下，从而无法提升其货币的国际地位。

货币国际化在为货币发行国带来收益的同时，也会对一国经济、金融形成冲击，对货币政策造成影响。正是基于这种担心，各国政府对货币国际化采取了限制的措施。二战后的三四十年里，德国、日本、法国都不鼓励本国货币国际化，都进行资本账户控制和严格的金融管制，从而降低了其货币的市场流动性和货币吸引力，客观上加强了美元的国际支配地位。"布雷顿森林协定"的签署更是充分体现了美国的国家意愿，因此可以说政府意愿在相当大的程度上主导着货币的国际化进程。

第三，货币自身的固有特性、交易网络的外部效应和历史惯性等都能决定货币的国际化进程。货币的职能就是用于计价、交易、结算和价值储藏的手段，因此，在国际贸易与投资活动中货币被使用的范围越广，在商品交易中计价、结算的比例越高，在外国官方的储备资产和私人储备资产中占比越高，那么就说明这种货币的国际竞争力就越强，被人们普遍拥有和使用的可能性就越高。而影响货币国际使用的是货币交易的成本高低、便利性以及货币币值的稳定性，也就是一国对货币管制的宽松程度、金融市场提供的货币兑换交易的便利程度、货币发行国币值的稳定程度都会影响到一国货币在国际上的流通和使用。货币的稳定不仅可以减少国际交易中使用该货币的风险，还能够确保该种货币的储备资产不缩水。因此在国际交易中，越稳定的货币越有吸引力，就好比德国马克国际地位的形成就在非常大的程度上源于马克币值的稳定。又比如美元币值的稳定与否也深深影响了美元的地位高低。二战以后，由于美国逐步放松了资本管制，其高度发达的国内金融市场为美元的交易提供了极大的便利，由于各国的本币和美元的价值高低和交易成本不同，使用美元比使用本币不仅降低了交易成本，还能分散风险获得更高的收益，加上美国实体经济和资本市场的空前繁荣，美元也就基本保持稳中有升的态势，本币的价值储藏职能也逐渐被美元所代替。美元不仅成为国际上商品交易计价和结算中广为使用的货币，还成为外国官方机构和颇具吸引力的储备资产以及国外私人投资者便利的储藏价值工具。但20世纪90年代后半期开始，美国经常项目赤字占GDP的比率一直呈大幅攀升态势，美元的贬值压力开始显现。2000年网络科技泡沫破裂，美国实体经济增速开始放缓，失业率不断攀升，股票价格指数也连续下挫，同时国内消费和投资也连连下滑。美国联邦政府采取了降低利率并大规模发行国债的措施以刺激经济回升，导致经常项目赤字进一步快速增长，同时对外负债也快速增加。受此影响，美元从2001年起开始持续走低，而以美元计价的国际油价、金价等不断创出新高。2001年发生的"9·11事件"使国际上对美国的社会安全和政治稳定产生了巨大的疑虑，导致大量资本开始逃离美国，加速了美元的贬值趋势。2002年以后美元的持续贬值给欧元带来了提升竞争力的大好机会。欧元问世以后，美元独霸的局面被打破了，从经济规模和贸易水平上来看，欧元成为美元唯一的真正有实力的竞争对手。根据国际货币基金组织的最新统计，在欧元问世后的10余年时间里，美元的储备份额下降了10.3个百分点，而欧元的份额提高了8.7个百分点，美元失去的份额几乎全部流入了欧元。可见，为了避免美元动荡和美元贬值造成的汇率风险和储备资产缩水的风险，人们自然而然地增加了使用欧元进行国际贸易计价和结算，在价值储藏方面也增加了欧元作为储备资产，从而导致美元的国际地位有所下降。

还有许多文献都对货币使用的网络规模效应进行了研究，认为货币现行使用范围越广，越频繁，交易成本就越低，货币就越具有竞争力，这就是网络规模的外部效应。在经济主体选择交易币种的时候，关心的不仅是货币的价值和发行国的经济实力，还会考虑到货币交易网络的规模——有多少人在使用这种货币。人们使用国际货币和使用语言类似，存在相互模仿行为。一旦某种货币取得优势地位，被市场广为接受和长期使用了，这种货币的使用就容易形成惯性，即使当前使用最多的国际货币已经明显不如其他货币，人们也不愿意转换成其他货币，因为国际货币替代存在各种转换成本，除了交易成本和学习成本外，还有基于网络外部性所形成的不确定因素。如果其他人不转换到新的货币，就不能形成网络外部效应，使用新货币就要支付更多成本，就有更多的人不愿意使用新货币。在这种情况下，只有在新货币相对于现有货币有更大非网络规模优势时，新货币才能替代旧货币。因此，国际货币的转换成本导致了国际货币地位的惯性，网络外部效应又加剧了这种惯性，由此形成强烈的路径依赖。一国货币一旦确立国际媒介货币地位，具有自我强化作用，即使该国商业地位下降，其货币仍有可能继续执行国际媒介货币职能。如美国的经济总量早在1870年就已经与英国的经济总量十分接近，此后很快就超过了英国，1913年美国经济总量占全球的比例远远超过了英国，但在1870—1913年，国际货币仍以英镑为主导，美元的地位并不显著。可以说这正是英镑的历史惯性和使用的网络外部效应导致的。因此，国际货币的形成往往滞后于一国国际地位的上升。随着时间的推移和经济的发展，一国经济实力可能首先达到较高的水平、占据较大的份额，但其货币的国际地位可能却还是很低的。

第四，资本项目的开放只是货币国际化的充分条件，不是必要条件。从马克和日元国际化的初期来看，一种货币在国际地位形成的初期，与该国资本项目是否完全开放并无绝对的关系。在一国货币成为国际储备货币的初期，货币自由兑换的程度对国际储备地位有一定的影响，但不是决定性的影响。如果一国货币在国际上有大量需求，则该国只要在经常账户的支付上开放，其储备地位就会有本质性的变化。在不完全自由兑换的条件下，一种货币也能成为储备货币，甚至能成为世界重要的储备货币，马克就是一个很好的例子，我们在前面已经阐述过，德国是通过"币值稳定+资本管制"的方式逐渐使德国马克成为国际贸易结算和外汇干预和储藏货币的。二战以后，德国一直是对资本项目实行管制的，1952—1957年分三步逐渐取消了对资本流出的限制，1958年德国实现了经常项目的自由兑换，马克也成为可自由兑换货币，但仍然对资本流入进行管制，一直至1984年年末德国才完全取消了资本流入的限制，实现了资本项目的可自由兑换。对资本流入的管制反映出德国政府限制马克国际化的立场，即马克的国际化应当在保持国内物价稳定和维护金融安全等目标的基础上进行。二战结束后德国马克和日元国际化的初始条件基本相同，但是马克在全球官方外汇储备中的份额从1973年的不到2%稳步上升到欧元诞生前夕（2002年）的13%左右；而日元份额则是从1991年高峰时期的8.5%下降到2013年的3.9%。德国马克的国际化之所以比日元成功，关键在于两者国际化的路径不同。马克走了一条"工业型"的国际化道路：德国以强大的工业竞争力为核心打造了一个全球产业链和相关生产要素的交易与分配网络，在这个网络里，马克是绝对主导的支付清算货币。日元则走了一条"金融型"国际化道路：通过放开资本管制，日本政府积极鼓励本国和海外金融机构参与和日元相关的金融资产交易，以金融渠道对外输出日元。马克和日元国际化的历史经验表明：简单的解除资本管制并不能构成对一国货币国际化可持续、强有力的支撑，强大的工业竞争力以及在此基础之上对全球产业链和商品及要素交易网络的控制，即"工业型"的货币国际化之路，才是大国特别是后起大国更应选择的途径。[①]

　　从理论上分析，货币国际化与货币可自由兑换是两个不同的概念，但它们有紧密的联系。货币国际化是指一国货币跨出国内流通领域，在国际范围内发挥价值尺度、交易媒介和储藏手段等货币职能。货币国际化一般可以依据货币的使用范围而被称为货币周边化、货币区域化和货币全球化等。货币可自由兑换主要取决于货币发行国的政策和态度，即供给的方面。而货币国际化还取决于他国的接受和使用程度，即需求的方面。货币可自由兑换又可以分为经常项目的可自由兑换和资本项目的可自由兑换。我国在1996年12月宣布接受国际货币基金组织第八条款，实现了人民币经常项目的可自由兑换。资本项目（账户）的可自由兑换进程基本上是由一个国家的货币当局或者财政当局，根据国家的经济、贸易以及货币的接受程度来通过行政的管理逐步实现放开，而一个国家的货币国际化，则更多是一个国

---

①赵柯. 工业竞争力、资本账户开放与货币国际化——德国马克的国际化为什么比日元成功〔J〕. 世界经济与政治，2013（12）：140—160.

际市场供需驱动的过程，无论是在贸易上还是在投资上都是可以驱动的。特别是在贸易上，一个国家的贸易经济发展到一定程度，用什么货币来实现交易既有成本收益的考虑，也有便利性、安全性的考虑，应该是水到渠成的事情。本国货币是否被其他国家接纳不仅受到本国资本管制的限制还受到其他国家资本开放程度的限制，所以货币国际化和货币可自由兑换是既不相同但又是紧密联系的，可以同时推进也可以在不同时期分别推进。

货币可自由兑换尤其是资本账户的可自由兑换有时候可能成为货币国际化的障碍，但是从长期来看两者是互相促进、互相推进的过程。境外投资者持有非本币金融资产的时候不仅仅考虑金融资产收益率，还要考虑汇率风险、期限管理、流动性问题。只有当投资者接受和持有人民币资产的同时，还有各种工具能够有效规避相应的货币错配风险、人民币敞口的汇率风险以及流动性风险等，投资者才能放心地持有人民币资产。而只有人民币资本市场的逐步开放、资本项目管制的逐步放松，对人民币资产的风险管理要求才能得到基本的满足。从这个角度来说，人民币国际化发展到一定阶段自然要求资本账户的开放和资本市场的深入发展。因此要持续推进一国的货币国际化进程，就也要统筹考虑一国的资本账户的开放和资本市场的开放问题。当一国的货币国际化程度发展到一定阶段，若资本账户还是管制严格，资本市场还是封闭的，那么货币的国际化程度就不可能得到进一步的提升。当人民币国际化水平提高到一定阶段时，境外主体持有的人民币规模逐渐增加，出于逐利和规避风险的考虑，其投资境内金融市场人民币产品的需求就会日益强烈，自然就会要求开放境内市场，否则他们就会减持所持有的人民币资产，人民币国际化程度就会下降，2015年以后的人民币国际化表现就充分证明了这一点。而国内金融市场的加速开放，提高了人民币金融资产的吸引力，境外投资者对人民币金融产品的需求增加，在政策的推动下，促进了人民币金融产品的跨境交易和跨境使用，[①]从而提高人民币国际化水平。

---

① 潘功胜. 积极稳妥推进人民币国际化 做好开放中的风控_新浪财经_新浪网［EB/OL］. https：//finance. sina. com. cn/money/bank/bank_hydt/2019—07—16/doc—ihytcerm3963569. shtml.

第三章 人民币离岸市场的发展及前景

发达的离岸市场可以进一步推动本国货币国际化进程，使其在主要国际货币的竞争中赢得有利地位。国际经验表明，离岸金融市场的建立对一国货币的国际化具有重要推动作用。美元的国际化就是在境内建立国际银行便利（IBF）市场和以伦敦为基地的欧洲美元市场的发展过程中不断演进的，日元在国际化过程中，也建立了东京离岸市场。在人民币国际化初期，由于人民币仍然是不可自由兑换的货币，通过贸易结算流到境外的人民币不能够自由进入国内的资本市场，在这种情况下，流到境外的人民币可以在境外的人民币离岸市场上进行交易，境外人民币持有者可以利用离岸市场达到规避风险、获得收益的目的。境外企业也可以在这个市场上融通资金、获得需要的人民币。由于在岸人民币由中国人民银行管理，仅适用于在岸市场的参与者，而离岸人民币采用自由汇率，对所有离岸参与者开放，更显著、更及时地反映市场需求。因此人民币离岸市场的建设是弥补在岸人民币市场之不足、推动人民币国际化进程的重要途径，离岸市场在人民币国际化过程中所起的作用是不可替代的，可以说关系到人民币国际化的成败，因此本章专门对人民币离岸市场进行研究。

随着我国人民币国际化战略的不断向前推进，我国的人民币离岸市场也获得了快速的发展，从最早的开办离岸人民币存款业务开始，到跨境贸易人民币结算与离岸人民币外汇交易，再到离岸人民币贷款、离岸人民币债券和股票的发行及交易、人民币衍生品交易等，离岸人民币产品种类越来越丰富，人民币离岸市场规模也日益扩大，目前在全球形成了以中国香港离岸市场为中心，伦敦、新加坡、中国台湾、卢森堡、纽约等多个人民币离岸市场共同发展的庞大的离岸人民币交易网络。

十一年来的实践证明，离岸人民币市场是与人民币国际化协同发展、齐头并进的，一旦离岸人民币市场发展受到阻碍，人民币国际化程度也就呈现停滞和下降，离岸人民币市场蓬勃发展之时也是人民币国际化程度大幅度提升之际。那么今后人民币离岸市场的发展前景又如何呢？我们认为人民币离岸市场的发展前景还是非常值得期待的，关键在于要在人民币国际化的过程中，持续不断地让在岸市场和离岸市场相互融合、相互依托、相互促进、共同发展，那么当在岸市场完全开放后，离岸市场将因各种优势得以与在岸市场在不同的地理区域形成一个覆盖全球的、不间断交易的人民币市场，①而原人民币离岸市场与在岸市场的界限也将淡化，表现为共同参与人民币业务的各金融中心之间的关系。

第一节　人民币离岸市场发展概况

与人民币国际化进程同步，我们也把十一年来人民币离岸市场的发展过程分为同时期的三个发展阶段。

一、第一阶段（2009—2012）——香港人民币离岸市场开始发展

香港是我国最早发展起来的也是目前为止我国最大的人民币离岸市场。香港的人民币业务最早始于2004年，当时仅获准试办人民币的个人存款、汇款、兑换和信用卡业务。2005年包括零售业、饮食业、运输业在内的7个行业获准开设人民币存款账户。2006年准许香港居民开设人民币支票账户。2007年内地的一些金融机构获准在港发行人民币债券。2009年香港获准与内地的上海、广东等四个指定城市之间的跨境贸易可以用人民币进行结算，随着内地先后两次放宽跨境贸易人民币结算的地域范围，结算的业务范围也扩展到货物贸易之外的其他经常项目，香港人民币业务进入较为平稳的发展期。2010年7月中国人民银行与中国银行（香港）签订了

①乔依德，李蕊，葛佳飞. 人民币国际化：离岸市场与在岸市场的互动［J］. 国际经济评论，2014（2）：93—104.

清算协议，大大促进了香港的离岸人民币市场的发展。2011年8月，国务院颁布了一系列中央政府支持香港进一步发展、深化内地与香港合作的新政策，"十二五"规划纲要提出，支持香港成为离岸人民币业务中心和国际资产管理中心，巩固和提升香港国际金融中心地位，进一步促进了香港的人民币离岸中心的发展。2012年8月1日起，香港开始为非香港居民的个人客户提供人民币业务，同时香港交易所也放宽了"人证港币交易通"①（TSF）的覆盖范围，以便人民币计价金融产品在交易市场上的价格发现过程和流通量不受市场上的人民币现金存量的影响，因而提高了香港离岸人民币市场的效率，离岸人民币清算行——中银香港还延长了人民币支付结算系统的服务时间，以便更好地为欧美地区的客户提供人民币业务。

作为最早建立人民币离岸市场的香港，最重要的功能应该是作为离岸人民币的支付结算和清算中心。从2003年12月中国银行担任香港人民币清算行开始，到2012年年底，海外银行在香港开设超过1400个代理银行人民币账户（比2011年增加了500多个）。而参与香港人民币RTUS系统的银行（人民币业务的参加行）达到了204家，其中181家为海外银行的分支机构或内地银行的海外分支机构，形成了覆盖全球超过30多个国家和地区的人民币支付结算网络。该系统每日平均交易额增长迅速，由2010年的50亿元跃升至2012年12月的2640亿元人民币，其中进出内地的跨境交易仅占10%，剩下的90%均为离岸人民币业务，可见这一时期香港的人民币离岸支付活动在急速扩展中。经香港银行处理的人民币贸易结算金额从2010年的3692亿元增加到2014年的62583亿元，增幅超过15倍，占内地人民币贸易结算的绝大部分。

在人民币存贷款方面，据香港金融管理局统计，2010年7月香港人民币存款为1036.84亿元，占香港存款总规模的1.84%，随后迅速攀升到2011年

---

① "人证港币交易通"，即使用者用港元买入人民币，并以所得人民币购入人民币计价股份。待日后沽出这些人民币计价股份后，他们便需要把所得人民币退还 "人证港币交易通"而取回等额港元。"人证港币交易通"初期只有适度规模，并与 "人证港币交易通"将会支持的人民币证券规模挂钩。"人证港币交易通"的设立是要辅助香港的人民币股票市场，确保该市场可持续发展。

9月的6222.36亿元，占香港存款总规模的10.39%。经过了一年左右的下降趋势后于2012年9月起开始新一轮攀升，截至2012年年末，香港地区人民币客户存款余额达6030亿元人民币，较2008年年末增长了近10倍（翁东玲，2013），成为除港元和美元之外的第三大货币，经营人民币业务的存款机构达到139家。至此，香港的人民币存款已不再是静态的资金池，而是通过自由市场机制，支撑着大量不同种类的人民币金融中介活动。随着人民币存款的迅速增长，人民币贷款业务也开始启动，香港金融管理局2011年年报显示，香港人民币贷款余额由2010年年底的不足20亿元增加到2011年12月底的310亿元。2012年年底又继续增加到790亿元人民币。2012年年底香港地区约占海外人民币资产总规模（总额为12万亿元人民币）的80%。

除了人民币存贷款业务，香港还开展了人民币债券业务。自从2007年6月国家开发银行第一笔香港离岸人民币债券发行之后，随着内地和香港制订和放开相关政策和债券基础设施建设的完善，香港人民币债券的发行经历了从缓慢增长到2010年以后的快速发展阶段。离岸人民币债券主要分为"点心债"和"合成债"两类，前者是以人民币计价结算的，后者是以人民币计价美元结算的债券。合成债的规模很小，主要以点心债为主。2007—2012年的点心债发行量分别为100亿元、120亿元、160亿元、360亿元、1079亿元、1482亿元，截至2012年年底，在香港累计发行的人民币债券存量为3301亿元（翁东玲，2013）。2012年中国人民银行年报显示，2012全年境内机构赴香港发行人民币债券规模增加至529亿元，其中金融机构发债规模为240亿元，非金融机构发债规模为59亿元，财政部发债规模为230亿元。

随着政策的放宽和市场的发展，香港人民币债券市场上的发行主体和投资者亦从单一趋于多元化。发行主体从刚开始时的内地大型金融机构和财政部为主，拓展到目前的包括政策性银行（国开行与进出口银行）、国内商业银行、外资银行的中国法人银行（汇丰银行与东亚银行）、港澳公司、红筹股企业（中国重汽）、跨国公司、外国银行（澳新银行与俄罗斯外贸银行）和国际金融机构（亚洲开发银行、国际金融公司、世界银行）、内地大型非金融企业（宝钢）等。2011年至2012年上半年，约一半的新发行量来自香港发行人（包括香港本土机构及主要业务在香港的公司）。购买债券的投资者主体也从金融机构扩展到保险公司、投资基金、证券经纪人和香港本地及海外的公司，其中基金、保险、证券经纪人已占总投资者数量的48%以上。这一阶段，一些国外央行也开始认购人民币债券，将其作为本国的外汇储备。

这个阶段初期香港的点心债的发行期限以中短期为主，大都为2年期和3年期的，长期债券品种较少，随着离岸人民币债券市场的发展，后期逐渐开始发行5年及以上更长期限的债券。短期存款证的占比超过56%，这反映出发行主体对未来人民币长期走势的不确定性，购买人民币债券的投资者大都建立在人民币中短期升值预期的基础上。

除了人民币债券业务，其他的人民币证券业务也在香港开始起步。这一阶段，在香港发行的以人民币计价的股票和各类证券产品以及以人民币计价的金融衍生产品也开始陆续取得进展。这时期在香港上市交易的以人民币计价的金融产品有以下四种：房地产信托基金、交易所买卖基金、人民币货币期货、交易股本证券。房地产信托基金就是指汇贤房托。2011年4月29日，汇贤产业信托正式在香港交易所挂牌交易人民币股票，成为首只离岸市场交易的人民币股票。在离岸人民币基金方面，2010年8月，海通资产管理（香港）公司在香港发行首只金额为50亿元人民币的人民币计价公募基金，随后恒生银行、建银国际、工银亚洲、中国平安资产管理（香港）有限公司等先后发行了人民币计价公募基金。与此同时，香港本地的资产管理公司也于2010年12月发行私募人民币计价基金。2012年2月14日，首只以人民币计价的交易所买卖基金（ETF）"恒生人民币黄金ETF"在港交所上市。[①]2012年7月18日，由华夏基金发行的、规模为50亿元人民币的人民币沪深300指数ETF在港交所挂牌上市。这是全球首

---

①恒生人民币黄金ETF投资目标是提供以人民币计价、反映以美元计价的伦敦黄金定盘价所表现的投资回报。每手买卖单位数目为100个基金单位。该ETF可像股票一样在交易时段进行买卖，特点是流通性强、透明度高和高度的便捷性。恒生黄金ETF定价基准为伦敦黄金市场定盘价。由于伦敦市场金价以美元定价，该基金产品会以外汇掉期及非融资资产掉期对冲人民币兑美元的汇率变动，尽量避免人民币汇价升跌影响基金表现。

只人民币合格境外机构投资者A股ETF。随后又有三家基金管理公司易方达、南方东英、嘉实明晟也先后推出3只RQFII的A股ETF（2014年年底已有5只人民币ETF产品在香港上市，总市值超过了400亿元人民币）。2012年9月17日，全球首只美元对人民币可交收货币期货合约在港交所正式推出。①2012年10月29日，全球首只在境外上市的人民币交易股本证券在港交所登场，该只人民币交易股本证券为香港主板上市公司合和公路基建有限公司配售的人民币交易股份，是全球首只以人民币、港币同时交易的"双币双股"的交易股本证券。②2012年12月27日，法国巴黎银行发行的全球首只人民币计价的权证产品在香港成功挂牌，为人民币计价股票衍生产品翻开了新篇章。由于处于起步阶段，因此这个时期香港离岸市场上的人民币的衍生品交易与国际主要货币的衍生产品相比，规模还很小，微不足道。根据国际清算银行统计，2012年美元、欧元、英镑、日元、瑞士法郎的衍生品交易全球占比分别为33.2%、36.1%、8.1%、12.1%、1.1%，而包括人民币在内的其他币种占比不足10%。

这一时期，我国资本市场对外开放迈出了实质性的步伐，香港作为首选之地，其符合一定条件的金融机构（境外合格机构投资者）可以用人民币投资内地的资本市场。2011年12月16日，我国证监会、央行、外管局联合发布《基金管理公司、证券公司人民币合格境外机构投资者境内证券投资试点办法》，允许符合条件的基金公司、证券公司的香港子公司作为试点机构开展RQFII业务。该业务初期试点额度约人民币200亿元，试点机构投资于股票及股票类基金的资金不超过募集规模的20%，募集规模的80%的资金投资于固定收益证券，包括各类债券及固定收益类基金。合格境外机构投资人可将批准额度内的外汇结汇，用人民币投资于境内的证券市

---

①香港银行提供的人民币无本金交割远期合约（NDF）最低交易门槛通常在100万美元左右，参与者多为金融机构和大型贸易公司，而人民币货币期货每张合约价值仅10万美元，保证金不到8000元人民币。因此，与原有的NDF比较，人民币货币期货具有报价公开透明、门槛低、对手风险低和杠杆效应明显等优点，不仅适合大型银行、基金和海外公司的投资，也适合中小企业投资。

②同一只股票，可以同时使用两种币值，以两个股票号码做交易，合和公路基建就是分别用港币和人民币两种货币标价。

场。当时共有21家试点机构获批RQFII资格。2012年4月3日，中国证监会正式宣布新增RQFII额度500亿元人民币，4月5日又宣布，此次新增的500亿RQFII额度将用于发行人民币A股ETF产品，由试点机构投资于A股指数成分股并在香港交易所上市。当时获得中国证监会批准首批拿到人民币境外合格机构投资者资格的分别是华夏基金、嘉实基金、易方达基金、博时基金、南方基金、华安基金、大成基金、汇添富基金、海富通基金9家基金公司旗下的香港子公司，这些试点机构的RQFII产品获批后可以投资境内证券市场及银行间债券市场。对RQFII放开内地股市的投资，不仅意味着人民币国际化的加速，也意味着建立了资本市场渠道的人民币回流机制，标志着我国资本市场正式对境外合格机构投资者开放。虽然此时的RQFII投资额度总规模才700亿元，但毕竟为境外投资者购买A股和内地其他金融产品打开了一扇门。

这个时期除了中国香港离岸人民币市场外，中国台湾地区、英国伦敦、新加坡等市场人民币业务也渐次开展起来。我国台湾地区是较早开办人民币业务的地区。随着两岸经贸、人员往来的不断增长，自然而然带动了人民币在台湾地区的流通和使用。台湾地区的人民币业务是从人民币与新台币的兑换业务开始的。2008年6月，台湾地区通过"人民币在台湾地区管理及清算办法"，准许任何自然人每人每次兑换2万元以下的人民币，允许14家岛内金融机构、约1240家分行申办人民币兑换业务，同时允许15家百货公司和46家旅馆收兑人民币。之后的几年中，随着两岸一系列金融合作协议的签署，人民币在台湾的兑换与流通规模不断扩大。2011年7月，台湾金融主管部门制定"台湾地区银行办理人民币业务规定"，开放国际金融业务分行（OBU）及其海外分行办理人民币业务。当时规定，OBU办理人民币业务往来对象为境外的个人、法人和"台湾当局"政府机关或金融机构，包含大陆地区民众、法人、团体、其他机构及其在第三地区设立的分支机构，业务范围包括存款、授信、信用证签发、通知、押汇及进出口托收等。2012年8月31日，两岸货币管理机构签署了《海峡两岸货币清算合作备忘录》，台湾于2012年9月17日选定了台湾银行上海分行为台湾在大陆地区的货币清算行。大陆于2012年12月11日选定中国银行台

北分行为大陆在台湾的人民币清算行（清算协议的正式签署是在2013年的
1月份）。

伦敦的人民币离岸市场虽然开始得比较晚，但发展势头很猛。根据
2011年 9 月的中英发表的联合声明和2012年中英经济财金对话达成的协
议，伦敦金融城于2012年4月正式启动，成立了一个由私营机构代表组成
的工作小组，推动伦敦人民币业务的发展，出台了伦敦人民币业务中心计
划，该计划愿景是把伦敦打造为人民币国际市场的"西方中心"与香港和
其他金融中心相辅相成，此后伦敦迈向人民币离岸中心的步伐逐渐加快。
2012年上半年伦敦的人民币贸易服务业务量为22亿元人民币，信用证业务
量37亿元人民币，人民币即期外汇日均交易额17亿美元，可交割外汇互换
日均交易额31亿美元。在人民币债券发行方面，2012年4月汇丰银行在伦
敦首先发行20亿元三年期的人民币债券，其中60%被欧洲投资者所认购，
同年澳新银行发行10亿元三年期的人民币债券，也受到欧洲机构投资者和
私人银行客户的热捧。2012年还有巴西银行和建行伦敦分行也相继发行了
人民币债券。其他人民币产品还包括工行伦敦分行发行的1亿元可转让存
单以及欧洲商业票据等。2012年5月，渣打银行宣布其发行的欧洲商业票
据累计已达10亿元。

新加坡政府也一直对建立人民币离岸中心具有高度热情，并表示将给
予离岸人民币市场更多的制度保障和政策优惠，这个时期处于开展人民币
业务的前期准备和调研工作阶段。2012年7月6日，中国和新加坡两国政府
授权代表在《中华人民共和国政府和新加坡共和国政府自由贸易协定》下
签署了有关双边银行业事项的换文。这代表着中新将进一步深化两国监管
机构的合作，并促进双方银行业的稳步发展，这些都有助于今后中方在新
加坡持有全面银行牌照的中资银行中选择一家作为新加坡人民币业务的清
算行。

**二、第二阶段（2013—2015）——形成以香港为中心的各具特色
的全球人民币离岸市场网络**

这个时期，香港离岸人民币市场参与主体日趋丰富，参与深度不断拓展，陆续推出以人民币计价的债券、基金、股票、保险、存款证、期货、人民币与港币同时计价的"双币双股"、人民币衍生品等金融产品，香港的人民币离岸市场逐渐向纵深发展。同时，人民币清算行在全球金融中心的布局不断加速。2015年，不仅在欧盟内部建立起了人民币离岸中心网络，还在五大洲都建立了人民币业务清算行，在全球形成了十几个人民币离岸市场。除了中国香港，比较著名的有新加坡人民币离岸中心、伦敦人民币离岸中心、中国台湾人民币离岸市场、韩国首尔人民币离岸市场、法国巴黎人民币离岸市场、德国法兰克福人民币离岸中心、卢森堡人民币离岸中心等，使全球离岸市场的参与主体更广、产品更加多元、全球离岸人民币存款规模迅速扩大，为人民币国际债券发行、人民币国际信贷和人民币国际融资创造了良好的条件。

1. 人民币存贷款

前期推出的政策发挥出了明显的效应，香港的人民币存款规模继续攀升，从2012年9月起快速增长到2014年12月的历史最高值10035.57亿元。"811汇改"后，人民币汇率从升值预期走向贬值预期，香港的人民币存款数额在2015年年末有所下降，截至2015年年底，香港银行的离岸人民币存款和定期储蓄存款约为8600亿元人民币，约占海外人民币总存款的50%，较2014年年末的存款最高值下降了约14%（相当于当年中国GDP的1.3%，不到当年国内人民币存款总额的1%）。台湾自从2013年2月6日批准46家金融机构正式开办人民币业务以来，其人民币存款规模跟初期的香港一样，一路攀升，从2013年2月的390.11亿元①攀升到2015年6月的3382.18亿元人民币（历史最高值），在台湾地区总存款的占比也从0.71%上升到5.82%，"811汇改"以后也是在人民币贬值压力之下，开始连续五个月的下跌。新加坡是在2013年5月开始人民币存款业务的，刚开始的存款规模增长也很快，从2013年6月的1330.0亿元快速增加到2014年12月的2770.0亿

---

① 截至2013年3月底，台湾外汇指定银行（DBU）人民币存款有185亿元，国际金融业务分行（OBU）人民币存款298亿元，二者合计达483亿元人民币；加上其他形式的人民币资产，台湾的人民币资产总额近800亿元。

元，之后又增加到2015年6月底的3220亿元人民币（历史最高值），①此后存款规模也开始缩减。2014年6月，中国人民银行指定中国建设银行为伦敦的人民币清算银行以后，伦敦的人民币业务开始蓬勃发展起来，英国央行的数据显示，截至2015年6月底，伦敦的人民币总存款（包含存款和存款证）为62亿英镑（历史最高值），之后开始下降，到2015年12月底只有46亿英镑（约424亿元人民币）。据相关资料，2014年在巴黎的人民币存款已达200亿元，2014年卢森堡拥有欧元区最大的人民币资金池，人民币存款总额为560亿元，超过了伦敦的存款规模。

根据中国银行发布的数据，2014年第一季度全球离岸人民币存款总规模约为2.4万亿元人民币，在全球离岸存款总量中的占比约为1.51%，随后稳步上升直到2014年的第四季度的2.78万亿元（历史最高），在全球的占比也上升到1.70%，第四季度占比达到1.77%。2015年第三季度起，全球的人民币离岸市场存款规模开始下降。

由于政策的限制，早先在香港启动的离岸人民币贷款业务没有怎么发展，直到2011年以后香港的人民币贷款业务才开始迅速发展起来，根据香港金管局公布的数据，银行向客户提供人民币贷款的余额，由2010年年底的不足20亿元人民币，增加到2011年12月底的310亿元人民币。②2012年12月28日，《前海跨境人民币贷款管理暂行办法》获得中国人民银行的正式批准，在深圳的前海地区注册经营的内地企业可从香港的银行借入人民币。2013年1月28日，首批前海跨境人民币贷款项目在深圳签约，15家香港的银行③向在前海注册的15家企业发放约20亿元人民币贷款。随着香港人民币存款量的增加，香港银行从事人民币贷款的动力也日益强烈，而难以获得贷款的内地企业，也乐于转道境外融资，香港逐渐成为内地企

---

①截至2015年6月末，作为清算行的工行新加坡分行就吸收7家境外央行及主权财富基金的人民币存款，总额超过140亿元。

②香港的国际金融中心地位，香港金融管理局2011年年报. http: //www. hkma. gov. hk/media/ gb_chi/publications—and—research/annual—report/2011/11_International_Financial_Centre. pdf.

③首批签约的15家银行集中在以下三类：一是五大国有银行在香港的分支机构及其控股银行；二是商业银行在香港的分支机构及其控股银行，包括国开行香港分行、信银国际、招行香港分行、永隆银行；三是香港本土的银行合计4家，包括汇丰香港、渣打香港、恒生、大新银行。

业境外融资的首选，越来越多的香港银行热衷于从事对内地人民币的贷款业务。香港银行贷款期限也由短期向中长期发展。[①]进入2013年，香港的人民币贷款继续增长，到2013年3月，香港的人民币贷款达到了887亿元，2015年3月继续攀升到2237.0亿元，比2011年12月增长了7.2倍。同时期其他的离岸人民币市场也开展了人民币贷款业务，如在台湾地区，人民币贷款规模从2013年2月的66.21亿元攀升到2014年2月的142.08亿元，2015年7月继续攀升到280.92亿元，创下历史新高。英国伦敦的人民币贷款也在2015年第一季度达到了72.97亿英镑，但随后又下降到第四季度末的47.16亿英镑。从事人民币贷款业务的还有卢森堡，2014年卢森堡人民币贷款总额为672亿元人民币。

2. 离岸人民币债券发行和交易

这一时期，离岸人民币债券发行可以说是遍地开花，维持着良好的发展态势，各类型的人民币债券纷纷发行，债券的品种逐渐丰富起来，新增外国主权政府债券[②]、绿色债券[③]等，不仅有中短期债券品种，还推出了长期债券品种，使债券发行期限涵盖了1年、2年、3年、5年、7年、10年、15年、20年和30年的，但仍以中短期为主。这期间全球离岸人民币债券存量规模持续攀升，从2014年第一季度的3900亿元一直增长到2015年第四季度的5400亿元，但是发行规模却从2015年开始急速下降，2015年第三季度仅发行200多亿元，与2014年的前两个季度每季度700多亿元相比，下降了三分之一多。[④]2015年人民币离岸市场共发行353只人民币债券，较上年减少178只，总发行额达到1609.59亿元（顾及，2016）。虽然发行额下降，但存量仍在增长。

香港地区的人民币债券存量由2012年年底的3301亿元上升到2014年年底的3860.87亿元，2015年年底继续上升到3971.16亿元，同比增长了

[①]2011年年底，国家发改委批准中国广东核电集团向中银香港借用30亿元人民币商业贷款，这一举动被视为创内地企业获批借用香港中长期人民币商业贷款的先河。

[②]蒙古政府在英国之后发行的第二个主权政府债券。

[③]2015年10月，中国农业银行发行了首只美元/人民币离岸绿色债券。

[④]阙澄宇，马斌. 人民币离岸市场对境内货币和金融稳定的动态影响研究［M］. 大连：东北财经大学出版社，2018：35—37.

2.85%；金融债的存量，由2014年的1112.27亿元增加到2015年的1203.24亿元，市场份额提升了5个百分点。

除了中国香港外，中国台湾和新加坡、卢森堡也成为离岸人民币债券发行的重要市场。2013—2015年，中国台湾共发行了70亿元的宝岛债。2014年年底新加坡的人民币债券——"狮城债"的发行额已累计达到127亿元。2014—2015年卢森堡人民币债券发行金额共计355亿元人民币。2015年在卢森堡的债券发行者中，欧洲本地投资者的人民币债券发行量占总体发行量的47%，来自美国、中国和其他地区的投资者分别占14%、5%和34%。

在离岸人民币债券的交易方面，这个时期的离岸人民币债券二级市场仍然处于发展起步阶段，并没有形成完整的收益率曲线，市场投资者也主要以持有至到期为主。截至2015年年中，澳大利亚证券交易所和瑞士证券交易所的人民币债券交易都占到全球债券发行量的1%，而其他证券交易所人民币债券交易量全部加起来才占到1%。整体来看，离岸人民币债券价格呈现"V"字走势。受到"811汇改"和贬值预期的影响，离岸人民币债券价格一度大幅回落，反映离岸人民币债券表现的"富时—中银香港离岸人民币债券综合指数"在2015年9月回调至111.58低位后回升至114.78，较2014年年末上涨3.19%（顾及，2015）。

3. 离岸人民币衍生品的发展

在离岸人民币市场上，人民币的衍生品市场在这一时期不断发展着。为了满足市场规避人民币汇率和利率风险的需要，离岸人民币市场的衍生产品创新不断涌现，主要品种有人民币汇率期货、人民币利率互换、指数期货、美元兑人民币期货等。早在2012年9月17日，香港交易所就正式推出人民币货币期货，让投资者进行汇率对冲，在合约到期日时以本金交收，方便有商贸往来的公司进行货币支付的管理，也可让不同投资者和商人进行人民币外汇的风险管理。在香港交易的人民币衍生产品有两种：美元兑人民币期货和中华120指数期货。2015年美元兑人民币期货共成交262433手，比2014年增长67384手，增幅为34.55%，中华120指数期货在2015年共成交27427手，每季度成交量呈递减趋势。2013年世界最大外汇期货交易所——芝加哥商品交易所（CME）正式开始交易可交割离岸人民币期货，在香港实物交割人民币。2014年10月20日新加坡交易所开始推出人民币期货合约交易。2015年3月17日，莫斯科交易所推出人民币／卢布期货交易。2015年7月20日，台湾期货交易所挂牌两档人民币汇率期货商品，分别为契约规模2万美元的"小型美元兑人民币汇率期货"及契约规模10万美元的"美元兑人民币汇率期货"。2015年人民币利率互换市场继续保持活跃，且交易热度不断上升。利率互换的交易金额达到8.22万亿元，比2014年增加4.18万亿元，增幅为104%。

2015年有两家交易所新开展了人民币相关期货产品的交易，分别为台湾地区期货交易所和洲际交易所（ICE）。截至2015年，全球已经有9个国家或地区上市了人民币外汇期货，分别是芝加哥商品交易所、欧洲交易所、新加坡交易所、中国香港交易所、中国台湾期货交易所、洲际交易所、南非约翰内斯堡证券交易所、巴西商品期货交易所、莫斯科交易所和韩国交易所。其中，芝加哥商品交易所、欧洲交易所、新加坡交易所、中国香港交易所、洲际交易所和中国台湾期货交易所上市了人民币兑美元期货合约，其他交易所均上市了人民币兑当地货币的期货合约（顾及，2015）。

跟全球其他的衍生品市场相比，人民币的衍生品金融市场发展滞后，规模偏小，与发达国家相比仍然存在较大差距，2015年人民币衍生品市场尚未被国际清算银行列入单独统计。而从全球来看，2015年第四季度，全球利率衍生品OTC市场未清偿余额达384万亿美元，美元、欧元、日元、英镑的占比分别为36.19%、30.69%、10.05%、9.93%（相比2012年年底，美元、欧元有所提升，日元、英镑均下降了），其他币种占比为10%左右。

4. 除香港之外的其他人民币离岸市场的发展

在这一阶段，伦敦、新加坡、中国台湾的人民币离岸市场蓬勃发展，还有欧元区的德国法兰克福、法国巴黎、卢森堡等地的人民币离岸市场相继建成并快速发展，它们都致力于成为本区域的人民币离岸中心。

第一，新加坡的人民币离岸市场发展很快。2013年2月，中国人民银行授权工商银行新加坡分行担任新加坡人民币业务清算行。2013年3月8

日，中国与新加坡还续签了中新双边本币互换协议，并扩大了货币互换协议规模，从原先的1500亿元人民币/300亿新加坡元扩大为3000亿元人民币／600亿新加坡元，继续为双边贸易和投资提供便利。人民币合格境外机构投资者试点范围也从最初的中国香港拓展到了新加坡，投资额度为500亿元人民币。2014年年末新加坡清算行累计人民币清算量已超过40万亿元，成为仅次于中国香港的第二大离岸人民币清算中心。2015年新加坡人民币业务延续2014年的良好发展势头，人民币存款继续增长。2015年上半年，新加坡与中国境内发生跨境人民币结算收付达到5700亿元，占中国全部海外市场的10.1%。在贸易融资方面，截至2015年9月，新加坡本地人民币贸易融资余额约为2510亿元，其中工商银行新加坡分行人民币贸易融资余额573亿元，占本地市场的23%。除了清算业务，工行新加坡分行在包括人民币融资、贷款、债券以及金融机构营销等方面的发展也日益加快。

第二，台湾地区的人民币离岸市场也在积极发展。2013年1月25日，中国人民银行与中国银行台北分行签署"人民币业务清算协议"，中国银行台北分行成为台湾人民币业务清算行，正式开始为参加行开立人民币账户、办理人民币清算及结算、提供人民币拆借及人民币交易等服务。2013年2月6日，台湾地区首批46家金融机构正式开办人民币业务，包括人民币存款、放款、汇款、贸易结算和理财产品。截至2013年3月，中国银行台北分行的人民币清算业务总金额已达到102亿元人民币。另据环球同业银行金融电讯协会2013年3月27日公布的"人民币追踪"报告，中国台湾在过去半年内的人民币支付额增加了120%，超越美国及澳大利亚，一跃成为全球第五大人民币收付中心。台湾地区于2013年3月发行台湾第一期的10亿元人民币债券。2013年6月5日，德意志银行在中国台湾首次发行了11亿元人民币债券。

第三，伦敦的人民币离岸市场获得了快速增长，并成为亚洲之外的最大的人民币清算中心。2013年10月和2015年9月的第5次与第7次中英经济和金融对话，标志着两国关系向前迈出了重要一步。2014年6月，中国人民银行指定中国建设银行为伦敦的人民币清算银行。2013年6月22日，英格兰银行与中国人民银行签署了3年的英镑/人民币对等货币互换计划，最高金额达2000亿元人民币。2015年10月，两国央行将双边协议再延长三年，并将互换额度增加至3500亿人民币（357亿英镑），表明了英国央行对"在伦敦开发一个有效和灵活的人民币市场"的支持。2013年10月，英国成为在亚洲以外的第一个获得RQFII许可证的国家，配额额度为800亿元人民币，进一步加强了伦敦作为离岸人民币交易活动中心的作用。在以上一系列制度安排下，伦敦的人民币各项业务迅速发展起来。人民币存款不断增长，2015年12月底达到46亿英镑（424亿人民币），存款持有人主要是企业，表明企业利用人民币作为结算货币的兴趣日益增加。在"点心债"发行方面，虽然市场规模有限，但一直在不断增加中。最早在伦敦发行点心债的是欧洲复兴开发银行于2010年6月发行的首批人民币债券，接着汇丰银行于2012年5月在伦敦证券交易所的零售债券订单簿上发行了首批零售人民币债券。2014年10月16日，英国政府通过其财政部，由英格兰银行代理，发行了30亿元三年期离岸人民币债券（该债券的收益将用于英国政府的外汇储备，由英格兰银行持有），票面利率2.7%，成为非中资离岸人民币债券中单笔发行量最大的一笔债券。这是全球第一只外国主权级的离岸人民币债券。最为引人关注的是在人民币外汇交易方面。根据英国央行数据，截至2015年12月底，伦敦人民币外汇交易的平均每日交易额为434亿英镑（2015年9月曾高达517亿英镑），在人民币的离岸外汇交易活动中，超过50%的交易额是在英国进行的。渣打银行估计2014年伦敦在离岸人民币磋商总额方面已超过了香港。作为全球最大的外汇交易中心，伦敦市场长期保持着美元清算规模大于纽约、欧元清算规模大于欧洲大陆任何金融中心的规模。以上数据表明，伦敦的离岸人民币市场流动性正在提高，欧洲的投资者对于人民币外汇交易的信心不断增强，伦敦人民币离岸市场日趋成熟、多样化。

　　第四，德国法兰克福的人民币离岸市场。在2014年3月28日中国国家主席习近平访问柏林期间，中国人民银行和德意志联邦银行签署了谅解备忘录，显示了中国在欧洲扩大人民币使用范围的意向。2014年6月19日，中国央行授权中国银行法兰克福分行担任法兰克福人民币业务清算行，这对中德两国企业和金融机构使用人民币进行跨境交易非常有利，同时也进一步促进了两地的贸易、投资自由化和便利化，为德国中小企业与中国企业建立和扩展业务联系创造了具有吸引力的机会。由于实现了人民币和欧元直接交易并在当地清算，节省了德国出口商的成本，有利于打开广阔的中国市场、进一步带动德国经济发展、提升中德贸易与投资水平。2015年11月，海外首个专注于人民币计价产品的交易平台——中欧国际交易所在法兰克福开业，这是充分利用德国交易所的基础设施，为投资者进入充满吸引力的中国资本市场提供通道。德国法兰克福有很好的条件成为欧洲的人民币交易中心，因为此地不仅是欧洲央行、德国央行的所在地，中德之间的经贸联系也远超其他欧洲国家。法兰克福的目标不仅是欧元区的支付中心，还计划提供专门的中国证券交易基础设施，以充分利用其在欧盟内的地区性金融中心地位以及与中国建立的贸易关系。

第五，法国巴黎的人民币离岸市场。法国政府对于巴黎离岸人民币业务的发展高度重视，早在2013年就积极推动欧洲央行与中国央行签订本币互换协议，2014年为法国投资者引入了人民币合格境外机构投资者渠道，额度为800亿元人民币。2014年10月，欧洲中央银行和中国人民银行签订了双边货币互换协议（3500亿人民币兑换450亿欧元），规模是当时英国央行与中国人民银行货币互换协议（第一次签约的规模为2000亿人民币兑换200亿英镑）的近两倍。这一互换协议是在欧元体系的层面上设立的，对法国的人民币离岸市场业务起了很大的推动作用，此后巴黎的大型国际银行向当地客户提供各种人民币工具和服务。2014年在巴黎的人民币存款已达200亿元，近20%的中法贸易以人民币结算，约50%的当地企业使用了人民币交易。法国公司已经成为在香港发行以人民币标价债券的主要欧洲公司，包括阿尔斯通、法国巴黎银行在内的9家法国公司已发行人民币离岸债券，规模达100亿元。[①]环球金融同业电讯协会2014年2月的数据（已将中国大陆和香港排除在外）中，法国在全球离岸人民币交易中心排名第五，仅次于英国伦敦、新加坡、中国台湾、美国。

---

①巴黎力争成欧元区人民币离岸交易中心首选|欧元区|主任_凤凰财经［EB/OL］.http：// finance. ifeng. com/a/20141104/13245827_0. shtml.

第六，卢森堡人民币离岸市场的发展，短短两三年卢森堡就成为欧元区最重要的人民币境外业务中心。卢森堡是欧洲地区离岸人民币市场中非常有特色的一个市场。卢森堡政府和当地的行业协会对人民币业务的未来发展期待很高，十分看好人民币作为国际货币的发展潜力。在卢森堡政府和中国政府的积极努力下，卢森堡的离岸人民币业务增长尤其迅速。卢森堡离岸人民币核心业务集中在点心债的发行、人民币合格境外投资者基金以及人民币投资基金三大领域。卢森堡提供的人民币零售与企业银行业务包括存款（传统和结构性存款、定期存单）、融资（贸易融资、各种贷款与预付）、货币兑换、汇款与贸易结算、支票、银行卡等。人民币资本市场与衍生工具包括债券、证券结算、金融衍生工具（远期、期权与掉期）。人民币投资基金业务包括投资基金（进入在岸与离岸市场）和交易所交易基金等。卢森堡央行统计显示，在2007—2009年卢森堡市场的人民币进出总规模尚不足1亿元，2010年就快速增长到2.4亿元，2011年全年人民币进出总规模超过7亿元。2013年上半年，卢森堡的人民币贸易融资总额高达701亿元。2014年卢森堡拥有欧元区最大的人民币资金池，人民币存款总额为560亿元，人民币贷款总额为672亿元。卢森堡金融推广署发布的2015年离岸人民币业务发展数据显示，卢森堡在2015年前后已发展成为欧洲最大的人民币业务处理中心之一，也是欧洲最大的人民币证券结算中心和主要的人民币计价债券发行地，成为在亚洲市场之外的点心债发行的第一大离岸中心。自2011年以来，共有103笔点心债在卢森堡发行，人民币债券发行总金额为245亿元。仅2015年新发行点心债就有31笔、总规模为110亿元人民币，发行债券数量相比2014年上升34.78%。截至2015年10月，卢森堡点心债发行量在亚洲之外地区的总体占比高达43%，伦敦和都柏林分列二三位，比重分别为27%和9%。从债券发行主体来看，卢森堡已经成功吸引了全球各地的投资者：欧洲本地投资者点心债发行量占总体发行量的47%，来自美国、中国和其他地区的投资者分别占14%、5%和34%。在点心债的交易方面，截至2015年12月底，卢森堡上市交易的点心债共有59只。

卢森堡在人民币合格境外投资者基金、人民币投资基金的发展方面也很有特色。截至2015年11月，欧洲注册的RQFII基金总体资产管理规模为7.96亿欧元，其中在卢森堡注册基金资产管理规模为6.32亿欧元，占比高达79.77%；爱尔兰、法国和英国注册的RQFII基金资产管理规模分别为0.86亿欧元、0.41亿欧元和0.37亿欧元。在人民币投资基金领域，截至2015年第三季度，卢森堡投资基金持有人民币计价资产规模为2084亿元人民币，其中权益性资产总量为1699亿元人民币，比重为81.53%；债券性资产总量为382亿元人民币，比重为18.33%。自2014年第四季度以后，卢森堡注册的投资基金持有人民币资产总体数量呈波动下降趋势。2015年第三季度末总体规模相比2014年同期下降了16.94%，其中权益类资产总量下降11.56%，债券类资产下降34.81%。[①]可见卢森堡已经成为欧元区最为重要的人民币境外交易中心。

第七，纽约的人民币离岸市场的发展。虽然美国人民币离岸业务的发展起步比较晚，但面临的机遇是前所未有的。2015年中美两国元首就推动人民币在美国的交易与清算达成共识，且美国政府对人民币加入SDR表示了支持。2015年11月30日，民间主导的彭博人民币工作组正式成立，开始研究在美人民币交易、清算和结算的解决方案和在美建立离岸人民币中心的可行性。工作组在美国当地中美主流银行业的积极配合下，对落实中美两国元首达成的目标和推动人民币在美国的使用起到了积极的作用。纽约同时身处有利时区并且跟中国有庞大贸易往来，投资者对于人民币的兴趣不断递增。与此同时，美国企业对人民币的接受度也呈现出上升趋势。环球同业银行金融电讯协会发布的数据显示，2014年1月份通过美国的加权平均人民币计价跨境支付大幅增加422%，是有记录以来的最大增幅。作为一个没有央行推动且以美元为其本币的国家，这样的增长已经令人瞠目。

截至2015年年底，累计共有32个经济体与中国签署了双边本币互换协议，14个经济体拥有人民币合格境外机构投资者额度，20个经济体建立了

①离岸人民币业务快速发展卢森堡成为推进全球人民币投资金融中心_滚动新闻_中国政府网［EB/OL］．http：//www.gov.cn/xinwen/2016—02/02/content_5038232.htm.

人民币清算行。①全球人民币离岸市场蓬勃发展，形成了以香港人民币离岸市场为中心的遍布全球五大洲的离岸人民币业务网络。

三、第三阶段（2016年至今）——全球人民币离岸市场萎缩后又恢复平稳发展的阶段

"811汇改"以后，在各种因素和人民币汇率贬值预期下，伴随着大量的资本外流，离岸人民币市场规模也大幅缩减，人民币存款规模、人民币金融产品的发行规模都大幅下降。随着2017年内地资本市场的加快开放——通过放宽境外资金入市限制、提升沪深港通额度、增设人民币原油期货等措施，逐步打通了人民币回流通道，进一步改善了离岸人民币市场的流动性，支持了香港等人民币离岸市场的进一步发展，巩固了香港作为离岸人民币业务的枢纽地位，香港作为规模最大的离岸人民币中心，其重要性日益凸显，并带动及支持了其他境外地区人民币业务的发展。根据中银香港发布的报告，2017年以后境外市场对人民币的信心开始恢复，离岸市场上人民币存款开始呈现出恢复增长的态势，各项人民币业务指标和人民币的国际使用亦呈现稳步上升迹象。

1. 离岸人民币市场的存贷款

中银香港统计显示，香港人民币存款在经历2015、2016两年大幅减少后，于2017年年初开始轻微反弹，2017年年末存款金额为5591亿元，同比上升2.27%，但规模只及2014年的一半多一点；2018年12月底其存款额又比2017年增加了10%，达到了6150亿元，呈现稳步回升趋势。其他的人民币离岸市场上，2015年以后人民币存款规模在总量上都比2014、2015年的最高值少了很多。2017年中国台湾、新加坡、伦敦的人民币存款金额分别为3223亿元、1520亿元、585.48亿元，同比分别上升了3.55%、20.63%、1.35%；而中国澳门、韩国的人民币存款金额分别为321亿元、73亿元，同

---

①这些国家和地区分别是中国香港、中国澳门、中国台湾、新加坡、英国、德国、韩国、法国、卢森堡、卡塔尔、加拿大、澳大利亚、马来西亚、泰国、智利、匈牙利、南非、阿根廷、赞比亚、瑞士。

比继续下降了12.09%、21.86%。到2018年，中国台湾、新加坡、伦敦的人民币存款又开始下降，2018年11月末中国台湾人民币存款规模为3017.9亿元，较2017年年末减少6.4%；2018年9月末新加坡人民币存款规模为1320亿元，较2017年年末减少13.2%；2018年年底，伦敦人民币存款总额为562亿元，同比下降10.24%。截至2018年年末，全球离岸人民币存款余额大约为1.2万亿元。对比其他数据，离岸市场上人民币存款的大幅减少，跟非居民所持有的人民币资产日益多样化有密切的关联。随着香港离岸人民币的各类证券投资渠道的畅通和增加，香港人民币金融产品种类日益丰富，从存款、债券、基金、股票、期货到保险一应俱全，投资组合方式多样，境外人民币资产不再是以存款为主要存在形式。

香港的人民币贷款总额趋于减少，与人民币存款的下降过程不同步。2016年9月香港的人民币贷款余额达到最高值3074.0亿元，随后逐渐下降到2017年11月的1487亿元。台湾地区的人民币贷款余额在2015年7月达到最高值280.92亿元后也是不断下降，2016年4月降至123.08亿元，后经短暂回升后又下降到2017年年底的128.68亿元。伦敦的人民币贷款则经历了上升、下降、再上升、再下降的过程，从2015年第一季度的最高值72.97亿英镑，下降到当年第四季度的47.16亿英镑，之后又上升到2016年第三季度的75.36亿英镑，再下降到2017年第四季度的65亿英镑（阙澄宇、马斌等，2018），2018年伦敦人民币贷款余额为492亿元人民币，同比又下降了13.83%。[①]

2. 人民币跨境贸易结算和人民币业务清算

虽然人民币存贷款趋于下降，但是人民币业务的清算量2015年以后却是连年递增的，特别是伦敦清算量增长最快速。2015年以后，香港仍然保持最大的离岸人民币清算中心地位，2018年中国香港约占市场总份额的75.68%，其次是英国伦敦离岸市场占总份额的5.59%，新加坡、美国、韩国离岸市场分别占4.41%、2.59%、2.29%。2018年上半年香港人民币RTGS

---

①伦敦人民币业务最新进展 ——《伦敦人民币业务季报》第三期摘译_债券杂志_传送门 [EB/OL] . https: //chuansongme.com/n/2943767451730.

清算额累计108万亿人民币，较去年同期增长5.9%。

自从2014年6月建行开始人民币业务清算以来，伦敦的人民币业务清算量呈现爆发式增长：一年后的2015年5月，累计人民币清算量突破5万亿元；二年后的2016年8月突破10万亿元；三年后的2017年11月突破20万亿元，[①]四年后的2018年12月清算量已突破32万亿元人民币，截至2019年8月，清算量累计突破40万亿元人民币。由伦敦金融城和中国人民银行欧洲代表处联合发布的第五期《伦敦人民币业务季报》显示，[②]2019年6月至8月，中国建设银行伦敦分行日均清算规模达439.7亿元，相比上期报告增长18.4%，伦敦仍然保持了仅次于香港的世界第二大人民币离岸清算中心的地位，在伦敦参与人民币清算的机构中，英国银行占21.7%，非英国银行32%，其他金融机构46.3%。离岸市场上人民币业务清算量的稳步提升，说明离岸人民币业务有企稳加速迹象。2018年1月，香港经营人民币业务的许可机构达到了138家，人民币金融服务已经相当普遍。

人民币跨境贸易结算规模大幅上升。2017年香港跨境贸易结算的人民币汇款总额达1.68万亿元，同比大增21.9%，而2010年年底，香港人民币贸易结算交易量仅为2632亿元。截至2019年8月底，伦敦的跨境人民币结算的支付和收款规模已达到3700亿元人民币，已经超过了2018年全年的人民币跨境结算总量（2500亿元）。在中英两国的商品货物交易中，人民币结算的比例超过20%。环球银行金融电信协会（SWIFT）报告还显示，2018年12月，人民币交易支付结算超过36%的金额发生在英国，而法国和新加坡的交易结算额仅占6%左右。SWIFT报告还指出，英国在全球商业贸易中最喜欢使用人民币进行交易，占商贸交易规模的5.45%，在全球各国中排名第一。2018年中英人民币跨境结算同比增长109%，其中中英双边货物贸易跨境人民币收支约为1005亿元人民币，约占同期人民币跨境收支总额的

① 专访："脱欧"之下伦敦离岸人民币清算中心地位依然稳固——访中国建设银行伦敦分行总经理杨爱民—新华网［EB/OL］. http：//www. xinhuanet. com/world/2018—12/04/c_1123806007. htm.

② 清算总量突破40万亿元，日交易规模达850亿英镑！英国离岸人民币业务续创新高｜离岸人民币｜人民币离岸_新浪新闻［EB/OL］. http：//news. sina. com. cn/o/2019—11—11/doc—iicezzrr8613024. shtml.

27%。因此，英国是目前为止在中国境外（包括中国香港）使用人民币支付最多的经济体。

3. 人民币债券发行和交易

自2015年以来，全球点心债券发行量出现明显下降趋势，2015年发行1069.59亿元，同比下降了33.5%；2016年全年发行998.85亿元，同比又下降了6.6%；2017年离岸人民币债券发行规模出现了最大幅度的下降，发行规模仅为477.45亿元，同比大幅下降了52.2%，仅为2014年峰值的三分之一左右。其中，2017年香港的点心债发行仅126亿元（前11个月的数据），比降66.6%；台湾地区的仅发行23.66亿元，比降70.5%；财政部发行的国债140亿元，同比下降50%。2017年点心债二级市场累计成交2113.43亿元，也比2016年下降了38.1%。

2018年，离岸市场人民币债券发行开始反弹，2018年共发行267只人民币债券，较2017年增加126只；总发行额1161.3亿元，同比增长了143%。[①]2019年上半年，离岸市场人民币债券发行1403.18亿元，同比增长41%。2018年香港的点心债发行419亿元，占比36.1%，香港未偿还余额为1706亿元。2018年，伦敦人民币离岸市场共发行人民币计价债券30余只，发行规模同比增加约91亿元人民币，同比增长超过260%。截至2019年2月，共有113只点心债券在伦敦证券交易所上市，总规模为328.5亿元人民币，平均票面利率为4.53%。[②]可以看出即使面临英国脱欧的种种不确定性，伦敦人民币离岸市场的基本面仍然强劲。

2015—2017年点心债发行规模的萎缩是因为离岸人民币资金池的萎缩导致的离岸市场人民币利率的走高，使境外利率高于境内利率，发行人民币点心债的成本提高了。同时境内银行间债券市场的进一步开放，相关政策限制放宽，使得在境内发行人民币债券比在境外的成本更低，国内企业和金融机构赴境外发行人民币债券的意愿大大降低。从发债主体也可以

---

① 人民币国际化稳步推进：2018年离岸及跨境人民币业务回顾_财经频道_东方资讯［EB/OL］. https：//mini. eastday. com/a/190118172434186. html.

② 伦敦人民币业务最新进展 ——《伦敦人民币业务季报》第三期摘译_债券杂志_传送门［EB/OL］. https：//chuansongme. com/n/2943767451730.

看出来，近年来在离岸市场发行债券的主体从企业、金融机构变为我国财政部和中国人民银行，主要是发行国债和央行票据。2015—2017年中国财政部在中国香港、英国伦敦等离岸市场上发行国债累计达到了700亿元。2018年11月7日，中国人民银行又在香港发行100亿元3个月期和100亿元1年期央行票据。另外，因政策的改变导致的熊猫债券市场（外国公司发行的在岸人民币债券）的"井喷式"的飞速增长也是重要的原因，熊猫债券一直被市场认为是点心债券的直接竞争对手，这两种债券的发行显示出此消彼长的态势。值得一提的是，在伦敦证券交易所发行点心债的，很多既不是中国也不是英国的企业或金融机构，而是澳大利亚、加拿大、迪拜等第三方国家的企业或金融机构。

4. 人民币外汇交易

目前最大的离岸人民币外汇交易中心在伦敦，英国是中国香港以外使用人民币支付最多的经济体。作为三大国际金融中心之一的伦敦，一直保持着全球最大的外汇交易中心的地位，交易类业务是伦敦最大的特色之一，其外汇交易量约占全球的40%。作为全球最大的外汇交易中心，伦敦市场长期保持着美元清算规模大于纽约，欧元清算规模大于欧洲大陆任何一个金融中心的规模。

国际清算银行统计结果显示，2013年离岸人民币外汇市场日均交易额达到约800亿美元，大幅超过境内。2014年，按照银行的估计，仅中国香港、新加坡和伦敦的人民币交易额就达到日均1200亿美元。2015年离岸人民币外汇市场的日均交易额已经超过2000亿美元，之后开始了下降。2015年"811汇改"以后，人民币汇率双向波动幅度加大，在岸人民币兑美元汇率由2015年"811汇改"之前的6.1左右一度下降至2017年年初的6.9左右，之后重新升值至2018年年初的6.4—6.5，2018年年底又下降至6.86，比上年年末贬值4.8%。[①]离岸人民币汇率与在岸人民币汇率走势基本相同，2018年年初美元兑离岸人民币汇率从6.5019逐步走强，在1月初至6月初基

---

①2005年人民币汇率形成机制改革以来至2018年年末，在岸人民币对美元汇率中间价累计升值20.59%。

本保持稳定；之后受美国加息、中美贸易摩擦持续升温等综合因素影响，人民币汇率出现较大幅度双向波动，从2018年6月初的6.4131下跌至7月初的6.6909。虽然汇率波动市场化迹象明显，但市场并未出现大面积的恐慌心理，显示出监管机构及整体市场对人民币汇率的信心。近年来，内地经济发展总体仍保持平稳、国际收支基本平衡、外债指标较为健康、外汇储备充足，支持人民币汇率在双向波动中保持稳定。随着汇率市场化波动幅度的增加，随之会产生更多的人民币衍生品及风险对冲产品需求，外汇市场的交易会更加频繁。这也给离岸人民币外汇交易市场提供了更好的发展机会。近年来，伦敦凭借其传统的优势，很快就成为全球最大的人民币离岸外汇交易中心，排在伦敦之后的是中国香港和美国。SWIFT公布的数据显示，2018年12月，伦敦的人民币外汇交易量占中国境外外汇交易量的36%。根据英格兰银行报告，2018年年底伦敦人民币日均交易额达到730亿美元，同比增长了44.8%，而且伦敦人民币交易量已经超过了英镑对欧元的交易量。由伦敦金融城和中国人民银行欧洲代表处联合发布的第五期《伦敦人民币业务季报》显示，2019年第二季度日均人民币外汇交易规模达850亿英镑，比上一季度增长8.8%，比去年同期增长22.9%，创下历史新高。

5. 离岸人民币期货市场

人民币货币期货是一种根据人民币与其他货币汇率交易的期货产品，人民币期货交易的一个驱动因素是市场对冲人民币汇率风险的意识提高了，个人或机构投资者都开始意识到人民币汇率波动会对人民币资产、负债和现金流量产生影响；另外一个驱动因素是投资者的套利需求，利用汇率的波动形成买卖价差获利。因此离岸人民币期货作为一种灵活且行之有效的风险对冲手段和盈利手段，在当今市场上越来越受到投资者及企业的关注。人民币期货市场的推出也是人民币国际化迈出的重要一步。

最早推出人民币外汇期货合约的是美国芝加哥商品交易所，于2006年8月率先推出以人民币汇率为基础资产的外汇期货合约，包括人民币/美元、人民币/欧元以及人民币/日元这三种期货和期权合约，其目的旨在掌握人民币的全球定价权。2012年9月17日，香港交易所推出了美元/人民币期货，2016年5月30日港交所又推出了欧元/人民币（香港）、日元/人民币（香港）、澳元/人民币（香港）和人民币（香港）/美元期货。2013年世界最大外汇期货交易所——芝加哥商品交易所正式开始交易可交割离岸人民币期货，在香港实物交割人民币。2013年芝加哥商品交易所还决定在其欧洲交易所上市人民币期货产品，使人民币外汇期货的国际交易市场再度拓展欧洲。作为全球最大的期货交易市场，芝加哥商品交易所以其特有的优势吸引了来自全球的商业银行、共同基金、对冲基金、跨国企业等机构参与人民币外汇期货合约的交易。新加坡交易所于2014年10月20日推出人民币期货合约交易，包括美元/人民币期货和人民币/美元期货合约，合约规模分别为10万美元和50万人民币，这与美国芝加哥商品交易所上市的人民币外汇合约是相同的。目前新交所外汇期货中有关人民币汇率的期货有人民币/新元外汇期货、人民币/美元外汇期货、欧元/离岸人民币外汇期货、新元/离岸人民币外汇期货、美元/离岸人民币外汇期货。新加坡交易所的特点是现金结算（交割）产品，交易量大，流动性和市场深度较好。

2018年2月，经新加坡金融管理局批准，新加坡亚太交易所成立，这是中国企业走出国门自主创办的国际化交易所。亚太交易所致力于打造大宗商品的亚洲价格基准，其业务范围涵盖大宗商品和金融衍生品，包括农产品、能源、金属、汇率、利率、股票指数、债券等的期货与期权交易。新加坡亚太交易所2018年10月19日正式推出离岸人民币汇率期货合约，这个合约规模较小，每手面值1万美元，有比较新颖的周度合约设计，是现金结算（交割）产品。新加坡亚太交易所董事长陈惠华认为"离岸人民币汇率期货合约"的推出将加强新加坡作为重要离岸人民币交易中心的地位，是亚太交易所发展的一个里程碑。该产品具有流动性好、交割便捷、资金占用量小、交割成本低等特点。它的推出顺应了人民币国际化趋势，满足了全球投资者对人民币日益增长的风险管理需求与投资需求，丰富了人民币应用场景，将为全球的人民币投资创造新的市场机会。

此外，还有台湾期货交易所2015年7月20日挂牌的两档人民币汇率期货商品，分别为合约规模2万美元的小型美元兑人民币汇率期货及合约规模10万美元的美元兑人民币汇率期货；南非约翰内斯堡证券交易所

（JES）于2010年11月9日推出的人民币对兰特期货，合约面值为人民币1万元，是全球人民币外汇期货中面值最小的合约，这与该交易所上市期货的策略与风格有关，最初上市的美元期货也是从最小的合约面值起步；2011年8月15日，巴西圣保罗证券期货交易所（BM & F Bovespa）推出了雷亚尔（Reals）对人民币期货，合约面值为人民币35万元，合约月份为12个连续月份合约，清算日和到期日均为合约月份的第一个工作日。

如今人民币期货已成为全球多家交易所颇为常见的产品，香港交易所、新加坡交易所、芝加哥商品交易所是三大主要离岸人民币汇率衍生品交易的平台，人民币期货的成交量大部分集中在亚洲地区的交易所，港交所的产品最为多样，交投最为活跃，流动性和市场深度较好。港交所人民币期货的交易用户主要来自企业、资产管理公司、基金公司、自营交易公司、经纪公司和专业投资者。据《境外人民币外汇衍生品市场月度报告》显示，截至2018年2月底，共有10家交易所的人民币期货仍在交易，其中新交所、港交所、台期所三家交易所成交量占全市场的99.86%，成交金额占全市场的99.84%。①据2017年《香港交易所市场资料》公布的数据，2017年港交所离岸人民币汇率期货中，美元兑人民币（香港）期货成交量最大，占5个期货品种总成交量的98.05%；人民币（香港）兑美元期货占5个期货品种总成交量的1.60%。②2018年，港交所美元兑人民币期货合约累计成交1755130张，较上年增长139.6%，年末未平仓合约30797张；2018年芝加哥商品交易所的美元兑人民币期货合约成交117420张，年末未平仓合约1107张，较上年分别上升492.3%和38.7%。2018年，新交所USD/CNH期货的总成交额增至5340亿美元，较上年增长181%。总的来看，离岸市场的人民币外汇期货在2018年的表现十分活跃，均比2017年有大幅增长。

①揭开人民币外汇期货市场的神秘面纱_合约［EB/OL］. http：//www. sohu. com/a/312678825_240534.
②回首九年，香港离岸人民币市场发展知多少［EB/OL］. http：//www. sohu. com/a/245489254_119759.

第二节　全球人民币离岸市场发展的特点和优势

在一个地区能否形成某种货币的离岸市场或离岸中心，是由多种因素决定的，包括市场对这个货币的信心、当地的市场需求和市场竞争、当地的金融基础设施水平以及金融市场开放政策或资本管制程度、当地政府的支持与否、双方是否是重要的贸易伙伴、货币的升贬值预期等等。人民币国际化启动十多年来，人民币已经是全球第五大支付货币、第八大交易货币、第七大储备货币，开始具备成为国际主要货币的一些基本条件。到目前为止，在全球范围内的人民币业务清算行已经达到了24个，并在全球形成了以香港为首的多个人民币离岸市场，这些人民币离岸市场都依据自身优势各具特色、互为补充，形成了基本上覆盖全球的离岸人民币市场网络。这些离岸市场基本上都是依托于当地的先进的金融市场水平、在市场需求和当地政府的大力扶持下、利用当地市场特色和优势发展起来的。

一、香港人民币离岸市场的发展特点和优势

1. 香港离岸人民币业务在各方面都具有先发优势

香港是境外最早开办人民币离岸业务的地区，早在2004年就开始开办人民币业务，当时仅获准试办人民币的个人业务，包括存款、汇款、兑换和信用卡业务。2005年，包括零售业、饮食业、运输业在内的7个行业获准开设人民币存款账户。2006年，准许香港居民开设人民币支票户口。2007年，内地的金融机构获准在港发行人民币债券。2009年，香港获准与内地的上海、广东等四个指定城市之间的跨境贸易可以用人民币进行结算，2010年6月，扩大了跨境贸易结算的试点城市和地区，结算的业务范围也扩展到货物贸易之外的其他经常项目。自从2010年7月中国人民银行与中国银行（香港）签订了清算协议以后，香港的离岸人民币市场就快速发展，如今已成为境外最大的人民币交易中心，并在定价上有一定的话语权和主动权。在"十二五"规划中，国务院明确提出支持香港成为离岸人

民币业务中心，进一步奠定了香港作为离岸人民币中心的地位。2012年国家发改委发布《关于境内非金融机构赴香港特别行政区发行人民币债券有关事项的通知》，简化了人民币债券发行审批流程，促进了大型非金融企业赴港发行人民币债券，香港成为中国企业发行人民币国际债券的主战场。其他的离岸市场到了2014年才开始加入发行离岸人民币债券的行列，发行规模都不如香港。

在境外建立人民币清算行方面，也是在2012年年底之前，我国只有在香港建立了人民币清算行——中银香港，它是香港人民币交易的指定清算结算银行，一直到境外其他清算行建立之前，有关境外人民币业务的清算都是通过中银香港进行的。

香港的投资者也是最早通过人民币合格境外投资者间接参与境内资本市场的投资的，RQFII产品使香港庞大的人民币资金有了用武之地，其流动性和收益率都比发行的人民币债券利率要高。随着RQFII制度的不断完善，对其管理也不断简化，随后RQFII试点才逐步推广到英国、新加坡、法国、韩国、德国、卡塔尔等国家。2016年6月，在中美第八轮战略与经济对话期间，中国人民银行宣布给予美国2500亿元人民币（约合380亿美元）的RQFII额度，此举满足了美国投资者对人民币的投资需求，但其额度规模也没有香港获得的多。

在境外境内资本市场（股票、债券、基金）的互联互通方面，也是香港占得先机。2014年11月17日，沪港通开通，两地投资者通过当地证券公司或经纪商可以买卖在对方交易所上市的监管机构批准范围内的股票。香港在2015年7月1日正式推出基金互认机制，是香港与内地两地基金的互融互通，是"沪港通"之后促进内地与香港资本市场融合的另一制度创新，标志着资本项目里的集体投资类证券项下"居民在境外发行"以及"非居民在境内发行"两个子项实现了由"不可兑换"到"部分可兑换"的新突破。基金互认在外汇管理方面，不设单家机构、单只产品额度，相关登记及资金汇兑等可直接在银行办理。通过两地基金互认，两地居民可参与跨境证券投资，为两地居民进行跨境资产配置提供合理渠道。截至2018年10月末，香港基金内地发行销售资金累计净汇出93.11亿元人民币，内地基金香港发行销售资金净汇入5.10亿元人民币。①

在内地债券市场的开放方面，也是对香港优先开放。2017年6 月 21
日，央行公布《内地与香港债券市场互联互通合作管理暂行办法》，2017
年7月3日"债券通"下的"北向通"上线运行，香港的境外投资者可以通
过债券通直接投资内地债券市场。而伦敦跟中国内地债券市场的互联互通
就比较迟才开始，一直到了2019年6月17日在伦敦召开的第十次中英经济
财金对话之际，"沪伦通"才正式揭牌启动。

2. 香港离岸人民币市场是我国规模最大、最重要的人民币离岸市场

由于香港的先发优势以及与大陆特殊的经贸投资关系，因此它在人民
币存款、跨境贸易结算、人民币清算量、人民币债券发行交易等方面都占
得最大份额。其他几个离岸市场的人民币存款和其他人民币资产以及市场
的流动性则非常有限，在中短期内都难以超越香港的水平。我们就以人民
币离岸市场发展得最好时期的数据，即2013—2015年的数据为例。

根据香港金管局发布的报告，2014年12月末，香港人民币存款达到
10035.57亿元，约占境外人民币总存款的40%。而台湾"中央银行"公布
的数据显示，到2014年12月底为止，台湾人民币存款总额超过3000亿元
人民币。②另据新加坡金管局公布的数据，截至2014年12月末，新加坡
人民币存款规模达到2770亿元，其规模位于中国港台地区之后。而2014
年6月底的伦敦人民币存款规模虽然比2013年年底上涨了74%，但也才达
到254亿元。

在人民币债券发行方面，香港更是独占鳌头。从2007年开始至2014年
约有八成的人民币债券都是在港发行的，截至2014年第二季度末，香港的
离岸人民币债券余额上升至约4356亿元。其他离岸市场上人民币债券的发
行在2014年才全面启动，导致其规模都无法跟香港的相比。在人民币跨境
贸易结算方面，截至2014年9月，经香港银行处理的人民币贸易结算累计
达到6056亿元。在人民币日均交易方面，2014年9月，香港人民币即时支

---

①周琰.推进资本市场有序开放 便利跨境投融资［N］.金融时报，2018-12-14（研报）.

②台湾人民币存款9月继续增长 已突破3000亿大关［EB/OL］.http://www.taiwan.cn/taiwan/
tw_FinancialNews/201410/t20141015_7660372.htm.

付结算系统的日均交易金额达7819亿元人民币。在人民币贷款方面，2014年9月底香港的人民币贷款累计达到1668亿元。

截至2019年年末，在港上市内地企业 1241 家，占香港全部上市公司的 50.7%；截至2019年年末，内地企业占香港上市企业总市值的73.3%，贡献的成交金额占82.5%。香港金融市场其实就是提供两个服务：一是帮助业务及资产位于中国内地的企业或平台筹集境外投资机构的外汇资金；二是帮助境外投资机构投资于中国内地的企业或平台。香港与内地建立证券投资的互联互通，香港和内地（上海/深圳）可以通过陆股通/港股通/债券通等机制买卖对方市场的证券。内地资金大量通过互联互通南下投资在香港上市的中国蓝筹企业。这时的香港更加接近一个基于或指向中国资产的离岸交易平台。

二、伦敦人民币离岸市场的发展特点及优势

1. 依托伦敦国际金融中心的地位和地理时区优势

伦敦作为首屈一指的国际金融中心，拥有全球最大的外汇交易中心的优势。国际清算银行2013年9月公布的每三年一度的外汇交易调查报告显示，截至2013年4月，伦敦保持全球最大的外汇交易中心地位，日均成交额2.17万亿美元，占全球外汇日均交易额的41%，其衍生品交易占全球近49%的份额。作为全球最大的外汇交易中心，伦敦市场长期保持着全球最大的美元清算规模、最大的欧元清算规模的地位。伦敦还具有良好的软硬件环境，如稳健的法律体系、健全的监管体制、广泛的金融从业人员、良好的创新和风险管理记录以及发展欧洲美元市场的经验。同时，伦敦的时区优势是上接亚洲、下接北美洲，正好在西半球与香港之间进行互补，可以形成24小时不间断的人民币业务链。伦敦还是世界清算中心，所有国际货币大部分的跨境贸易都在伦敦清算，这就为人民币的清算业务提供了很好的条件。此外，虽然伦敦人民币债券的发行规模不如香港，但在伦敦证券交易所发行点心债的多数是国际性的大银行，很多既不是中国也不是英国的企业或金融机构，而是澳大利亚、加拿大、迪拜等第三方国家的企业或金融机构，供需双方更多是来自真正的海外市场，其示范效果要好于在香港离岸市场发行的人民币债券。2014年10月14日，英国财政部成功发行首只人民币计价的主权债券，债券发行收入被纳入英国外汇储备，人民币成为继美元、欧元、日元、加元之后的英国的第五大外汇储备货币。

2. 发展快速并成为世界最大的人民币离岸外汇交易中心和仅次于中国香港的世界第二大人民币离岸清算中心

过去十年来，伦敦人民币离岸市场平稳快速发展，目前已发展成为世界最大的人民币离岸外汇交易中心和仅次于中国香港的世界第二大人民币离岸清算中心。自2014年6月建行开始人民币业务清算以来，4年多时间内英国境内人民币业务就呈现出爆发式增长态势，2015年5月，累计人民币清算量突破5万亿元；2016年8月突破10万亿元；2017年11月突破20万亿元，①2018年年底，清算量已突破32万亿元人民币。2018年人民币的日均清算量超过400亿元人民币，首季清算量占到全球人民币清算量的5.94%，其中英国银行占21.7%，非英国银行32%，其他金融机构46.3%。②英国财政部2019年2月发布的数据显示，2018年中英两国跨境人民币业务实际收付总额为2500亿元（上涨150%），在中英两国的商品货物交易中，人民币结算的比例超过20%。SWIFT报告还显示，2018年人民币交易支付结算超过36%的金额发生在英国，而法国和新加坡的交易结算额仅在6%左右。③

2016年3月，英国取代新加坡，成为中国境外最大的人民币清算中心并一直保持至今。英格兰银行报告显示，2018年年底伦敦人民币交易量超过英镑对欧元交易量，人民币日均交易额达到730亿美元，同比增长

---

①专访："脱欧"之下伦敦离岸人民币清算中心地位依然稳固——访中国建设银行伦敦分行总经理杨爱民—新华网［EB/OL］. http：//www. xinhuanet. com/world/2018-12/04/c_1123806007. htm.

②人民币使用覆盖全球，伦敦已成第二大人民币离岸清算中心_中国金融市场［EB/OL］. https：//www. sohu. com/a/256710277_100275305.

③伦敦人民币业务最新进展 ——《伦敦人民币业务季报》第三期摘译［J/OL］. 债券，2019-05-07. https：//www. cityoflondon. gov. uk/business/asia-programme/greater-china/Documents/london-rmb-business-Quarterly-issue-3-2019. PDF.

44.8%，超越了新加坡和法兰克福，使伦敦坐稳全球最大的人民币离岸外汇交易中心的宝座。在人民币的离岸外汇交易活动中，超过50%的交易额是在英国伦敦进行的。

汇丰银行驻伦敦的新兴市场外汇联席主管斯蒂芬·里什沃思说："伦敦作为大中华区以外最大的离岸人民币交易中心的角色，与其作为世界最大的外汇交易中心的地位是相辅相成的。"英国是中国香港之外使用人民币支付最多的经济体，可以看到，随着中国金融市场对外开放进一步扩大、"沪伦通"开通以及更多中英双边金融合作项目的启动，伦敦将在支持人民币全球使用、促进中国国内资本市场国际化的进程中发挥更关键的作用。

3. 英国政府的支持以及本地银行、企业对人民币接受度较高

在推进人民币国际化方面，中英双方都有很强的意愿，英国政府和货币当局非常支持伦敦成为离岸人民币中心，因为伦敦的人民币离岸市场的发展有利于加强伦敦作为全球最大外汇交易中心的地位，中英财金对话等双边机制为中资银行国际化提供了很大的帮助。英国政府不仅支持伦敦作为人民币业务的主要中心，还公开支持将人民币纳入国际货币基金组织的特别提款权的决定，两国政府的积极互动推动了伦敦人民币离岸中心的蓬勃发展。正如英国原财政大臣乔治·奥斯本所认为的，伦敦成为最大的人民币离岸市场可能会给英国带来数十亿英镑的税收。2013年10月和2015年9月的第5次与第7次中英经济和金融对话（EFD），标志着两国关系向前迈出重要的一步。2013年6月22日，英格兰银行与中国人民银行签署了三年期英镑/人民币对等货币互换计划，最高金额达2000亿元人民币。紧接着第七届EFD协议达成，2015年10月，两家央行将双边协议再延长三年，并将互换额度增加至3500亿人民币（357亿英镑）。2013年10月，中国人民银行决定向英国（亚洲以外的第一个获得该许可证的国家）提供800亿元人民币的RQFII配额，进一步加强了伦敦作为离岸人民币交易活动中心的作用。2014年6月，中国人民银行指定中国建设银行为伦敦的人民币清算银行，进一步加快了伦敦作为离岸人民币清算中心地位的形成。

SWIFT报告显示，[①]英国在全球商业贸易中最喜欢使用人民币进行交易，在其商贸交易规模中约占5.45%，在全球各国中排名第一；在中英货物贸易进出口中，用人民币结算的比例超过了1/5。伦敦是"一带一路"沿线国家发行人筹集资金的首选目的地，因此伦敦很有可能从这个机会中获益，"一带一路"倡议将显著增加伦敦用人民币作为支付和交易货币的机会，由此带来伦敦人民币离岸市场规模的持续增加。随着"沪伦通"开通以及更多中英双边金融合作项目的启动，伦敦势必在支持人民币全球使用、促进中国国内资本市场国际化的进程中发挥关键作用。

"脱欧"是当前英国经济发展面临的最大不确定性因素，而对于伦敦国际金融中心的地位将因此受到挑战的担忧，多数观点都认为"伦敦作为国际金融中心有一套完整的运行机制，短期内不会受到太大影响"。伦敦作为国际金融中心的很多天然优势是目前欧洲其他城市无法企及的，而且英国政府在"脱欧"协议谈判中也考虑了金融服务业以及金融城的诉求。因此即便是脱欧事件带来的种种不确定性，也不会改变伦敦固有的时区、法律、语言等优势，不会影响伦敦的全球外汇交易中心地位，伦敦人民币离岸市场的基本面仍然强劲。[②]

三、新加坡人民币离岸市场的特点及优势

1. 新加坡的独特优势

其一，具有东南亚的地缘文化和贸易优势。新加坡位于马六甲海峡东端，既是航运要道，又是东盟的中心点。多年的发展使新加坡成为东盟的龙头，它本身国土面积不大，但其经济腹地却是东盟十国。新加坡是华人社会，东盟国家也有众多华人居住，在文化、语言等方面对中国和人民币

---

①人民币使用覆盖全球，伦敦已成第二大人民币离岸清算中心_中国金融市场［EB/OL］. https：//www.sohu.com/a/256710277_100275305.

②金玫. 搭建人民币在岸和离岸市场的桥梁——详解《伦敦人民币业务季报》［J］. 债券，2019（5）：17—19.

更了解，比欧美地区的人们更容易接受人民币。[①]其二，新加坡具有全球大宗商品交易优势。新加坡是全球大宗商品交易中心，新加坡拥有约230家的全球商品交易商，其交易额占全球大宗商品场外交易额的8%。新加坡商品交易中心交易的商品丰富，包括天然橡胶、棕榈油、黄豆、棉花、铜和原油，因此新加坡在推动大宗商品交易以人民币计价和结算方面有较大的发展空间。中国银行是新交所唯一的中资结算银行和最大的人民币期货做市商，中行一直在积极与相关机构加强合作，以共同推出人民币计价的大宗商品、衍生产品和相关金融服务。其三，新加坡是全球第四大外汇交易中心，拥有发展外币离岸市场的相关经验和条件。新加坡从20世纪60年代末期开始，透过财政奖励、取消外汇管制、取消对存款保持20%的流动准备等措施，吸引银行加入亚洲货币经营单位（ACU）的经营，在管理上以内外分离型模式强化风险防范，试行另立账户分开管理，成功地建立了亚洲美元市场，如今新加坡已经发展成为美元、欧元、日元、英镑、瑞士法郎等货币在亚洲交易的重要离岸市场，平均每日外汇交易额达到1010亿美元。其四，新加坡是地区资金交易中心。新加坡是全球最有影响力的资金集散中心，其影响力不仅仅局限在东盟区域内部，还广泛地辐射到南亚、西亚、澳大利亚、新西兰甚至东非和北非地区。目前亚洲最主要的资金中心除了中国香港就是新加坡。但和中国香港比，新加坡为在本地设立资金中心的企业提供了更为优惠的税收条件，还与许多国家订立了避免双重征税的协定。这两大优势对企业有很大的吸引力。随着中国与南亚、西亚、澳大利亚、新西兰、非洲经贸往来的日益加强，新加坡的"桥梁"作用将更加突出。其五，新加坡还具有亚洲重要的财务中心和资产管理中心的优势。自1998年以来，新加坡政府开始着力打造财富管理中心，出台了很多的优惠政策，吸引了许多著名的私人银行和基金管理公司在新加坡设立机构，有的还在本地设立了区域总部，使其基金管理的数量已经超过了香港，新加坡还重点培养了许多基金管理和财富管理的人才，如今在新加

①柳洪. 离岸人民币业务中心的新发展及其比较优势分析［J］. 金融博览，2014（6）：36—37.

坡集中了众多国际机构投资者和对冲基金。其六，新加坡拥有完善发达的
金融市场和符合国情行之有效的金融监管体系。新加坡现在有各类金融机
构600家，其中银行114家、投资银行53家、保险公司132家、保险中介公
司60家、基金管理公司95家、证券公司61家、期货公司32家、财务顾问
53家。新加坡是一个城市国家，其国土面积仅690多平方千米，却汇集了
众多的金融机构，其密集度和多样化足以满足经济发展对金融业的巨大
需求。①新加坡还拥有活跃的短期资金市场、金融期货市场和亚洲美元市
场，新加坡金融业的收入已经占其国内生产总值的12%，金融业已经成
为新加坡的重要产业。新加坡对金融业的监管既符合国情又行之有效，
虽然它没有中央银行，但对金融业的管理却非常有效，其特点是在强化
宏观控制的基础上来创造宽松的金融环境，金融监管、货币发行和外汇
储备管理分别由新加坡金融管理局、新加坡货币发行局和新加坡政府投
资公司来执行，三者完全是独立行使职权的，没有来自政府及其他任何部
门的干预。②

　　新加坡的以上独特优势，尤其是作为亚洲重要的财务中心和资产管理
中心的地位，对用人民币在亚洲开展的国际贸易结算、人民币融资和人民
币投资都提供了非常有利的条件，无疑也为促进新加坡离岸人民币中心的
发展提供了坚实的软硬件基础。

　　2. *新加坡政府主动积极的支持和鼓励*

　　新加坡政府是廉洁高效的政府，其行政效率一直以来都是受到普遍
赞誉的，这对外资也具有很大的吸引力，这种高效的行政行为成为新加
坡国际金融中心得以快速、健康发展的重要因素。2009年以来，新加坡
政府一直对建立人民币离岸中心具有高度热情，并表示将给予离岸人民
币市场更多的制度保障和政策优惠。2013年2月，人民银行授权工商银
行新加坡分行担任新加坡人民币业务清算行。中新续签了3000亿元人民
币／600亿新加坡元的货币互换协议，可为双边贸易和投资提供便利。

---

①李欢丽，李石凯.新加坡人民币离岸中心的比较优势［J］.中国金融，2013（9）：37—39.
②陶杰.新加坡金融中心的三大支撑［N］.经济日报，2012-04-16（11）.

2014年10月在中国的银行间外汇市场开始实行人民币与新加坡元的直接挂牌交易，这有助于降低人民币与新元的交易成本。人民币合格境外机构投资者试点范围也从最初的香港拓展到了新加坡，投资额度为500亿元人民币，这些可为企业和投资者提供新的投资机会，为人民币双向流动增添新的动力。截至2014年12月末，新加坡的人民币存款达到2770亿元，新加坡的人民币债券——"狮城债"的发行额已达到127亿元，2014年年末新加坡清算行累计人民币清算量已超过40万亿元，成为当年仅次于香港的第二大离岸人民币清算中心，但在2016年开始被伦敦人民币离岸中心超越。

四、纽约人民币离岸市场发展的特点

1. 纽约人民币离岸市场起步晚，在初期时没有央行参与，是由民间力量主导的

美国的人民币离岸业务发展起步比较晚，这与美元作为当今位居第一的国际货币有很大的关系，在美国市场上，美元自然是最优先的选择，由于市场惯性，人们自然而然地对人民币就有一定的排斥心理。但根据环球同业银行金融电讯协会发布的数据，2014年1月份通过美国的加权平均人民币计价跨境支付大幅增加422%，是有记录以来的最大增幅，表明在美国人民币跨境支付的需求还是存在的。2015年中美两国元首就推动人民币在美交易与清算达成共识以后，人民币业务在美国的发展就开始面临前所未有的大好机遇。美国政府对人民币加入国际货币基金组织的特别提款权也表示了支持。2015年11月30日，民间主导的彭博人民币工作组正式成立，开始深入探讨在美国进行人民币交易、清算和结算的解决方案以及在美国建立离岸人民币中心的可行性。表明美国的投资者对于人民币的兴趣不断递增，美国境内越来越多的客户有意愿接受人民币，美国企业开始关注人民币的使用问题。该工作组在美国当地的中美主流银行业的积极配合下，对落实中美两国元首达成的目标和推动人民币在美国的发展都起到了积极的作用。

2. 纽约发展最好的是人民币离岸外汇交易业务，市场份额位居全球第三

2016年以后，纽约的人民币离岸市场可以说是驶入了快车道。2016年6月，中国人民银行与美联储签署了建立人民币清算安排的合作备忘录，并首次授予美国人民币合格境外机构投资者额度2500亿元，同月，中国人民银行旗下的中国外汇交易系统（CFETS）宣布将在纽约设置分支机构。CFETS将提供人民币对其他外汇的电子竞标系统，并提供外汇交易、银行间借贷以及债券交易等服务，这标志着人民币在美国市场的竞价、交易、借贷等基础设施将有实质性的改善。2016年9月21日，中国银行纽约分行被中国人民银行指定为美国人民币业务的清算行。2016年上半年，美国市场人民币支付清算金额接近10万亿元，在全球离岸市场排名中位居第五位（占比26%），仅位于中国香港（占比70.7%）、伦敦、新加坡、中国台湾之后。在纽约人民币离岸市场上，人民币外汇交易市场是发展最快最好的。截至2016年4月，在人民币外汇交易方面，美国纽约的人民币离岸市场排名仅次于新加坡、伦敦（中国香港和内地除外），位列第三名，人民币日均交易量达242.42亿美元，占全球人民币交易份额的9.5%，占美国外汇交易市场总额的1.9%。

3. 美国企业和投资者对人民币的使用仍受到许多限制

目前为止，在美国使用人民币从事商贸活动，仍然受到许多的限制。其一，中美两国贸易中结算货币的选择取决于双方的实力和贸易结构。从双方实力看，中美贸易的特征是美国对中国的贸易逆差，鉴于买方在结算工具选择方面的绝对优势，美国企业具有较强的市场话语权，美国的进出口商不管是由于历史惯性，还是出于规避汇率风险和减少交易成本的考虑，都更愿意采用本币美元作为结算货币。对中国来说，中国出口企业大多从事的是加工贸易，生产的多为初级产品，差异化很小，可替代性较强，缺乏与美方谈判的筹码，在选择结算货币时相对被动；而中国进口企业主要进口的是外方垄断的资源类产品和高新技术产品，谈判主动权主要在美方，在贸易结算货币的选择上也缺乏主导权。加上美元仍是主导的国际货币，多数跨国公司的业务都以美元进行，考虑到成本的因素，这些公

司没有必要进行多种货币的财务运作。环球同业银行金融电讯协会在2016年8月份公布的数据显示，美国与中国内地及香港的跨境支付中只有总价值2.8%的支付是由人民币完成的，而美国与中国（包括中国香港）之间的跨境支付只占其总支付额的12.7%。[①]可见人民币在美国的使用还是处于较低的水平。其二，美国市场人民币存贷款规模偏小的原因是受到账户管制。根据彭博人民币工作组的问卷调查，美国市场2015年人民币存款约为13.08亿元。美国银行业普遍不提供多币种账户，因此客户的人民币存款业务选择非常有限。美国非中资银行虽然可能希望提供人民币存款账户，但由于面临较大的监管不确定性，积极性较低。美国大公司可以通过海外银行关系及其海外司库中心开设人民币账户，但存在成本和效率问题。而中小企业没有多币种账户或全球司库能力，必须依靠其美元存款账户、外汇兑换和代理行实现人民币收支，导致人民币交易成本增加，透明度降低，从而使用人民币的积极性大打折扣。还有一些诸如人民币现金管理、证券交易和风险管理等业务无法通过上述账户开展。在贷款方面，美国市场仍然是以美元为绝对主导的市场，其他各类货币在美国商业贷款上的份额都非常低，由于离岸人民币的使用主要集中在跨境贸易，因此，比起公司贷款，以人民币计价的贸易融资可能比人民币贷款更具有市场增长的空间。其三，受时差影响，中美两地的金融机构在营业时间上有矛盾，因此在款项汇划、交易活跃程度、寻找交易对手的便利性和及时融入资金等方面都存在局限性，而且也无法进行T+0的交易，也不能进行当日起息的收付款，尤其是在美国的下午时间，除外汇即期交易以外的其他业务都不活跃（黄小军等，2016）。其四，中国资本账户的未完全开放，在一定程度上限制了人民币作为投资工具的使用。纽约股票交易所已上市了一系列人民币ETF产品，包括人民币债券、RQFII项下的人民币产品等。人民币资产挂钩ETF产品已初具规模，但品种仍需丰富，交易仍需活跃。此外，人民币还没有成为持续联系结算（Continuous Linked Settlement，简称CLS）的合格货币，这也制约人民币外汇交易的发展。由于不是CLS认定的合格货币，

---

①黄小军，等.美国离岸人民国际化现状和路径思考［J］.银行家，2016（12）：74—77.

人民币作为标的资产进行交易时会面临较大的清算风险，市场主体考虑到清算风险从而降低了人民币的交易需求。

2018年年初，中国人民银行授权摩根大通银行担任美国人民币业务清算行，指定首家非中资人民币清算行是人民币国际化的重要一步，加上在2016年9月就已经授权中国银行纽约分行担任美国人民币业务清算行（2017年年末中行纽约分行处理人民币清算业务接近1.6万亿元人民币），至此在美国有两家人民币业务的清算行，这有助于在美国引入更多人民币产品和服务，通过降低交易成本和进一步参与中国资本市场，进一步彰显了中国开放市场的决心，向国际投资者和机构提供了前所未有的人民币清算、交易和结算的便利，将进一步推动人民币国际化的全球进程。

五、欧元区人民币离岸市场的发展特点

1. 德国法兰克福的优势与特点

德国之所以选择法兰克福建立人民币离岸市场，是因为法兰克福有很好的条件成为欧洲的人民币交易中心。其一，法兰克福是欧洲央行、德国央行的所在地，金融基础设施完备，德国政府也很乐意与中国一起推动人民币国际化的进程。法兰克福的目标不仅是成为欧元区的支付中心，还计划提供专门的中国证券交易基础设施，充分利用其在货币联盟内作为地区性金融中心的地位和作用，来推动与中国建立更紧密地经贸关系，并以此来推动人民币离岸市场的发展。其二，中德之间的经贸联系也远超其他欧洲国家。2014年中德年度贸易额约为1662.88亿美元，约占中欧贸易总额的27%，有8200多家德国企业在中国安家落户，也有超过2000家中国企业在德国扎根。与伦敦类似，五大中国国有银行均在法兰克福设立了子公司。单从贸易角度来看的话，法兰克福作为人民币离岸中心可谓实至名归。欧盟作为中国2014年的最大贸易伙伴，其中约27%的贸易来自德国，而德国也是欧洲大陆上唯一对中国有巨大贸易顺差的大国，2014年更是达到创纪录的323.28亿美元。这也使得德国成为推广人民币贸易结算的理想对象，而中国对德国的贸易逆差使得德国更容易让人民币沉淀下来，有利于快速

地在当地构建人民币离岸市场。2015年11月，海外首个专注于人民币计价产品的交易平台——中欧国际交易所在法兰克福开业，这是充分利用德交所的基础设施，为投资者进入充满吸引力的中国资本市场提供了通道。

2. 卢森堡的优势与特点

从卢森堡的优势来看，其一，卢森堡是欧盟地区最大的投资基金中心，规模仅次于美国。卢森堡最擅长的是跨境交易，在全球投资基金的跨境交易领域卢森堡是第一位的。卢森堡投资基金的优势在于创新，已经成为金融科技中心，在电子商务、电子支付方面搭建起一个非常专业的平台，包括亚马逊等国际公司纷纷来到了卢森堡，中国的电子支付公司也来到了卢森堡建立支付平台。其二，卢森堡证券交易所推出一个环保融资交易平台，专门交易绿色债券。其三，卢森堡的信用评级是3A级别的。卢森堡在欧盟中IT基础设施是最佳的，传输最迅速，而且非常安全；卢森堡是一个很好的门户，可以方便地进入拥有庞大客户群的欧洲统一的市场。①

卢森堡政府和当地的行业协会对人民币业务的未来发展的期待很高，十分看好人民币作为国际货币的发展潜力。在卢森堡政府和中国政府的积极努力下，卢森堡充分利用自身优势，短短几年时间就在全球的人民币离岸市场争夺战中取得了一席之地。卢森堡离岸人民币核心业务集中在点心债的发行、人民币合格境外投资者基金以及人民币投资基金等三大领域。其一，它利用自身是欧洲杰出的基金注册管理和分配中心的地位，同时又拥有国际债券发行的悠久历史，在资金管理和资本市场活动领域成功地开拓出了一个细分市场，发展成为欧洲最大的点心债发行中心，成为欧元区最重要的人民币境外业务中心。因此卢森堡完全可以成为规模较小的离岸人民币中心的榜样，它们成功的关键在于根据自身的特点和市场实力，为自己找到一个有效的"细分市场"。其二，卢森堡还成为多家中国主要银行的欧洲总部所在地，它们通常将其作为向欧洲客户发放人民币商业贷款的区域中心。其三，卢森堡还是多家中国非金融公司的欧洲总部所在地。

①连建明. 卢森堡成为欧洲人民币离岸中心_凤凰资讯［N/OL］.2016年10月27日新民晚报 http: //news. ifeng. com/a/20161027/50164375_0. shtml.

再加上友好的监管和税收制度，这些因素是卢森堡成功发展人民币业务的关键。

第三节 人民币离岸市场与人民币国际化的协同发展及前景

我国人民币国际化实际上是从境外境内两条轨道同时推进的，被称为"双轨制"，即境外的香港人民币离岸市场+境内的人民币跨境贸易结算业务，人民币国际化以这两条路径为起点，渐次发展到全球的人民币离岸市场+人民币直接投资、人民币证券投资、人民币国际信贷、人民币国际储备等层面上。很显然，人民币离岸市场与人民币国际化之间存在协同发展的效应。人民币离岸市场的发展与人民币国际化程度的提升是相辅相成、相互渗透的关系，两者的发展已表现出明显的协同效应，人民币离岸市场的发展推动了人民币国际化程度的提升，人民币国际化的深化发展又促进了人民币离岸市场的功能发挥，这种协同是系统内的协同，是互动、互促、互利的关系。人民币离岸市场是人民币国际化的重要组成部分，其发展状况决定了人民币国际化的提升程度，而人民币国际化的深入发展也推动了人民币离岸市场各项业务的顺利进行，二者是协同发展的关系。

一、人民币离岸市场与人民币国际化协同发展的机理

我国设立人民币离岸市场的目的就是为人民币国际化的发展铺设道路或创建一个平台，因为在人民币国际化的初期，我国的人民币还不是可自由兑换货币、我国的资本还存在严格的管制、金融市场还未完全开放、人民币的跨境流动还存在许多的障碍，而人民币离岸市场的设立，就为在上述一系列约束条件下的人民币境内外流通打开一条通道。同时人民币离岸市场的建立也有助于隔离国际金融市场的波动对于国内市场的冲击，从而有效降低货币国际化过程中的风险，还能够弥补国内金融市场在法律和市场基础设施等方面的不足，为人民币国际化创造条件，为我国的渐进式的金融改革和资本项目的开放、为人民币走向完全自由

兑换货币提供实验场地，因此人民币离岸市场在人民币国际化发展中起着非常重要的作用，尤其是在人民币国际化的初期发展阶段。前面两节的内容充分表明，在人民币国际化的第一、第二阶段，也就是2015年前衡量人民币国际化的数量指标中，离岸市场所占的份额都是很高的，即便是发展到目前的第三阶段，离岸市场在境外人民币存贷款、境外人民币债券发行和交易、境外人民币外汇市场交易额、跨境贸易人民币结算、境外人民币支付清算等方面都占了较大的比重。可以说，没有人民币离岸市场的建立和发展，人民币国际化就不可能取得今天的成就，人民币离岸市场对人民币国际化有重要的推动作用，对人民币国际化的顺利实现影响巨大。当然反过来，人民币国际化的发展也为人民币离岸市场的发展提供了很好的机遇和空间，也同样推动了人民币离岸市场的快速发展，提升了它们的市场地位。总之，人民币离岸市场与人民币国际化是相互促进、协调发展的关系。

从国际货币最基本的职能来说，一国货币在境内外除了本国居民的自由使用外，还要有非居民在境内外的自由使用才称得上是真正意义上的国际货币。尽管一国货币的境外持有和流通并不构成货币国际化的全部内容，但它却是一国货币走向国际化的现实起点和必要条件。人民币离岸市场就在最初的这个节点上极大地促进了人民币的境内外流通。在人民币国际化开始启动之前，人民币一直是不可自由兑换的货币，我国的外汇、资本都是实行严格管制的，非居民主要通过外商直接投资的方式获取并持有人民币资产。人民币国际化启动以后，在我国政府的一系列顶层设计和推出的各项政策措施中，第一步就是有序推动人民币的跨境流通，陆续推出了人民币资金进出境内外的几条通道，其中以人民币离岸市场为中介或平台进出的通道是最重要的一条。

第一条通道是通过经常项目的人民币资金流通渠道，主要包括企业的跨境贸易人民币结算和个人或居民的跨境汇兑、消费及现钞携带。在人民币国际化启动之前，个人或居民的跨境汇兑、消费及现钞携带就一直存在，境内人民币资金的流出主要靠居民个人赴境外消费的人民币结算、境外银行机构为境外个人提供的人民币汇兑以及境内居民出境旅游、留学、探亲等携带出去的现钞，人民币资金回流也是境外居民或个人携带入境的现钞或银行汇兑的人民币资金。这部分人民币资金在人民币国际化启动之后，随着人员交流往来的增加，双向流动的规模也不断扩大。经常项目的人民币资金进出主要是通过进口贸易人民币结算实现流出，通过出口贸易人民币结算实现回流。一直以来，境外的人民币跨境贸易结算和人民币业务的清算都是通过人民币离岸市场进行的。但在人民币升值预期的背景下，一般来说，进口商更愿意选择人民币离岸市场来进行结算。在人民币处于升值区间时，离岸人民币会较境内人民币升值更为明显，如在2010年9月至10月这一段时间，CNH较CNY明显更为昂贵，从进口商的角度来说，由于美元在香港比大陆要便宜，进口商会将他们的人民币存放在他们在香港的分公司，以更为有利的汇率来换取美元支付货款，进口商的这种行为会使得香港的人民币供给量增加，CNH也重新向CNY收敛。因此香港的人民币跨境贸易结算从2010年的3692亿元猛增到2014年的1.73万亿元，香港作为连接离、在岸市场的桥梁，大约70%的人民币跨境结算是通过香港完成的。

第二条通道是逐渐放开资本项目的人民币资金流通渠道，这条渠道也是双向的，主要包括人民币直接投资、人民币证券投资、人民币境外信贷等。人民币离岸市场在人民币债券发行交易、人民币境外信贷融资方面也起到了很大的作用。

首先，人民币证券投资方面。2007年在人民币国际化尚未启动之时，内地的一些金融机构就已经获准在香港发行人民币离岸债券，2010年8月《关于境外人民币清算行等三类机构运用人民币投资银行间债券市场试点有关事宜的通知》发布，人民币离岸市场的金融机构就开始参与内地银行间债券市场的交易活动。2011年12月在香港募集的人民币资金允许通过RQFII（对投资额度、投资范围等都做了限制）投资境内的证券市场，随后又被允许进入银行间债券市场，标志着人民币合格境外机构投资者业务试点正式启动，这对于我国资本市场的对外开放、推进人民币跨境使用以及支持香港人民币离岸业务中心建设都是个大利好。RQFII在中国股票市场设立了多个ETF基金，需求都很旺盛，成为境外人民币保值增值的主要渠道，大大提高了境外经济主体获得并持有人民币的积极性，促进了人民币资金的内外良性循环。2012年国家发改委发布《关于境内非金融机构赴香港特别行政区发行人民币债券有关事项的通知》，极大地促进了大型非金融企业赴港发行人民币债券，使香港成为中国企业发行人民币国际债券的主战场，随后其他的人民币离岸市场也开始发行人民币债券。由于人民币离岸市场上人民币债券等证券的成功发行，使我国人民币国际债券和票据的存量连年增长，有力地提升了人民币国际化的指数。除了人民币债券以外，离岸市场上还创新发展了很多的以人民币计价的各类金融产品，如基金、股票、保险、存款证、人民币与港币同时计价的"双币双股"以及人民币汇率期货、人民币利率互换、指数期货、美元兑人民币期货等人民币的衍生品，这些金融产品大大丰富了人民币国际化的内涵，推动人民币国际化不断走向更高的层次。

其次，人民币信贷融资方面。人民币要走出国门，要在境外形成人民币的流通交易市场，就必须要先形成人民币资金池来提供人民币的流动性。由于内地与香港的特殊关系，香港早在2004年就开办了人民币业务，当时仅获准试办人民币的个人存款、汇款、兑换和信用卡业务，2005年包括零售业、饮食业、运输业在内的7个行业获准开设人民币存款账户。2006年准许香港居民开设人民币支票账户。在人民币国际化启动之前，香港的人民币存款规模一直都低于1000亿元，2010年7月中国人民银行分别与香港金融管理局和中银香港签署了扩大人民币贸易结算安排的补充合作备忘录和修订后的《香港人民币业务的清算协定》后，香港人民币存款出现了飞跃式增长，到2012年人民币就成为除港元和美元之外的第三大货币。香港的人民币存款通过自由市场机制，支撑着大量不同种类的人民币金融产品的活动。在"811汇改"后人民币面临贬值压力和国内外形势改变的背景下，全球的人民币离岸市场存款规模开始逐月下降，到2018年开始呈现稳步回升趋势。

离岸市场的人民币贷款业务也是首先在香港启动的。由于政策的限制，直到2011年以后香港的人民币贷款业务才开始迅速发展起来，根据香港金管局公布的数据，贷款余额由2010年年底的不足20亿元增加到2011年

12月底的310亿元；①2012年年底又继续增加到790亿元人民币，使2012年年底香港地区约占海外人民币资产总规模（总额为12万亿元人民币）的80%。2012年12月《前海跨境人民币贷款管理暂行办法》出台，吸引了很多的香港银行从事对内地人民币的贷款业务，贷款期限也由短期向中长期发展。②2016年9月香港的人民币贷款达到最高值3074.0亿元，随后同人民币存款一样开始逐渐下降到2017年11月的1487亿元。同时期其他的离岸人民币市场如我国台湾、伦敦、卢森堡等也开展了人民币贷款业务，但2016年以后也跟香港一样，人民币贷款总额也是趋于减少的（详见本章第一节）。在离岸人民币市场存贷款先后从最高峰趋于下降的同一时期内，人民币国际化也呈现出相同的走势，离岸市场的人民币业务的萎缩大幅降低了人民币国际化的程度。

最后，人民币证券投资方面。我国近几年的国内资本市场加速开放，各种资本管制正逐步消除，境外的投资者可以分别选择不同的通道如RQFII、沪港通下的沪股通、深港通下的深股通、债券通等投资境内的人民币证券市场，而境内投资者可以选择RQDII通道、沪港通下的港股通、深港通下的港股通等渠道到境外投资。这些通道为境外机构配置境内的人民币资产提供了便利，提高了境外机构持有人民币资产的主动性和积极性，推动了我国境内机构和个人的境外投资。2015年7月，中国人民银行发布《中国人民银行关于境外央行、国际金融组织、主权财富基金运用人民币投资银行间市场有关事宜的通知》，意味着境外央行、国际金融组织、主权财富基金这三类机构通过备案即可运用人民币投资中国银行间市场，开展债券现券、债券回购、债券借贷、债券远期，以及利率互换、远期利率协议等交易，而此前只允许进行债券交易业务，这一举措使我国的熊猫债市场迎来井喷式的大发展，大大增加了境外机构持有人民币资产的规模。上述这些证券投资业务的开展都或多或少跟人民币离岸市场紧密相关，大多数都要借助人民币离岸市场的业务平台进行，尤其是沪港通、深港通、

①香港金融管理局2011年年报。
②2011年年底，国家发改委批准中国广东核电集团向中银香港借用30亿元人民币商业贷款，这一举动被视为创内地企业获批借用香港中长期人民币商业贷款的先河。

债券通的开展更是离不开香港人民币离岸市场功能的发挥。

此外，与人民币资金流通相关的清算业务大多数也都是通过离岸市场进行的。如通过香港进行的人民币业务清算量占市场总份额的75.68%，香港离岸人民币清算平台的参加行达到了194家，其中170家是海外银行的分支机构和内地银行的海外分支，形成了一个覆盖全球30多个国家的结算网络，而通过英国伦敦的人民币离岸市场清算的占总份额的5.59%。可见，人民币离岸市场一直在人民币资金的跨境流通中担当非常重要的中介角色，若没有人民币离岸市场的参与，人民币国际化是不可能实现的，人民币离岸市场一直发挥着推动人民币国际化不断深化发展的重要功能。

二、离岸人民币市场的发展前景

十一年来的实践证明，离岸人民币市场是与人民币国际化协同发展、齐头并进的，人民币国际化程度的停滞和下降也直观反映在离岸人民币市场发展受到的阻碍，在离岸人民币市场蓬勃发展的同时也大幅度提升了人民币国际化的程度。那么今后人民币离岸市场的发展前景如何呢？由于我国人民币国际化的发展模式是任何主权国家货币国际化从未有过的新鲜探索，因此就没有太多的国际经验可资借鉴，但通过比较分析其他国际货币的离岸市场的发展过程，人民币离岸市场的发展前景还是非常值得期待的，关键在于在人民币国际化的过程中，要持续不断地让在岸市场和离岸市场相互融合、相互依托、相互促进、共同发展，当在岸市场完全开放后，离岸市场将因各种优势得以与在岸市场在不同的地理区域形成一个覆盖全球的、不间断交易的人民币市场，而原人民币离岸市场与在岸市场的界限也将淡化，表现为共同参与人民币业务的各金融中心之间的关系。①

尽管我国的离岸人民币市场发展取得了显著的进展，但也逐渐暴露了一些问题，其中最大的问题就是随着人民币国际化的深入，离岸人民币市

---

①乔依德，李蕊，葛佳飞. 人民币国际化：离岸市场与在岸市场的互动［J］. 国际经济评论，2014（2）：93—104.

场对在岸人民币市场的影响日益显现，表现出来的就是在香港人民币离岸市场与内地人民币在岸市场之间的跨境套利套汇活动日益影响到了我国的汇率政策、货币政策的稳定，还有就是国际炒家一旦发现有机可乘，就会随时冲击在岸市场，扰乱我国经济金融的稳定秩序。由于离岸市场是完全自由的市场，人民币可自由兑换，在国际经济金融动荡的时候，离岸人民币汇率更容易发生波动。比如在2011年的欧债危机期间，离岸人民币汇率大幅度波动，与在岸汇率的汇差达到1.9%。而且离岸人民币资金池较小，流动性相对较差。在流动性比较紧张的情况下，离岸人民币的汇率和利率容易出现大幅度波动。比如在2016年的1月12日，离岸人民币隔夜利率一度突破66%，离岸人民币汇率在6日到13日升值近2%。在人民币国际化的发展初期，离岸市场规模还不大，对在岸市场的影响也有限。但随着人民币国际化的不断深入发展，离岸市场对在岸市场的影响也日益增大。而在岸人民币利率汇率正处在市场化改革阶段，还没有完全放开，因此离岸、在岸就存在一定的利率差、汇率差，这就为投机人民币提供了空间和机会。一旦离岸、在岸市场的利率汇率差过大，就会导致套汇套利活动过于频繁，势必影响到在岸人民币利率汇率的稳定，尤其是当离岸、在岸汇差引发人民币的贬值预期时，对国内金融稳定的影响就更大了。而在人民币持续的贬值压力下，香港的离岸市场很容易成为国际投机势力做空人民币的最好场所，它们通过香港离岸市场大量收集人民币筹码，做空人民币，从而形成在岸和离岸市场之间的汇差，然后通过套利交易，赚取汇差，形成了人民币汇率的巨大波动。近两年，为了稳定人民币汇率，弥合在岸和离岸市场人民币的汇差，央行通过一系列的干预措施，降低香港人民币离岸市场的流动性，形成香港离岸市场人民币的稀缺，从而提高离岸市场人民币利率，抬高做空势力的做空成本，进而围剿这些做空势力，但央行也付出了巨大的成本，降低了外汇储备，还使得离岸市场人民币流动性枯竭，从而倾数年心血建立起来的离岸人民币市场近乎崩溃，这无疑是人民币国际化遭遇到的一个重大挫折。

对一个国家来说，汇率稳定是非常重要的。因此，如何尽量降低在岸、离岸的利差汇差，避免过分的套汇套利活动，就成为很现实的问题。

一个方法是让境内银行参加离岸人民币业务，以便促进离岸、在岸市场更加融合。另一个方法就是在境内建立在岸的人民币离岸市场，如上海自贸区、海南自贸区等都建立了人民币离岸市场，这些都将使境外的离岸人民币市场的功能和市场地位在未来将会有所下降，离岸人民币汇率也不再如以前那样重要了。由于金融管制的逐步削弱，在岸和离岸市场的各方面条件趋于一致，离岸金融市场的独特优势不再，一些业务可能会从离岸市场回归在岸市场。然而，离岸人民币市场对我国企业和资本走出国门、对中国经济的全球化布局依然会起到关键性的支撑作用。特别是可以配合亚洲基础设施投资银行和丝路基金，在"一带一路"沿线国家大力发展人民币离岸市场，为区域经济合作提供所需人民币资金融资。如果说离岸人民币市场过去十几年的发展是以离岸金融为主，那么在未来几年则要着眼于服务实体经济，促进中国和周边区域包括"一带一路"沿线各国的共同发展。

第四章　人民币国际化的前景与策略

　　人民币国际化发展的十一年历程表明，在政府顶层设计、政策推动的同时坚持尊重市场、顺应需求的理念，稳步扎实地逐步推进，是十一年来人民币国际化取得阶段性初步成功的关键。十一年来，人民币跨境使用从无到有、从小到大，人民币跨境流通渠道从贸易项目为主转向资本金融项目为主，在国际市场上的使用范围不断扩大，人民币的国际货币职能不断增强，在2016年10月1日被纳入国际货币基金组织的特别提款权货币篮子后，人民币的持有和使用主体从企业、个人拓展到各国央行、主权财富基金以及各类金融机构，2018年年底，人民币已成为我国第二大跨境收付货币、全球第一大新兴市场外汇交易货币、全球第五大国际支付货币和全球第五大国际储备货币，并形成了涵盖中国香港、新加坡、伦敦等各具特色的离岸人民币市场，人民币的国际货币地位越来越得到国际市场的认可和提升。根据中国银行连续开展的客户调查报告资料，境内外工商企业对人民币国际地位的预期保持着上升趋势，2018年的调查结果显示超过四分之三的受访对象认为人民币在国际贸易投资活动中的使用度将提升，超过半数的境外金融机构对参与中国资本市场抱有浓厚的兴趣。

　　人民币国际化虽然取得了阶段性的初步成功，但人民币的各项货币职能在全球市场的占比仍然远远低于人民币在SDR货币篮子中10.92%的权重，说明人民币国际化市场表现与人民币的国际官方地位不太匹配，同时人民币的国际地位远远低于中国在世界经济和贸易中的地位。2019年中国GDP约占全球的15%，进出口贸易额约占全球的12%，而环球同业银行金融电讯协会的数据表明，人民币在全球跨境支付中仅占1.1%，国际清算银行数据表明人民币在全球外汇交易额中仅占4.0%（在全球中排名第八位，不仅远落后于美元、欧元、英镑和日元等主要储备货币，与瑞士法郎、澳大利亚元和加拿大元相比也有差距），在全球外汇储备中占比只有1.89%。目前在一些国家还看不到人民币对其他货币的直接挂牌交易，比如部分中亚国家的机场兑换点就没有挂牌人民币。这其中一个原因是人民币仍未完全实现资本项目的可兑换，和许多货币尤其是新兴市场的货币未形成双边直接汇率，缺乏直接挂牌的定价参考标准；另一个原因是这些国家的中国人相对较少，当地民众对人民币的使用和接受程度并不高，缺乏人民币的兑换需求，也就没有必要在机场设置人民币兑换点。因此人民币的国际使用程度仍有待提高。

现阶段的人民币国际化面临着国内外环境改变、推动动能改变、政策效应递减、波动性和风险性上升等新环境和新变化，其发展将面临更多的市场阻碍、市场风险和现实挑战，展望未来，人民币国际化仍有许多基础性的工作需要扎实推进，要提高我国金融业的全球竞争能力，人民币国际化只有与更高层次的改革开放相伴而行、与高质量的经济发展相协调，才能确保人民币国际化行稳致远。尽管人民币国际化总体进程呈现良好态势，但在短期内，基于对人民币国际化程度核心评价标准与指标的判断，加上中国的经济贸易结构调整、特定国际货币的崛起与替换完成、金融市场基础设施升级均还需时日，尤其是2020年1月新冠疫情在全球蔓延及其对全球的深远影响，短期内人民币国际化进程有可能在现有水平上进入"徘徊"状态，但长期来看，人民币还是有可能超越英镑和日元，成为美元、欧元之后的第三大国际货币。

第一节　人民币国际化存在的问题

目前，人民币国际化走过了十一年三个阶段的发展历程，虽然取得了阶段性的初步成功，在国际货币体系中的排名已经比较靠前，在国际储备货币和国际支付货币中都排在第五、第六的位置，在外汇交易货币中排在第八或第九的位置上，但距离真正的货币国际化的目标还很遥远，人民币也还未成为可自由兑换的货币，现阶段的发展还存在不少的问题，有必要加以重视并尽快解决，以加速人民币国际化的进程。

一、我国金融市场的逐步开放、资本项目的逐步可兑换与宏观审慎监管的冲突

随着人民币国际化的推进，境外持有人民币资产的所有者迫切需要进行人民币资产的配置、交易和资金融通，这就要求有一个发达开放的人民币债券市场、外汇市场以及期货市场与之相匹配，只有开放的金融市场才能为人民币的跨境流通提供顺畅的渠道，为人民币成为储备货币提供必要的条件，进而夯实人民币国际化的基础。但从现实情况看，尽管过去三年来中国金融市场开放速度较快，但与其他国际货币所在国相比，我国金融市场的开放度仍然较低，对人民币国际化的支持作用仍有待进一步发挥。比如熊猫债市场在银行间债券市场规模中的占比不到 0.2%，我国国债的境外机构持有占比仅为8%，相比美国（占比超过35%）的开放程度相差甚远，相较日本（占比11%）也有一定差距（李松梁等，2019）。为推动人民币国际化、实现以对外开放促进深化改革的目标，中国的金融市场需要进一步开放。而金融市场的进一步开放必然涉及资本项目的开放问题。近些年来，中国先后开放了资本项目下风险程度相对可控的大部分交易项目和货币可兑换，比如，直接投资已基本无汇兑限制，中国银行间市场已全面开放，人民币境内外金融交易品种不断增加，熊猫债市场加大了开放，QFII进入中国股市、债市的额度管理已经取消，沪港通、深港通及债券通已经开通，这些都为境外投资者进入中国内地股市和债市提供了更多渠道，人民币已具有并保持了可使用性的特征。[①]但资本项目的开放是个异常复杂的系统工程，既涉及宏观经济又涉及微观经济，既涉及对外开放又涉及对内的改革，既涉及金融制度的转变（从金融压抑到金融自由化）又涉及金融脆弱性的形成与累积，既涉及新型监管体系的建立又涉及现代金融企业制度的形成，这些改革都不是一蹴而就的，需要较长的时间，在这过程中稍有不慎就有可能会带来金融危机，尤其是当国内的金融体系存在问题、经常项目逆差、国际收支不平衡、实行固定的汇率制度和国内通

---

① 王勇.人民币国际化对流动性管理有更高要求［N］.上海证券报，2018-01-26（7）.

货膨胀严重的情况下，更容易引发金融危机，正如1997年亚洲金融危机那样。因此在开放资本市场和资本项目过程中，为避免金融危机就应当进行适当的宏观审慎监管，但在实践中，宏观审慎监管与金融市场开放、金融产品的多样性、资金进出便利性之间又存在冲突，一旦真正管起来，可能会阻碍人民币国际化的进程，也就是日常所说的会发生的"一管就死""一放就乱"的情况。

2015年年底以来，在全球金融形势复杂多变的背景下，为了守住不发生金融危机的底线，中国加强了资本项下的管理，完善了资金跨境流动的真实、合规性审核，有效遏制了之前比较盛行的、没有真实贸易背景的套利和投机性资本跨境流动，从而使整体的人民币跨境流动规模下降了，资金进出境手续的增多与便利性的减弱也使人民币跨境流动的通畅度下降，这些都对人民币跨境与离岸的使用造成了负面影响。2015—2016年加强对跨境资本流动的管制以后，人民币国际化程度萎缩明显，因此资本项目开放度与宏观审慎监管如何平衡是一个很现实很重要的问题。当然，资本项下的人民币进出会比经常项下的人民币进出风险更大，因此在以资本项下的资金进出为主渠道的情况下，更要平衡好人民币国际化和防范金融风险之间的关系，重视加强境外人民币的宏观监测，加强对境内系统重要性金融机构的管理，要合理引导境外主体将人民币融资用于实体经济，避免过度的投机行为导致的跨境系统性金融风险，确保境内外人民币资金的循环能够运行在良性的轨道上。

二、人民币国际化的顺周期性引发的人民币汇率波动和人民币定价权问题

我国人民币国际化从跨境贸易人民币结算入手，同时主动积极推动离岸人民币市场的发展，然后再逐渐开放资本账户，这种"贸易结算+离岸市场→资本项目开放"的模式取得了初步成功，刘建丰、潘英丽认为这种推进模式带有顺周期的特点，与人民币汇率的升贬值预期形成正反馈，跨境贸易人民币结算先行及离岸与在岸市场的非协调发展，极易造成助涨杀跌的"超调",从而更加放大这种顺周期性。他们认为:首先,跨境贸易人民币结算先行已形成并强化了人民币汇率变化的正反馈机制,当人民币汇率稳定或升值时期,境外投资者愿意持有人民币,对人民币的需求呈现增长态势,推动了进口贸易人民币结算的稳步上升,流出境外的人民币使离岸人民币资金池扩大,香港等离岸市场的人民币存款增加,人民币升值压力进一步变大,这就形成了升值的正反馈机制。在人民币升值预期下,境内外机构、企业和个人更愿意把外汇卖给央行,持有人民币资产,导致央行的外汇储备增加。相反,在人民币汇率贬值时期(如"811汇改"前后),境外人民币持有者不断抛售人民币,境外人民币需求下降,人民币存款快速转为外汇存款,使人民币的贬值压力进一步加大,这就是贬值阶段的正反馈机制。其次,离岸与在岸市场的非协调发展,使得离岸人民币转变为攻击人民币汇率的"弹药"。香港离岸人民币市场是在人民币存在强烈升值预期的情况下开始大发展的,在香港市场化的汇率和利率机制下,境外投资者大举购买人民币促使离岸人民币汇率高于在岸人民币汇率。因此,离岸市场的汇率溢价引发了强烈的套利动机,人民币急剧外流。刘建丰、潘英丽通过相关数据计算出"811汇改"前后CNH与CNY之间的相关系数从之前的约0.09变为之后的约0.30,这表明在"811汇改"以后,投资者在更大程度上可以利用前一天的离岸与在岸人民币汇率差来预测第二天在岸人民币汇率的走向。这表明"811汇改"后,离岸人民币汇率领先在岸人民币汇率变动,香港人民币市场拥有较大的汇率定价权。为帮助在岸市场重新夺回人民币汇率的定价权,央行不得不进行干预,利用在香港离岸市场的人民币清算行如中国银行等大幅卖出美元,买入人民币,结果央行的外汇储备减少,香港离岸市场的人民币流动性几近枯竭,人民币利率大幅度飙升,使做空人民币的投机者成本大幅度增加。2016年1月12日,香港人民币同业隔夜拆借利率最高达到66.82%。同时,人民币存款额也从最高10000多亿元的顶点逐步下降至2017年第一季度的5000多亿元,减少的离岸人民币存款显然均被兑换成了外汇,成为攻击人民币汇率的"弹药",加速了人民币的贬值预期(刘建丰、潘英丽,2018)。

因此,离岸人民币市场的发展也是一把"双刃剑",乔依德等指出,若在岸市场不能与离岸市场有效对接和协同发展，离岸市场的存在和发展将会增加国内货币调控的难度；并可能为国际资本冲击在岸市场提供便利；也可能给未来人民币定价权带来不确定；甚至挤压建设中的内地金融中心的发展空间（乔依德，2014）。陈卫东和边卫红认为，我们必须要审慎、有序地推进各项金融改革，降低国际资本冲击；防范人民币汇率"超调"风险，夯实在岸人民币定价权（陈卫东、边卫红，2016）。边卫红指出，跨境人民币的流动影响了离岸与在岸人民币的汇率差价，其流动方向呈现明显的顺周期特征，这增加了人民币汇率调控的困难（边卫红，2017）。尽管人民币国际化意味着中国金融开放程度的进一步提升，其本身提高了资本项目可兑换程度，因此跨境资本流动在一定程度上的顺周期性是扩大金融开放的必然结果（刘建丰、潘英丽，2018）。但我国所鼓励的跨境贸易人民币结算先行而不是人民币计价先行，实质上不利于汇率风险的规避，而是鼓励了市场套利行为，加上前期没有协调好货币可兑换和国际化、在岸市场与离岸市场发展的关系，这刺激了监管套利和跨市场套利，由于在岸汇率的市场化改革不到位，因此离岸与在岸人民币间的无风险套利，反过来加剧了跨境资本流动的波动性。余永定、何帆、张明等对离岸、在岸市场的套汇套利现象进行了分析，认为套利套汇行为加大了人民币汇率的波动风险。

三、人民币国际化开始面临"特里芬难题"，人民币流动性和币值稳定之间的矛盾日益突出

美国耶鲁大学教授罗伯特·特里芬在1960年提出了著名的"特里芬难题"来证明布雷顿森林体系的固有缺陷。他认为，以美元为中心的国际货币体系一方面要求美元价值维持稳定和坚挺，另一方面要求美国大量输出美元，以满足全球贸易投资的支付需求，这本身就是互相矛盾的。正是布雷顿森林体系的固有缺陷，导致了它不可避免的崩溃命运。虽然在当时的背景下，1969年国际货币基金组织采纳了十国集团的建议，创新地推出了特别提款权这样一种超主权货币，但是SDR也有它的局限性，并不能彻底拯救布雷顿森林体系。布雷顿森林体系崩溃以后，国际货币体系进入了牙买加体系，但同样面临"新特里芬难题"，表现在：其一，在以美元为主导的货币体系中，全球大部分的资产都以美元来体现，从而形成了对美国和美元资产的依赖性，也使得全球的资产配置风险都集中在美元上，美元汇率和美国经济的任何波动都会波及全球的金融市场，使全球金融市场的不确定性和不稳定性加剧；其二，随着美国在全球经济地位的下降和美国国际收支的持续逆差以及美国的财政负债不断积累，人们对美元的信心在不断下降，这对美元的储备货币地位形成威胁；其三，美国为维护其国家利益，没有负担起储备货币大国应负的责任，其货币政策只体现其国家利益，国际上又没有别的力量可以对此加以有效约束。比如在国际金融危机期间，美国就采取增发货币的方式来应对金融危机，实行了四轮量化宽松的货币政策，使得美国的实际对外负债程度减少，从而减少了金融危机对美国经济的影响，但这其实是危机的转嫁，大幅度增加了金融危机对其他国家经济和金融的不利影响。"新特里芬难题"本质上还是"特里芬难题"的现实反映，同样是反映了储备货币的供给和币值稳定的矛盾。

有学者从根源来分析"特里芬难题"，认为"特里芬难题"是无解的。张宇燕、张静春（2008）[1]指出"新特里芬难题"的根源是信用货币体系下清偿能力的创造机制与国际货币储备制度之间存在的矛盾。吴福林（1992）认为只要采取依赖于国际收支差额的方式向国际社会提供某种主权国家货币的国际货币制度，不论是国际金本位制时的英镑，还是布雷顿森林体系下的美元，抑或是现在国际储备货币多元化情况下的日元等，都必然陷入两难的怪圈。安宇宏（2013）[2]指出"新特里芬难题"揭示了主权货币作为国际货币必然面临的货币供给和币值稳定的矛盾，本身无解，只有依靠国际货币体系的改革才能得以解决。

很多研究表明，"特里芬难题"并不是美元特有的现象，而是所有国际货币都必然要面对的一个难题，而且在货币国际化的不同发展阶段，

---

①张宇燕，张静春.国际货币的成本和收益［J］.世界知识，2008（21）：58—63.
②安宇宏.特里芬难题［J］.宏观经济管理，2013（8）：85.

所遭遇到的"特里芬难题"的表现形式也有所不同，不同的货币所呈现出的"特里芬难题"的程度也会有所不同。美元的"特里芬难题"是在美元国际化地位确立并运行十几年之后才日渐突出的，而在1960年之前的"特里芬难题"并不十分突出。反观人民币国际化的初期阶段，人民币应该还不存在明显的"特里芬难题"，但随着人民币国际化的深入发展，其"特里芬难题"也为学界所关注，很多学者认为"中国式'特里芬难题'"将成为未来人民币国际化道路上的一项巨大挑战。王元龙（2009）[1]认为人民币国际使用的推广也将遇到"新'特里芬难题'"，在通过贸易逆差的方式向其他国家提供结算和储备货币的过程中，满足国际市场货币需求和本币贬值的压力之间存在冲突。吴晓芹（2011）[2]认为在人民币国际化的初级阶段，人民币主要是充当结算货币，储备货币的职能发挥得很少，此时人民币面临的"新'特里芬难题'"并不凸显。但是随着人民币国际化步伐的加快，境外人民币的接受度和流通量增加，人民币大量在境外的沉淀，中国由一个净贷款者开始逐步向净借款者过渡，这个阶段"特里芬难题"风险开始显露。李荣（2014）[3]认为随着人民币国际化进程的加快，贸易逆差将会显现，人民币会在境外大量沉淀，出现"新特里芬难题"。

人民币要承担作为国际货币的重要职能，满足各个国家对于人民币的需求，我国就要在贸易中保持国际收支逆差，但这可能影响人民币汇率的稳定和引发人民币的贬值预期，一旦难以维持人民币汇率的稳定，贬值预期无法消除，就会动摇国际上对人民币的信心，导致国际市场所持有的人民币资产被抛售，人民币国际化程度将大幅度下降。因此人民币作为国际货币，就需要保持币值的稳定，这就要求必须控制人民币发行和流出境外的数量，而这又会影响境外市场人民币的流动性。如何解决这一矛盾是一项重大课题。

---

①王元龙.关于人民币国际化的若干问题研究［J］.财贸经济，2009（7）：16—22.

②吴晓芹.人民币国际化研究［M］.成都：西南财经大学出版社，2011：285—290.

③李荣.人民币国际化发展探析——兼论"特里芬难题"［J］.中国经贸导刊，2014（7）：62—65.

四、中国银行业国际化业务经营面临的风险问题

人民币国际化必然要求银行机构要走出国门，开展国际化经营，从而导致银行机构必然面临以下风险：一是汇率风险。随着人民币国际化程度的日益提高，人民币汇率随市场波动的程度也逐步增大，势必要求银行具备更高的风险管理和套期保值能力，否则银行及其客户都将面临较大的市场风险。同时，商业银行在提供金融支持时既要满足"走出去"企业对人民币金融服务的需求，还要为当地企业和居民提供与人民币相关的支付、兑换服务，这些都牵涉到汇率变动的问题。二是银行业务创新的风险。大多数的与人民币国际化有关的人民币业务都是新业务，要求银行要打破传统，有所创新，才能更好地满足跨境人民币资金流动的需求。如"内保外贷"已成为各银行支持企业"走出去"的重要的融资业务的创新。①为加速企业海外投资的步伐，银行还推出了通过入股方式投入资本或信贷资金接续产业基金等创新方式。有的银行还创新出综合运用贸易融资、涉外担保、全球授信、国际银团、买方信贷、并购贷款和境外发债等信贷产品及组合的方式来满足企业的境外融资的需求。但业务创新也会带来新的风险。比如"内保外贷"业务就可能因企业的不正当套利行为而给银行造成损失。三是来自外资银行的竞争。对于人民币国际化业务，外资银行也会参与竞争，外资银行经过在中国市场十几年的运作和发展，已经拥有了一群较为固定的客户，在人民币业务方面也积累了足够的经验，对中国市场已经比较熟悉了，在为企业提供各种跨境金融服务方面，外资银行一直以来就比较有优势，其对各国的法律、文化、商业模式等都比较了解，对中资金融机构进行的人民币国际化业务势必构成重大压力和挑战。四是可能导致银行信贷不良率的上升。银行是典型的顺周期行业，经济繁荣时信贷需求旺盛，企业偿债能力强，银行信贷规模快速增长，不良贷款率较低；反之经济处于下行或萧条阶段，银行不良贷款率则会大幅度增加。2018年中美贸易摩擦升级，2018年6月15日美国公布了首批被征收25%关税的我国

---

①内保外贷是指境内银行出具保函，企业在境外取得贷款的跨国融资模式。

出口美国的500亿美元商品清单，之后又于2018年9月24日起再对约2000亿美元的中国产品加征10%的关税，并在2019年5月10日将这批商品关税上升至25%。2019年6月30日（美国时间），美国又宣布可对2000亿美元的加税产品申请排除。中美贸易战导致的外部环境的变化严重打击了市场信心，我国产业链受到较大冲击，使得一些新兴战略产业发展放缓，加大了结构调整的难度，也使我国的投资下滑加剧，消费也呈现缩减趋势。在经济下行压力加大情况下，银行将面临更多的不良资产。

五、人民币债券市场国际化发展中存在的一些问题

从货币国际化看，扩大人民币的跨境使用，其关键在于从计价结算货币迈向投资货币、储备货币，而国际债券市场是人民币迈向投资、储备货币的重要载体。人民币国际债券既是稳健的投融资品种，也是良好的价值储藏品种，尤其是人民币国债。离岸市场上发行的人民币国际债券被称为点心债，在岸市场上发行的人民币国际债券被称为熊猫债。

首先，点心债市场发展中的问题。近年来离岸人民币债券市场的发行规模大幅度萎缩，与2015年之前的大幅度增长形成强烈的反差。2015年点心债全年发行量不足2014年的一半，2017年发行量仅为2014年最高峰值的30%左右，2018年虽然点心债发行开始恢复增长，但发行规模仍低于2014年的峰值。点心债市场规模的萎缩主要原因有三点：一是汇率波动和融资成本上升影响了点心债的发行。原先推动离岸人民币债券市场快速发展的核心是人民币升值预期和离岸在岸人民币之间的息差。2008年全球金融危机后，世界主要发达国家通过实施量化宽松政策对其货币进行策略性贬值；而中国经济保持稳定增长，对人民币币值形成强有力的支撑。在此背景下，国际市场普遍形成了对人民币稳定的升值预期，投资者持有人民币债券既可以享受到人民币升值的收益，又可以享受到债券利息的收益，所以持有点心债的意愿较为强烈。而与在岸市场发行的人民币债券相比，离岸人民币债券的融资成本更低，因此吸引了大批符合条件的内地企业到离岸人民币市场发行债券融资，因此在供给需求两方面的推动下，2015年之前的离岸人民币债

券市场得到了快速的发展。2015年"811汇改"以后，人民币汇率出现了双向波动，贬值预期产生，而之前升值预期对债券收益率形成的无形担保此时荡然无存了，投资者持有人民币债券的收益空间减小，需求方对投资点心债的意愿大幅下降。而在人民币贬值预期的影响下，离岸人民币资金池出现较为严重的萎缩，央行为稳定汇率而进行的干预导致离岸市场的人民币流动性收紧，使得离岸人民币利率高于在岸人民币利率，发行点心债的利息水涨船高，流动性状况和利率水平的反转使得发行离岸人民币债券的成本优势也明显缩小了，企业到离岸市场发行债券融资的意愿也大幅下降。二是2015年以后我国资本市场的开放加速，投资内地的渠道增多，境外投资者更倾向于投资内地资本市场。由于内地的人民币债券收益率高于离岸市场的人民币债券收益率，因此就吸引了大量的境外投资者进入在岸人民币债券市场。对比2016和2017年的数据，就可以看到发行人选择发行熊猫债的融资成本较发行点心债的要低，这就是由于在岸市场的流动性较好且美元兑人民币的汇率波动等因素的影响所致。三是除了汇率环境变动之外，离岸人民币债券市场自身也存在不够完善之处。比如缺乏完善的信用评级体系，信用评级结果和债券定价的关联度不高。没有合格的评级机构和完善的评级体系，使得发行方和投资者无法对债券风险进行正确的评估，自然影响到了债券的发行。还比如缺乏有效的基准利率。国际债券市场普遍采用的定价方式是基准利率加点的浮动利率，但是离岸人民币债券市场尚未形成有效的基准利率，发行方倾向于采用固定利率定价。此外，离岸人民币债券的二级市场流动性不足也是个大问题。由于离岸人民币债券发行量有限，市场处于供不应求的状态，同时市场上缺乏其他有效的人民币投资渠道，导致离岸人民币债券投资者大多是直接持有债券到期，二级市场交易并不活跃。

其次，熊猫债市场的发展问题。熊猫债市场起步早于点心债，2005年，国际金融公司和亚洲开发银行分别获准在中国银行间债券市场发债11.3亿元和10亿元。之后熊猫债市场陷入沉寂。随着2015年银行间债券市场加速开放，熊猫债市场逐渐升温，不仅发行额不断扩大，呈现出井喷行情，其发行主体也已覆盖境外非金融企业、金融机构、国际开发机构及外国政府等。

目前，熊猫债市场尚处于初步发展阶段，在基础设施及制度建设等方面仍需完善。如果不对熊猫债市场的建设给予重视，则不利于人民币跨境环流机制的完善，人民币国际化的基础得不到夯实，也就阻碍了人民币的国际使用。[①]目前熊猫债市场的可持续发展存在以下不利因素。

第一，参与主体除了国际知名的金融机构、国际开发机构及外国政府以外，熊猫债市场参与的主体非常有限，发行人主要集中在中资企业的海外分公司，境内参与者主要是银行、保险公司等，基金和资产管理等机构参与程度不高，有限的参与者范围不利于熊猫债市场规模的进一步扩大，也导致了熊猫债二级市场的流动性不足。大多数发行人是中资的海外子公司，除了戴姆勒、汇丰银行和渣打银行以外，非中资的境外发行人寥寥无几，造成熊猫债未来发展的动力不足。我们知道，熊猫债是境外合格机构在中国境内债券市场发行的以人民币计价的债券，通常来说这些合格机构包括国际多边组织以及跨国公司等，其融资用途既包括支持境外组织在境内建设的项目，还包括为"一带一路"沿线国家基础设施建设等项目提供融资渠道。有关数据显示，熊猫债的发行人多数为中资企业的海外子公司，这些公司与其在中国境内的母公司的业务往来频繁，很多业务可以用人民币结算以规避汇率风险，因此熊猫债得到了中资机构的海外子公司的青睐。而境内的投资者也有意愿投资海外优质资产，熊猫债的发行为这些投资人提供了多样化的配置资产的机会。但这种以中资为主的发行人，不利于熊猫债市场的未来可持续发展。有关数据显示，熊猫债的存量规模已经在持续下降中，当前未到期的存量"熊猫债"达154只，规模达2725.30亿元。除此之外，熊猫债发行期限结构受境内发行习惯的影响，发行期限主要以三年和五年为主，期限结构也不够丰富。熊猫债市场的发展对人民币国际化具有重要意义。一方面，熊猫债满足境外发行人在境内进行人民币融资的需求，另一方面，熊猫债能够丰富境内债券市场的投资品种，令境内投资者更好地进行多元化投资。

---

①谭小芬，徐慧伦，耿亚莹. 中国债券市场发展与人民币国际化［J］. 武汉大学学报，2018（2）：130—144.

第二，境外发行人发行"熊猫债"得满足一系列境内监管要求，包括提供基于监管方认可的会计准则的财报、以中文为语言的文件以及境内评级机构所提供的评级报告、信息的披露等，这些境内外市场的制度差异，会提升境外发行人在满足这些要求过程中遇到问题的风险，必然对熊猫债市场形成掣肘，可能增加境外发行人的畏难情绪。比如在会计准则方面的制约：根据现行规定，境外机构发债应当按照中国会计准则或者财政部认定的具有同等效力的会计准则编制报告，而中国监管部门仅认可香港和欧盟的会计准则，因此对于使用其他会计准则的境外机构，公开发行熊猫债需要重新聘请审计机构编制财务报告，时间成本和财务成本较高，对其熊猫债发行审批过程形成制约。又比如在信息披露方面：境外机构发行熊猫债需要使用中文材料并且符合中国的披露规则，给习惯于按照国际惯例进行信息披露的境外投资者带来不便。此外，在债券的审批时效方面，也存在着审核周期普遍较长，可能使得境外发行主体错过最佳发行时机的问题。还有就是在债券的资金使用方面受到外债管理的限制。按照现行规定，境外非金融企业将熊猫债募集得到的资金转贷给境内子公司使用，受到境内子公司外债额度的限制。国内投资者对境外发行人的信息不对称仍然存在，这样使投资者对于这些风险不能有效的防范，在一些风险出现的情况下投资者不能有效行使权利和有效保护一些权益。

上述这些问题的存在都降低了境外投资者投资人民币计价债券的主动性和积极性，同时，中国债券市场制度设计上的缺陷，使得中国国际债券市场上还存在诸多扭曲，有的无法与国际债券市场的规则相衔接，不仅严重制约了债券市场长远健康发展，同时阻碍了债券市场的对外开放，无法进一步提高人民币债券在国际债券市场的份额，进而无法巩固人民币作为国际货币在全球货币体系中的地位。

六、人民币国际化面临的美元等其他国际货币的竞争问题

美元在国际货币体系中仍然占据绝对主导地位，人民币与美元的博弈不可避免地长期存在。过去40多年来，美元在国际货币体系中始终居于主导地位，虽然随着西德马克（之后是欧元）、日元的地位不断加强，美元地位有所削弱，但美元仍然是比日元和欧元更重要的国际货币。从国际清算银行每三年调查的国际外汇市场日均交易量币种构成来看，美元始终为全球第一大外汇市场交易币种，且占比稳定。①从储备货币的功能来看，美元国际储备地位略有下降，下降最显著的时期是1978—1991年和2001—2010年。1978—1991年是日元和西德马克崛起时期，但在1992—2000年，得益于美国经济的稳健增长，美元下降趋势出现明显反转，各国央行的外汇储备中美元占比从46%上升至71%。2001—2010年欧元诞生后地位快速上升，导致美元地位又明显下降，其国际储备占比从71%降低到61.8%。然而，2008年的全球金融危机以及欧债危机和英国脱欧等一系列事件的发生，又使美元的国际地位开始上升，似乎金融危机并没有危及美元的国际地位（见表4-1）。全球金融危机以后，美元国际化水平在波动中不断提升，国际化指数从2010年的49.52上升至2018年的51.95，美元国际化地位稳步上升得益于美国相比其他发达经济体，率先从全球金融危机中复苏，在数轮量化宽松的刺激下，美国的对外贸易以及消费投资活动不断扩张，经济增速能够保持在2%以上的水平，通胀率逐渐接近美联储目标水平，美元指数从2010年的78.96%上升到2018年的96.10%，失业率从2010年的9.6%下降至2018年的3.9%。根据中国人民大学国际货币研究所的《2019年人民币国际化报告》，十年来国际债券和直接投资对于提升美元的国际化水平贡献最大，与2010年相比，2018年美元国际债券总额占比上升了13.6个百分点，直接投资美元占比上升了5.7个百分点，美元贸易结算占比与美元信贷占比较2010年分别上升了2.9个和3.8个百分点。目前，美元在全球跨境支付中的占比为41%，在全球储备资产中的占比达到62%，在全球外汇交易中的占比达到43%。

---

①潘宏胜.国际视角的人民币国际化成本和收益分析［J］.新金融评论，2016（5）：1—30.

表4-1 1999年以来官方外汇储备资产的币种构成

时间	1999年第四季度	2007年第四季度	2008年第四季度	2009年第四季度	2010年第四季度	2011年第四季度	2012年第四季度	2013年第四季度	2014年第四季度	2015年第四季度
美元	71.0	63.9	63.8	62.1	61.8	62.3	61.5	61.2	63.3	64.3
欧元	17.9	26.1	26.2	27.7	26.0	24.7	24.1	24.2	21.9	19.8
日元	6.4	3.2	3.5	2.9	3.7	3.6	4.1	3.8	3.9	4.0
英镑	2.9	4.8	4.2	4.3	3.9	3.8	4.0	4.0	3.8	4.9
瑞士法郎	0.2	0.2	0.1	0.1	0.1	0.1	0.2	0.3	0.3	0.3
其他	1.6	1.8	2.2	3.0	4.4	5.5	6.2	6.5	6.8	6.8

注：官方外汇储备为国际货币基金组织统计中报告的"已分配的外汇储备"。
数据来源：Wind数据库。

根据《2019年人民币国际化报告》，一直处于国际货币体系第二位的欧元，近十年来的国际地位下滑较为明显，其国际化指数从2010年的29.83下降到2018年的25.75。全球金融危机之后，欧洲先后受到欧债危机、难民危机、英国脱欧等事件的冲击，经济复苏速度远不如美国，加上多国政局动荡，经济增长速度多数在2%以下，欧元兑美元汇率呈现长期贬值态势。2018年与2010年的指标相比，除了欧元直接投资占比上升外，其余各项指标都出现不同程度下降：欧元国际债券余额下降了8.36个百分点，欧元外汇储备占比下降了5.07个百分点，欧元信贷占比下降了3.75个百分点，欧元贸易结算下降了1.88个百分点。总体来看，近十年来，欧元的国际地位呈现下降趋势。

《2019年人民币国际化报告》还显示，原先居于第三位的英镑因脱欧事件一波三折，影响了其发展前景，其国际化指数近几年来波动较大，尽管未受到根本性冲击，但已经被日元超越，降至全球第四位。日元的国际地位则在近十年来持续提升，2018年的国际化指数比2010年上升了0.47个百分点。2010年以后日本经济温和增长，加上全球金融危机之后国际市场避险需求的增加转而投资日元的增多，日元直接投资占比提高了1.92个百分点，日元外汇储备增加了1.54个百分点，日元信贷小幅增长了0.34个百分点，只有日元的贸易结算和国际债券分别出现了小幅度的下降，分别下降了0.17和0.22个百分点。但总体看，日元的国际地位得到了巩固和增强。

　　美元在二战以后的70多年中能够一直保持国际货币的主导地位，是有多方面原因的。其一，从美国自身来看，美元的国际购买力相对稳定、稳定而较低的通货膨胀率、美元资产的较高投资回报率及低风险是维持美元国际货币地位的三大基础。20世纪70—80年代美元经历了"过山车"式的动荡，很多美国人开始对美元坚挺抱欢迎态度。这种态度得到在美国财政部占统治地位的货币学派的大力支持。为维护美元的国际地位，在加强国际协调（《广场协议》《卢浮宫协议》等都是美国主导的国际协调下的产物）的同时，美联储实施的货币政策努力控制国内通胀，这不仅维护和提高了美联储的公信力，而且对美元国际地位也形成了有力支撑。无论是名义还是实际有效汇率，过去30多年尤其是2004年以来美元的稳定性整体上强于欧元和日元，而日元有效汇率的波动性明显偏大，很大程度上影响了国际投资者对日元的信心和使用意愿，这也是日元国际化进程受挫的一个重要原因（潘宏胜，2016）。美国国债市场的规模和深度均超过了欧洲、日本等竞争对手。截至2008年9月，美国发行的国债总额达到7.3万亿美元，其中约有2.1万亿美元为短期国债。以欧元计价的政府债券，发行规模最大的是意大利债券，截至2008年9月，发行规模约为1.8万亿美元，但由于意大利的债务余额已经超过其GDP规模，因此各国央行对于购买意大利国债并不热心。截至2008年9月，德国国债发行规模约为1.4万亿美元，但是其中一年期以内的短期国债仅有2660亿美元，且购买德国国债的投资者大多是持有到期，因此德国国债的二级市场并不发达。日本的国债虽然比美国还多，截至2008年9月，其国债总额大约为7.89万亿美元，其中有2.3万亿为短期国债，但日本的国债利率非常低，在过去20多年时间内，日本短期国债的利率均在1%以下。日本的国债余额占GDP比例在发达国家中也是最高的。从外汇储备配置的角度来看，购买美国国债，成为各国央行认为是最安全的选择。①其二，从其他国家来看，许多国家和地区都采用了钉住美元的汇率制度，尤其是拉美各国的货币美元化使得美元的国际

---

①何帆. 人民币国际化的现实选择［J］. 国际经济评论，2009（7—8）：8—14.

地位得到了巩固。半个多世纪以来，世界支付体系是以美元为主导的，世界贸易和金融体系带动的资金流动也是以美元为主导的。美国正是通过经常项目逆差的途径，在获得可观的铸币税收入的同时，为其他国家提供了美元流动性；并且基于美元广泛发挥作用的交换媒介职能，强化了它的计价货币和贮藏货币职能，使之在各个领域持续全面发挥国际货币的功能。其三，从国际货币的使用惯性和外部网络效应来看。许多文献都对货币使用的网络规模效应进行了研究，认为货币现行使用范围越广，越频繁，交易成本就越低，货币就越具有竞争力，这就是网络规模的外部效应。在经济主体选择交易币种的时候，关心的不仅是货币的价值和发行国的经济实力，还会考虑到货币交易网络的规模——有多少人在使用这种货币。人们使用国际货币和使用语言类似，存在相互模仿行为。一旦某种货币取得优势地位，被市场广为接受和长期使用了，这种货币的使用就容易形成惯性，即使当前使用最多的国际货币已经明显不如其他货币，人们也不愿意转换成其他货币，因为国际货币替代存在各种转换成本，除了交易成本和学习成本外，还有基于网络外部性所形成的不确定因素。如果其他人不转换到新的货币，就不能形成网络外部效应，使用新货币就要支付更多成本，就有更多的人不愿意使用新货币。在这种情况下，只有在新货币相对于现有货币有更大非网络规模优势时，新货币才能替代旧货币。因此，国际货币的转换成本导致了国际货币地位的惯性，网络外部效应又加剧了这种惯性，由此形成强烈的路径依赖。一国货币一旦确立国际媒介货币地位，具有自我强化作用，即使该国商业地位下降，其货币仍有可能继续执行国际媒介货币职能。因此，挑战美元为主导的国际货币体系也将给政府和私人带来很大的调整成本。所以，美元成为国际化的货币以后不仅具有了世界公共物品的性质，而且还获得了自然垄断地位。国际货币的惯性特征将可能使美元的国际地位持续更长的时间。

总之，各种最新的数据显示2008年全球金融危机之后，美元的国际地位不仅没有下降反而有所提升，说明即使是全球金融危机也未能撼动美元的霸权地位，美元在国际货币体系中仍然占据绝对主导地位。人民币的国际地位虽然比全球金融危机之前提高了很多，但仍然处在一个与中国综合经济实力不相匹配的低水平位置上。今后在人民币国际化前行的路上，与美元及其他国际货币的博弈与竞争仍是不可避免的。同时，英国脱欧事件带来的不确定因素和广泛影响也将是人民币国际化道路上的重要变量。人民币国际化显然要在以美元为主导的国际货币体系中继续前进，要在与美元及其他国际货币的博弈中继续前行。

货币的国际化本质上是国际货币间此消彼长的关系，人民币国际化本质上也是通过提升自身在全球范围内的使用率，取代其他币种的份额的"零和博弈"，这并非易事，人民币短期内还不具备挑战主流国际货币的能力。一方面，美元和欧元已经是被普遍接受的国际货币，世界上任何与其他国家或地区有大量经济往来的经济体，倘若不使用主流国际货币结算或不将其作为主要外汇储备货币，都意味着风险和成本的增加，而这会降低使用者的意愿。另一方面，现存国际货币发行国不会放任其他货币对本国货币现有国际地位的挑战与威胁，人民币崛起的过程是一个与他国核心利益发生冲突的过程，要在冲突中取得主动，还取决于本国经济、政治、军事等方面能否持续地跨越性地发展，这显然是一个长期的过程。

此外，2020年1月新冠疫情现在看来短期内不会削弱美元的国际地位（参见本章第二节的内容）。张明认为，一个货币成为国际主导货币后会拥有很强的网络正外部性和制度依赖，因此，除非该国犯了颠覆性错误，或陷入如货币崩溃等严重衰退，或其他国家迅猛上升，否则处于主导地位的国际储备货币不会很快衰落。①

第二节　人民币国际化面临的内外部环境的变化及挑战

一、国际政治经济环境的变化带来的一系列挑战

现阶段全球贸易保护主义盛行，逆全球化思潮涌动，美国对中国发起

---

① 张明.人民币国际化的过去、现在与未来–中国社会科学院世界经济与政治研究所[EB/OL]. http://www.iwep.org.cn/xscg/xscg_sp/202006/t20200609_5140482.shtml.

的贸易战日益升级，尤其是2020年1月蔓延全球的新冠疫情，使整个国际环境的不确定性大大增加，将给人民币国际化进程带来不利影响。

1. 国际上刮起的"逆全球化"思潮

2016年以来，随着英国开启脱欧进程和特朗普的上台，国际上"逆全球化"思潮开始涌现，世界经济复苏乏力、局部地区冲突不断、全球化带来的不公平等国际问题也引起全球各国对全球化的质疑和反对，全球化的进程明显受阻、放缓。作为经济全球化的对立面，"逆全球化"特指在经济全球化进展到一定阶段后出现的不同程度、不同形式的市场再分割现象。"逆全球化"的主要表现形式是贸易保护主义，如像美国那样通过征税的方式保护本国贸易。逆全球化会导致全球人员、商品、资本、技术等要素在自由流动过程中遭遇到的壁垒愈发明显，这不仅破坏世界经贸体系与全球价值链的正常运转，还将侵蚀全球化所创造的合作共赢成果，不利于世界经济的可持续发展。[1]

理论上，货币输出的实现路径有资本项目的货币输出和经常项目的货币输出。石淇玮（2013）[2]在对美元、日元和德国马克国际化的历史加以研究后认为，资本输出是强势货币国家已取得货币霸权地位的结果而非原因，弱势货币只有依托国际贸易的真实需求，其国际地位才能得到坚实的支撑；国际贸易结算是弱势货币挑战强势货币的突破口，因此国际贸易在货币国际化进程中的作用巨大。而"逆全球化"会破坏世界贸易体系和全球价值链的正常运转，由于价值链通过研发、设计、生产、销售、交货和售后服务等各个环节将来自不同国家与地区的企业通过上下游产业分工关系紧密联系在一起，形成了"一损俱损"的风险共享现象，一旦供应链的任何一个环节受到外部冲击，都会通过放大效应作用于整条供应链引发贸易额的大幅缩减，显然不利于国际贸易活动，从而影响到一国货币的国际化进程。

"逆全球化"潮流还会造成我国与反全球化国家在经济、文化、

---

[1]陆岷峰，徐博欢. "逆全球化"影响下人民币国际化不确定因素与成长之路［J］. 云南师范大学学报（哲学社会科学版），2019（1）：76—84.

[2]石淇玮. 人民币国际化的路径研究——基于美元、德国马克和日元国际化历史的经验分析［J］. 上海金融，2013（10）：47—51+115.

环境、政治、安全等诸多方面的冲突。"逆全球化"不仅通过国际贸易等方式直接影响人民币国际化，还可能通过其他方式起到间接的影响作用。这种影响主要包括市场竞争、安全利益冲突、社会稳定性等。人民币国际化不仅涉及经济问题，其在海外流通，发挥货币职能时会牵扯到社会的多个部门，因此人民币国际化是一个复杂的社会问题。在"逆全球化"背景下，只有统筹全局，处理好人民币流通过程可能面临的经济、文化、政治、环境、安全等诸多方面的问题，才可能真正实现人民币的国际化（陆岷峰、徐博欢，2019）。

2. 英国的脱欧事件

2016年6月24日，英国公投"脱欧"结果揭晓，当天全球股市重挫，英镑、欧元贬值，英镑兑美元汇率当日最大跌幅至30多年来最低水平；英法德股市分别重挫3.2%、8%和6.8%；美国、日本、中国的股市也受到了较大负面冲击，我国当日沪指下跌1.3%，美国三大股指下跌均超过3%，日本股市暴跌7.9%。自2016年下半年以来，英镑对欧元汇率在短期内出现断崖式下降，直到2017年年初这种变动趋势才逐渐稳定。2017年3月16日，英国女王伊丽莎白二世批准了"脱欧"法案，授权特雷莎·梅正式启动脱欧程序，英国在更换了首相并经历了多轮投票表决后，脱欧协议终于在2020年1月由英国国会投票通过，1月30日欧盟正式批准了英国脱欧，2020年1月31日英国正式脱欧。英国脱欧给全球外汇市场带来了较大的不稳定因素，使得市场中的热钱对英镑信心降低，转而选择投资以美元为首的低风险货币。

对于中国经济来说，中国目前是欧盟第二大贸易伙伴，是英国第四大贸易伙伴，英国一直以来都是中国与整个欧洲市场之间进行贸易交往的重要门户，是连接中欧经贸合作的重要纽带，在脱欧之后，英国的作用可能会大幅降低，英国脱欧无疑对中国经济产生了重大影响。在2016年英国进行脱欧公投之前，伦敦已经成为第二大人民币离岸交易中心，同时在世界范围内，伦敦也是仅次于纽约的世界第二大国际金融中心。此次脱欧，将会一定程度上削弱伦敦的国际金融地位，如今外界对英国的风险评估持观望态度，伦敦本地市场的稳定性下降，从而导致人民币通过伦敦进一步进入欧洲市场的战略效果大打折扣。中国对欧洲的出口在短期内会受到一定程度的影响，欧洲部分市场对中国商品的壁垒增高，中国需要与一些欧元区国家重新制定贸易条约。同时，英国作为中国海外投资欧洲地区的第二大国家，吸引了大量资金，截至英国脱欧公投时，中国公司在英国的非金融类直接投资已经超过130亿美元，中国本来有意图将英国作为整个欧洲地区的投资中心，再辐射到其他欧洲国家。市场人士预测英国脱欧以后，伦敦金融市场的辐射作用可能会显著降低，英国投资市场的风险性与不确定性将增加，很多中国在英国投资的项目也可能随之受到严重影响，这些都是人民币国际化的不利因素。①

3. 美国对中国发起的贸易战日益升级

特朗普总统上台以来，美国的贸易保护主义愈来愈强烈。特朗普的"全球收缩，美国优先"的经济政策，其核心是更关注美国国内经济发展，对外实行贸易保护主义和本土主义优先，注重保护美国国内的经济利益而不是国外经济利益，意图通过提升自身实力来缓解他国经济发展带来的压力，通过创造更多的就业和制造业回流来提升美国经济实力。特朗普上台以来，美国先后实行了退出TPP等双边和多边贸易协定、维护美国在国际经贸领域的既得利益；抛出"汇率操纵国（地区）"名单，迫使其他国家（地区）货币升值；提出"双反"贸易措施，征收惩罚性关税；推进双边投资协定谈判，为美国对外投资铺平道路；实施减税和加息政策，促进美国制造业回归等多条政策措施，来保证美国优先战略的实施。特朗普的经贸保护政策已经对中美经贸关系产生了深远影响，使中美经贸关系的未来不容乐观，两国贸易战不断升级的可能性大大提高，中美经贸关系将面临长期的严峻挑战。以美国为首的全球贸易保护主义表面上打着以改善其贸易赤字的旗号，其实是为了抑制中国科技的崛起，这些客观上都不利于人民币国际化的推进。

更为严峻的是，在中美贸易战不断扩大的背景下，一旦形势对美国不利，美国可能动用金融工具来制裁中国，这在美国不是没有先例的。"金

---

①周楚晗.英国脱欧对中国发展的影响［J］.现代商业，2018（4）：59—60.

融制裁"是国际经济制裁的重要内容之一，随着全球经济金融化、全球金融美元化的发展，金融制裁的影响性日益凸显，其影响力比贸易制裁更大，却更容易被执行，更难以被规避。就金融制裁的手段来看，一是以各种理由冻结被制裁国的资产，甚至联合其他国家对被制裁国施压。二是利用其在国际金融组织中的影响力切断被制裁国使用美元的渠道。美国掌控全球两大交易支付结算系统，美元支付和结算主要通过"环球银行间金融电讯协会"（SWIFT）和"纽约清算所银行同业支付系统"（CHIPS），与其他国家形成了明显的不对称权利，美国可以随时对某一国家中断这两大结算系统。如2018年11月13日，美国财政部突然对外宣布，SWIFT已经中断了对伊朗央行的结算服务。三是禁止全球金融机构与被制裁国进行交易。美国影响和控制全球金融体系的重要工具就是美元，每一个从事美元业务的金融机构都在美联储开立账户，如果某金融机构不遵照美国的意志行事，美国轻则可以吊销该金融机构的信用证（国际贸易中采用最多的一种结算方式），重则对该金融机构进行巨额处罚，或者吊销其美国业务牌照。因此，大多数金融机构不会选择去"冒犯"美国，只能遵从美国的意志和规则。由此可见，与贸易制裁相比，金融制裁的影响力更大，不对称性更强，而这种不对称性来源于美元的霸权地位。[①]一旦贸易摩擦向金融领域蔓延，那么我国将面临非常严峻的形势：一是人民币汇率稳定将无法维持；二是资本将大规模外逃；三是3万多亿美元的外汇储备将陷入巨大风险之中。以上这些都将严重影响中国国际贸易和投资的开展，从而影响人民币在国际上发挥结算、支付、储藏等方面的功能，影响人民币国际信用。

4. 2020年全球蔓延的新冠肺炎疫情的影响

从2020年1月23日起至今，我国经济已经陆续走上正轨，但是全球大多数国家和地区的经济还没有步入正轨，疫情还在蔓延中。全球已经有215个国家和地区都发生了新冠疫情，美国每日新增确诊病例维持高位，欧洲新增病例迅速反弹，巴西新增创新高，中东、南亚、拉美地区部分国家增势迅猛。在疫情影响下，很多国家都不得不停工停产，民众只能待在

---

① 高惺惟. 中美贸易摩擦下人民币国际化战略研究［J］. 经济学家，2019（5）：59—67.

家中，采取上网课、网上办公等方式进行各类活动，尽量减少外出，疫情给民众的生产生活、国家的经济社会发展都带来严重影响，成为自1918年西班牙流感以来全球最严重的公共卫生事件。未来的疫情演进还具有相当大的不确定性。这些都还没有答案，给未来全球的贸易投资等经济活动带来极大的不确定性。

仅从经济上来看，我国将面临严峻的外部形势。国际货币基金组织已将2020年全球GDP增速预测从1月份的3.3%下调6.3个百分点至−3%，为20世纪30年代"大萧条"以来最严重的经济衰退。世界银行也将东亚—太平洋地区2020年GDP增速预测从2019年的5.8%放缓至2.1%。世界经济衰退的原因有：一是新冠疫情导致的国际贸易严重萎缩，降低了全球经济的潜在增速。世界贸易组织预测，今年全球贸易将缩水13%至32%，可能超过2008年全球金融危机的水平，而疫情导致全球经济增长放缓进一步带动外需下降，给我国的外贸部门带来较大压力。二是新冠疫情导致国际直接投资大幅下滑。联合国贸发会议2020年3月份发布的报告称，2020年全球外国直接投资总额相较去年将减少5%至15%，或将降至2008年全球金融危机以来的最低点。联合国贸发会议对全球最大的100家跨国公司进行了调研，其中三分之二的企业发布公告称新冠肺炎疫情将对公司业务造成影响，41家公司发布了利润下调预警，这也将影响到这些公司的利润再投资。而在全球最大的5000家企业中，将近一半的企业下调了盈利预期，盈利预期大约下降9%，发展中国家的大型企业受到的影响更大，盈利预期的下降幅度可能会达到16%。报告还认为，全球市场需求下滑对全球FDI的冲击可能将延续至2021年。此外，跨国并购活动放缓，2月份数据显示，跨国并购交易大幅下降，从正常的每月400亿美元至500亿美元下降到不足100亿美元。三是新冠肺炎疫情可能加速全球价值链[①]纽带松动，并推动跨

①全球价值链（Global Value Chain，简称GVC）是当代国际生产体系最显著的特征，它使生产、贸易、服务与投资融入"一体化综合体"，各国经济之间的相互依存与联系由此也变得日益紧密。全球价值链区别于传统生产模式的重要特征就是产品与服务的"多国制造"与"要素分工"，包括中间品的工序切片化（表现为产品）和任务分割（表现为服务），由此形成大量中间品（包括原材料、半成品、零部件和服务外包等）在全球范围内的跨境流动。

国企业向本土收缩。有关数据显示，进入21世纪以来，中间品贸易占全球贸易的比重平均约为60%，在经济一体化程度最高的欧洲其比重甚至高达80%。新冠肺炎疫情对全球价值链的冲击主要是通过各国之间中间品贸易的渠道展开的，各国经济活动停滞容易引发全球供应链受阻甚至中断。

此外，新冠疫情加剧了美国想要与中国经济全面脱钩的步伐。特朗普上任以来，就一直试图在经济上与中国部分脱钩，先是通过提高关税来减少美国对中国的进口，后是对中国在关键领域的投资进行更严格的审查。新冠疫情以特殊的方式证明了美国在关键药品、医疗设备和个人防护设备来源方面对中国和其他国家的过度依赖，因此美国政府显示出更迫切地要与中国脱钩的想法与行动，它想利用新冠疫情来推动其经济脱钩议程。当新冠疫情蔓延开来以后，美国政府将自身抗疫不力的责任推卸到中国头上，上演了各种"甩锅"中国的把戏，还利用各种种族歧视和民族主义的大棒，以及各种的阴谋论、非理性等等，挑拨民众去寻找外部的敌人，企图寻找替罪羊，以释放美国政府自己无能和无奈的窘境，转移自己的内部矛盾，掩盖自己的不足。正如美国对外关系委员会主席理查德·哈斯说的，这场危机可能会加剧中美关系的持续恶化和欧洲一体化的减弱。2020年4月9日，美国国家经济委员会主任拉里·库德洛公开呼吁美国企业撤离中国，并表示愿意帮助美国企业支付搬家所需的费用。日本紧随其后，也宣布准备22亿美元支持日资企业迁出中国，其中20亿美元直接贷款用来支持企业回到日本，约2亿美元直接贷款支持企业迁去东南亚。从美国和日本的态度上不难看出，这两个国家都希望本国企业在海外的工厂可以回迁到本国，或搬到其他国家，这两个国家都不希望本国企业继续留在中国。如此来看，第一波的产业脱钩潮很可能就发生在医疗供应链中，在新冠疫情大流行期间获得口罩、手套甚至呼吸机的困难凸显了这一产业链的脆弱性和脱钩的可行性。接下来从电信到半导体，许多先进技术的供应链也因为安全原因正在进行重塑，这一趋势将继续扩大到更广泛的制造业领域。美日政府正是要利用这次疫情提供的不得已停工的机会，鼓励甚至迫使某些行业的企业从中国迁移出来，或迫使投资者重新考虑在中国的投资。

当然，企业及产业链的迁移短期内不是说迁就能迁的，中国的交通、物流、通信等基础设施较好，熟练工人和工程师储备也是全球最多的，尤其是经过了这次疫情的考验，说明中国具有其他新兴经济体所不具有的独特体制优势，中国在武汉封城后仅仅两个多月，疫情就得到较好的控制，生产能力逐步恢复，应对公共事件危机的能力远胜于其他国家，但这些并不说明中国在全球产业链中的不可替代性。如美国的特斯拉公司、通用公司在疫情发生后迅速生产出呼吸机，雅培公司也很快就生产出高灵敏度的检测仪，美国检测试剂在很短时间内就已经更新了7代，甚至原来几乎没有口罩生产能力的中国台湾，也很快就架设起62条口罩生产线，不仅满足了自己的需要，而且可以出口其他国家。这些事例说明，以前基于成本优势而集中在中国大陆的供应链，可以很快被替代。因此，新冠肺炎疫情之后的世界很可能将是一个"开放度、繁荣度和自由度都降低的世界"，这样的世界对人民币国际化战略的实施是非常不利的。

二、"一带一路"建设给人民币国际化带来的挑战

"一带一路"倡议是中国构建改革开放新格局、实现与沿线国家合作共赢的重大举措，是中国向全球提供的重要公共物品，充分体现了中国的大国责任和历史担当。"一带一路"建设所带动的贸易和投资活动自然要以金融为载体，这就为我国货币的国际化和银行业的国际化经营带来新的历史性的机遇，伴随"一带一路"建设所带动的人民币资本的输出，必将促进人民币在全球的资源配置、生产、销售、定价、结算中的广泛使用，有力地推动了人民币的国际化，也将使我国银行通过人民币国际业务的提供，获得深入拓展海外市场的空间和发展海外客户资源的良好机遇。但"一带一路"沿线共有65个国家（蒙古、东盟10国、西亚18国、南亚8国、中亚5国、独联体7国、中东欧16国）、横跨亚欧非三大洲的广大区域，沿线地区多数是发展中国家，各国的地理位置、经济基础和经济发展水平、政治体制、社会、宗教、文化等都存在较大的差异，我国要在"一带一路"沿线各国或区域推进人民币国际化必然会面临较大的风险和挑战。

1. 沿线各国的政治军事、社会安全等方面的风险

从政治方面来看，"一带一路"沿线各国存在复杂的政党制度，有的政局不稳定，执政党与反对党之间斗争激烈，政党轮换执政是常态，由此极有可能影响着各项政治经济外交政策的连续性；沿线的65个国家分别隶属不同的区域，存在各种各样的政治倾向和政治结盟，各国之间难免有各样的矛盾、分歧、冲突，这无形中也就增加了建设项目谈判时的难度和风险；欧美日等大国势力在沿线各国或多或少地存在，早已经不同程度地渗入沿线各国的政治制度和经济建设当中，我国的任何经济活动一旦触及这些大国的既得利益或对其形成潜在威胁，这些大国必然会利用其影响力左右东道国的决策，干预并可能阻挠我国的贸易投资行为。①

从军事方面来看，中亚地区是世界上最不安全的地区之一，民族众多，各种的文化、思想、宗教在这里相互作用、相互冲突，外界势力干涉极为严重，又是恐怖主义和伊斯兰极端主义的集中地；中亚各国之间还因边界不清和水资源分配不均随时可能因利益矛盾而发生武装冲突，一些小国为了利益试图在大国之间寻找平衡，人为制造各种矛盾和冲突，更增加了中亚地区的紧张局势；因历史原因，中东地区一直是动荡不安的，从北非到中东地区，是美欧和俄罗斯的利益博弈地带。极端宗教势力、暴力恐怖势力和民族分裂势力的存在是导致中亚、西亚和北非一些国家政局持续动荡的根源，对整个"一带一路"的建设必然会产生长期的负面影响，阻碍着各国在经济领域的进一步合作，也使我国在这一地区的经贸活动受限。而"海上丝绸之路"的建设很大程度上要受到南海岛屿纠纷的干扰和制约，除了中日钓鱼岛主权争议以外，还有中菲、中越岛屿主权的争议，在存在争议的情况下，要让这些国家体认和折服中国的"一带一路"建设本身就存在较大的困难。

总之，正如《"一带一路"能源资源投资政治风险评估报告》②指

---

①中国之前在墨西哥的高铁项目、在缅甸的水电项目、在希腊的码头基础设施建设等，都是因为这些国家政局的变化而夭折。即便是阿联酋的水电项目，可能也面临着延期等不确定的形势。

②该报告由中国人民大学国家发展与战略研究院能源与资源战略研究中心副主任、国际关系分院许勤华教授领衔的研究团队完成，2016年1月15日发布。

出：大部分"一带一路"国家在政治上属于中等风险；较高风险的国家主要位于南亚、西亚和北非地区；新加坡、马来西亚、阿联酋等属于低政治风险的国家；哈萨克斯坦、沙特阿拉伯、俄罗斯等22国属于较低投资风险的国家；叙利亚、黎巴嫩等8个国家则属于较高投资风险的国家；而尼泊尔、阿富汗、巴勒斯坦等属于高风险投资的国家。

2. 沿线各国的经济风险和国家主权信用的风险

经济风险是指在"一带一路"项目建设中，因为当地的经济制度或经济政策的改变，或者当地发生了严重的通货膨胀，或者当地的政府财政或债务状况、贸易状况突然恶化，或者某种原因，政府当局突然实行严格的外汇管制，或者某种原因突然对外国资本实行征用和国有化政策，以上这些原因导致的投资项目的失败或损失的风险。通常情况下，在经济体制僵化和官僚主义盛行、经济发展水平低下和市场开放度不高、工业化程度过低和基础设施落后、税种繁杂和税收沉重、经济发展不稳定和财政赤字严重、债务负担过重的国家，发生经济风险的概率较大。而"一带一路"沿线各国，除了少数的发达国家和新兴市场经济体外，多数国家的经济发展水平都不高，宏观经济基础薄弱，因此，在"一带一路"建设中的经济风险是不容忽视的。一旦东道国发生严重的经济危机，就可能影响项目建设的成败和投入资金的安全。

"一带一路"的项目建设实质上是资本的输出，东道国的国家主权信用对投资国输出资本的安全收回起着很重要的保障作用。"一带一路"项目通常涉及的国家不止一个、投资周期较长、投入资本量较大，若有沿线各国的国家主权信用的担保，就能够尽量减少项目的风险，提高成功率。但是沿线各国的政治、经济、金融环境的巨大差异性，使得基于国别的主权信用水平也存在巨大的差异，国家主权信用风险的识别就成为"一带一路"建设项目能否成功的重要前提。中诚信国际信用评级有限公司于2015年5月27日发布了《"一带一路"沿线国家主权信用风险报告》，该报告指出："一带一路"沿线各国中的绝大多数欧元区国家、中亚国家、东盟各国的主权信用级别比较高，其他国家因政治格局不稳定、资本外逃风险较大、经济转型迫在眉睫，所以主权信用级别相对较弱。在"一带一路"

沿线60多个国家中，国家主权信用级差跨度如此之大，容易形成主权债务危机和银行危机之间的恶性循环，这对"一带一路"的金融服务支持和金融合作的开展尤为不利，应当慎重考量人民币资本的投资收益问题。

  3. 项目建设本身特点所引致的风险

  "一带一路"沿线国家虽然拥有丰富的自然资源，但在水、电、交通等基础设施方面非常缺乏，在自然资源的开发方面也缺设备、缺技术和缺管理。而我国在基础设施建设方面具有较强的优势，可以帮助这些国家进行基础设施的建设，如各国国内和各国之间的公路、铁路、港口、口岸、机场等方面的建设；还可以帮助这些国家进行能源资源的开发，如中亚、俄罗斯等地的矿产、石油、天然气等资源以及中俄、中亚天然气管道、中缅油气管道等项目的建设；还可以帮助沿线各国进行电力、电信的设施建设，其中也包括水电和核电基础设施的建设等，像电站大坝建设、水电和核电设备购置、特高压电网的布局改造和升级换代、电信固网宽带改造等的建设。这些项目的共同特点是建设周期较长、投资回报期长、先期投入的资金较多、收益率较低且未来收益带有不确定性。而且上述的基建项目不是建设完就结束了，还需要长期维护，项目方是否有足够的资金实力来支撑项目的长期存续也是在项目建设时要统筹考虑的。

  正如前面所提到的，"一带一路"沿线各国多数是发展中国家或新兴市场国家，地缘政治复杂，其在政治军事、社会安全、经济发展、主权信用等方面都存在着不可忽视的风险，而"一带一路"项目的推进又受所在国环境的影响较大，因此基础设施建设项目在规划、启动、建设、维护等一系列的过程中，可能遇到很多难以预料的主客观条件的改变，导致项目实施过程中所遇到的问题与项目的前期设想或初始可行性研究之间极有可能发生偏差。即便针对建设项目设立了特定的担保，也有可能因当地政府的违约而形同虚设。[1]因此，"一带一路"项目建设本身特点所引致的这方面的风险对我国的人民币国际化进程和金融支持构成了重大的挑战，极有可能造成中国

---

①曹凝蓉，李伟平，张瑞怀. 金融支持"一带一路"的基本设想 [J]. 中国金融，2015（21）.

金融业的极低收益甚至亏损，不利于人民币国际业务的顺利开展，这些都可能成为阻碍人民币国际化的重要因素。

三、国内改革开放政策的调整和配套改革的深入带来的一系列挑战

从国内来看，随着国内经济的发展，国内各行业各领域的各项配套改革开放政策的不断推出，人民币国际化的国内环境也发生了较大的变化，今后的人民币国际化将在汇率呈现双向波动、金融市场更加开放、离岸和在岸汇率联动加强及溢出效应更显著、人民币在岸利率的进一步市场化的生态圈中继续前行，同时，高质量发展已经成为中国经济发展的明确方向和必然要求，高水平开放和高质量发展的深度融合也将决定着人民币国际化的未来。

（一）汇率的双向波动和汇率市场化改革

2015年8月11日，央行启动新一轮汇率制度改革以来（目的是配合人民币加入SDR货币篮子的要求），人民币汇率一改往日（国际化启动以来）的单边升值态势，开始了双向波动，尤其是贬值预期加强了，虽然在2016年2月至4月等为数不多的几个时段内出现过小幅的回升，但均不持续，也未改变市场贬值预期，总体是呈现出贬值走势。如从2015年8月11日到2015年8月27日，两周时间内人民币对美元中间价比汇改前日下跌了4.7%；2015岁末年初，伴随着美联储加息预期以及2015年12月中旬央行宣布人民币参考一篮子汇率，人民币汇率又贬值3.89%；2016年4月，由于美联储加息预期以及其后6月底英国脱欧公投的举行，人民币从2016年4月12日至7月18日贬值3.7%；2016年10月至2017年年初，伴随着美元指数不断走强，人民币汇率再度贬值6.00%。2017年5月26日，中国外汇交易中心发布消息，在人民币对美元汇率中间价报价模型中引入逆周期因子。引入逆周期因子的主要目的是适度对冲市场情绪的顺周期波动，缓解外汇市场可能存在的"羊群效应"。引入逆周期因子以后，人民币汇率展开了一轮持续的回升，短期内升幅超过3.5%。之后随着美元指数的回调，人民币汇率也从破"7"的边缘逐渐升值，截至2017年8月10日在岸汇率已经升破6.7关

口，基本实现了有序的双向波动。

2018年全年人民币对美元汇率中间价最高为6.2764元，最低为6.9670元，243个交易日中104个交易日升值、139个交易日贬值，最大单日升值幅度为0.71%（492点），最大单日贬值幅度为0.89%（605点）。2018年12月末，人民币对美元汇率中间价为6.8632元/美元，较上年年末贬值4.79%。2018年年末，人民币对欧元、英镑、日元汇率中间价为1欧元兑7.8473元人民币、1英镑兑8.6762元人民币、100日元兑6.1887元人民币，分别较2017年年末贬值0.57%、升值1.19%、贬值6.47%。全年来看，在美元升值的背景下，人民币对美元跌幅与欧元、英镑等发达国家货币相当，远低于绝大多数新兴市场货币对美元的跌幅，人民币在全球货币体系中成为较稳定的货币之一。国际清算银行的数据，2018年人民币名义有效汇率累计升值1.2%，扣除通货膨胀因素的实际有效汇率累计升值1.1%。现阶段的人民币汇率已经基本上由银行间的外汇市场决定，2018年银行间外汇市场人民币直接交易成交活跃，流动性明显提升，降低了微观经济主体的汇兑成本，促进了双边贸易和投资，人民币汇率更好地体现了中国经济的基本面变化。[①]截至2019年10月27日，人民币对美元汇率为7.07，对比汇改前的6.11贬值了13.5%。虽然人民币比汇改前贬值了，但引发的市场恐慌情绪却大为减少，对人民币的抛售与居民竞相换汇的态势较为平顺，市场对于人民币双向波动的容忍性逐步提高。

自从2015年12月11日中国外汇交易中心发布人民币汇率指数以来，我国央行加大了参考一篮子货币的力度，初步形成了"收盘价+一篮子货币汇率变化"的人民币兑美元汇率中间价形成机制。2017年5月，外汇市场自律机制进一步将中间价报价模型调整为"收盘价+一篮子货币汇率变化+逆周期因子"，以减少外汇市场中存在的顺周期行为。[②]事实上，这是央行对汇率定价干预的一种回归，央行认为如果完全市场定价，人民币汇率仍然存在较大弊端，而逆周期因子就是调节汇率的一把钥匙，这并不是对

---

①中国货币政策执行报告，2018年第四季度。

② "811汇改"两周年：一万亿美元的教训不要重来__财经头条［EB/OL］. https：//cj. sina. com.cn/article/detail/6033342500/355406.

汇改的否定和走回头路，而是人民币汇率从完全管制到有管理的浮动汇率制，再到汇率市场化改革的逐步推进，都是央行的一种自信的主动选择。目前人民币汇率已经基本上由银行间的外汇市场决定，人民币汇率将会更好地体现中国经济的基本面变化，短期来看是影响了人民币国际化的进程，但是汇率市场化却为人民币未来的资本项目自由兑换和真正走上储备货币的地位奠定了基础，这也是"811汇改"的最终目的。

我们知道，当人民币贬值时，持有人民币或以人民币计价的资产的收益会减少，这将降低境外对人民币的需求，并形成恶性循环，阻碍人民币国际化进程。汇率市场化改革大大提高了人民币兑美元汇率中间价的市场化程度和基准性。短期来看，人民币汇率存在一定贬值压力，但幅度有限。长期来看，人民币汇率不具备贬值基础，汇率的双向波动将成为常态。尽管短期内人民币贬值趋势会降低海外市场对人民币资产的需求，但是从长远考虑，汇率市场化改革为人民币国际化创造了良好的制度条件和金融市场环境，符合国际货币发展的历史规律。

汇率市场化改革与资本项目开放相辅相成，能够引导人民币跨境流动的规模、方向以及提高金融机构开展跨境人民币业务的积极性，进而加速人民币国际化进程。目前，人民币汇率真正进入双向波动时期，人民币汇率形成机制正在经历从脱离美元锚机制转向参考一篮子货币机制、并最终向自由浮动制的转变。[①]

（二）离岸和在岸汇率的联动及溢出效应

由于人民币在岸市场和离岸市场发展状况、管制程度、监管框架、市场参与主体之间存在差别，两个市场出现了较为明显的汇差。同样地，由于在岸人民币市场存在较严格的管制，而离岸人民币则与国际金融市场的联系更为紧密，也更容易受到国际市场波动的影响。因此在国际金融市场较动荡的时候，在岸和离岸人民币汇率、利率会出现比较明显的差价。如2011年至2014年年初人民币相对美元单边升值，在岸人民币汇率大部分时

①巴曙松，巴晴.人民币转国际投资货币——香港离岸市场有更大创新空间|人民币|人民币国际化|离岸市场_新浪财经_新浪网［EB/OL］.http://finance.sina.com.cn/roll/2017-04-10/doc-ifyecezv2788990.shtml.

间略低于离岸人民币汇率，此后转为双向波动、震荡贬值，尤其是2015年8月11日汇率改革之后，人民币存在贬值压力，离岸汇率高于在岸汇率，且汇差出现进一步扩大的趋势，最高超过1000多点，汇差的变化和波动也更为明显。汇差的存在给市场主体提供了套汇空间，使得在岸与离岸人民币市场之间的联系日益密切，在岸与离岸汇率呈现出很强的联动性和溢出效应。王芳等人的研究表明，在岸汇率和离岸汇率存在联动关系，在岸对离岸汇率具有引导作用，但是当离岸与在岸汇率价差较大时，处于"偏离区制"时，在岸汇率失去引导作用，离岸市场表现出均值回归特性，而在岸表现出"追涨杀跌"特性，两个市场的人民汇率走势分离，通过市场调节重建其长期均衡关系的难度加大，需要耗费更长时间。当离岸与在岸汇率处于"偏离区制"时，资本流动压力加大，政策因素对汇率的作用加强。①

一般而言，离岸人民币市场的汇率更接近于市场水平，因为离岸人民币市场是一个开放的市场，不设中间价和波动幅度，市场参与者更广泛，人民币交易产品更加多样化，人民币金融衍生品更加丰富，与全球外汇市场联系更加紧密，交易时间多于在岸市场，且更具有投机性，因而理论上其价格发现功能更加完善，形成的人民币汇率更接近于市场水平。但是目前的离岸人民币市场在规模、广度、深度和流动性上均不如在岸市场。在中国资本账户尚未完全开放、人民币尚未实现完全可兑换的情况下，在岸人民币市场的规模和影响应该更大，应该在人民币汇率形成机制中起到决定性作用。

"均值溢出"效应是指一个市场的汇率水平会影响到另一个市场的汇率水平，"波动溢出"效应是指一个市场的汇率波动会影响另一个市场汇率的波动。随着人民币离岸市场规模的不断扩大，离岸人民币汇率水平在国际外汇交易中发挥着越来越重要的作用，加之"811汇改"为中间价"松绑"，使离岸市场汇率对在岸市场汇率的影响越来越大。阙澄宇和马斌的研究结果显示：无论是在岸与离岸即期汇率、远期汇率，还是即期汇

---

①王芳，等. 央行如何实现汇率政策目标——基于在岸—离岸人民币汇率联动的研究［J］. 金融研究，2016（4）：34—49.

率之间、远期汇率之间，以及即期与远期汇率之间，其波动均表现出一定的非对称效应；在岸与离岸市场上不同交易期限合约汇率之间也表现出一定的均值溢出效应和波动溢出效应，且除在岸即期汇率对离岸即期汇率的均值溢出效应大于后者对前者的溢出效应外，其他各交易期限汇率之间的均值溢出效应均表现为离岸汇率大于在岸汇率；综合考察在岸与离岸汇率间的波动溢出效应和非对称效应，发现离岸汇率波动对在岸汇率波动的影响大于后者对前者的影响。①而谭小芬、张辉等人的研究却与此结果相反，他们认为在岸市场对离岸市场的冲击更大，只是在离岸市场的远期汇率方面引导着在岸远期汇率的形成；"811汇改"后离岸市场对在岸市场的影响增强，两个市场的联动性更加明显；美元走势对在岸和离岸人民币汇率影响都非常显著，但即使控制美元走势后两个市场之间的汇率联动关系仍然存在。②

许多学者都认为，"811汇改"以来，尽管内地不断完善中间价形成机制，使得人民币在岸汇率市场化不断提高，但仍然不能与完全市场化条件下的离岸人民币汇率相比，CNH的波动明显大于CNY。随着内地金融市场的不断开放和跨境人民币流动规模的迅速扩大，未来两个市场的互动必会进一步增强，CNH和CNY的相互影响程度会更剧烈。张朝阳、应坚认为，③尽管两个市场之间因资本项目管制而有一道隔离墙，但在岸汇率形成机制决定着离岸汇率，离岸汇率也没有脱离在岸汇率而自由浮动。他们认为，香港的人民币离岸市场的CNH只有两次因特殊原因短暂偏离了中间价，④而且是发生于离岸人民币市场形成的早期、市场运行并不成熟阶段。"811汇改"后的CNH表现进一步证实了在岸汇率形成机制决定着离

---

①阙澄宇，马斌. 人民币在岸与离岸市场汇率的非对称溢出效应——基于VAR—GJR—MGARCH—BEKK模型的经验证据[J]. 国际金融研究，2015（7）：21—32.

②谭小芬，张辉，等. 离岸与在岸人民币汇率：联动机制和溢出效应——基于VAR—GARCH—BEKK模型的分析[J]. 管理科学学报，2019，22（7）：52—65.

③张朝阳，应坚. 离岸与在岸人民币汇率套利机制新解[J]. 国际金融，2016（11）：55—59.

④一次是2010年10月，香港各家银行争相持有人民币头寸，将CNH与中间价点差推高至1800点（最多时偏离2.8%）；另一次是2011年9月，当时新兴市场货币危机触发全球避险情绪，CNH与中间价点差被拉开至1300点（偏离2.1%）。

岸汇率。[①]而离岸汇率之所以会围绕中间价波动，主要是跨境贸易套利机制的作用，逐步拉近了CNH与CNY的差距，同时清算行及代理行模式下的平盘安排也有助于推动CNH与CNY的趋同发展。"811汇改"后，离岸人民币市场发生了很大的变化，汇率形成中不仅有经常项下的因素，还有资本项目的因素，而且资本项目因素对汇率的形成起着更主要的作用。若资本项目完全开放，跨境资金流动没有障碍，离岸汇率一旦与在岸汇率有所偏差，本外币反向流动会迅速平抑价差，就如主要国际货币美元、欧元、英镑、日元所表现出来的那样，不会出现两个汇率。但由于我国仍然存在资本管制，资本项目因素对离岸汇率影响取决于资本项目的开放程度。在香港，由于离岸人民币市场的互换业务已经发展较为成熟，这有助于在资本项目的套利机制作用下，CNH仍然会向CNY靠拢。当然，最终决定人民币汇率走势的是经济基本面。如宏观经济表现及由此而引发的货币政策调整，与此对应的外部因素还包括欧美主要经济体的经济及货币政策。

此外，由于结售汇从强制转为自愿，市场参与者依据基本面对汇率走势做出的判断及预期越来越重要。这些变化首先反映在中间价对市场行为产生的引导作用。不同的是，由于参与者更加复杂，离岸市场对个别数据及事件更加敏感，短期波动要大于在岸市场。"811汇改"前后，国际投机力量介入离岸人民币市场也是一个重要的影响因素，尽管其所占比重不大，但操纵市场的力量强大，加剧了CNH市场的波动。从全球范围看，要对抗国际投机力量，唯有货币当局出面，争取尽快恢复市场秩序。而我国央行在必要时也会出手，如近年来为了稳定汇率而采取的措施如下：2018年8月初央行恢复对远期购汇征收20%的外汇风险准备；2018年8月底重启人民币汇率中间价定价机制中的逆周期调节因子；在离岸市场上发行

---

①张朝阳和应坚认为，尽管市场持续出现强劲的单边抛售，但绝大部分时间CNH并未偏离2%的波动区间，只有2015年8月11日及2016年1月6日两天的收盘价偏离2%以上，分别是2.54%（点差为1580点）及2.47%（点差为1613点）。进一步观察日间变化，CNH与中间价偏离最大时，分别是2015年8月11日和12日的2.8%及4.2%，以及2016年1月6日和7日的2.8%至3.1%。2016年2月以后，中间价与CNH、CNY基本上实现了并轨。2016年2月中旬至7月，CNH与中间价的点差为150点（平均偏离0.2%），比2015年年初至"8·11"的948点（平均偏离1.5%）和"8·11"至2016年2月中旬的512点（平均偏离0.8%）都小得多，CNH与CNY的点差则更小。

央票，①央票的发行既丰富了香港市场高信用等级的人民币投资产品和人民币流动性管理工具，也有利于形成更加完善的香港人民币债券收益率曲线（管涛，2019），截至目前，央行在香港已经建立起了发行央票的常态机制，这表明央行将持续介入调控境外人民币汇率的走势。因此，长期来看，在岸、离岸汇率的合并趋势是必然的。

（三）在岸、离岸的利率联动和在岸利率的市场化趋势

与在岸、离岸汇率的关系相类似，在岸、离岸利率之间也是具有联动性和溢出效应的。同样由于离岸市场与在岸市场在管制程度和交易成本上的差异，离岸市场以较低的成本提供了相似的金融服务，吸引各国投资者进入，作为一个完全国际化的市场，其遵循的是不受管制的竞争机制，并由此形成该国货币的境外市场和境外利率。由于离岸市场不在货币发行国央行的管理范围之内，从而其利率更能反映出该国货币在国际市场上的真实供求情况。在货币发行国的在岸市场上，央行一般通过公开市场操作管理调控利率，引导市场基准利率变动，调节金融机构货币供求，最终影响全社会的融资成本。这样，离岸、在岸市场利率就可能存在较大差异。由于不存在法定准备金制度，离岸市场对在岸市场的影响是否大到足以左右在岸市场的利率走势？甚至引发货币发行国的货币政策失效？学术界关于人民币在岸市场利率与离岸市场利率的关系研究成果也很多，研究重点在于二者之间的联动效应，并且对于溢出效应方向的结论观点不一。有的观点认为，在岸市场利率主导了离岸市场利率，但离岸市场利率不完全由在岸市场利率变动所致。如陈昊等人的研究表明，尽管近年来人民币境内外资金市场联动关系增强，但当前人民币在岸市场仍是利率定价中心，随着近年境内利率市场化等金融改革措施的稳步推进，使在岸对离岸利率的带动作用明显增大，而离岸对在岸资金市场的影响有所下降。②有的观点认为，在岸市场和离岸市场利率是双向影响的，但在岸市场对离岸市场的影响更大。如姚林华在分析了上海银行间同业拆放利率与香港人民币同业拆

---

①自2018年11月至2019年8月央行在香港累计5次发行了10期、1200亿元规模的央票。
②陈昊，等. 离岸与在岸人民币利率定价权的实证分析——基于溢出指数及其动态路径研究［J］. 国际金融研究，2016（6）：88—96.

借利率之间的联动性后认为，30天的上海银行间同业拆放利率和香港人民币同业拆借利率是互为Granger因果关系，隔夜、7天和14天的上海银行间同业拆放利率是香港人民币同业拆借利率的Granger原因；在岸对离岸市场人民币利率的影响强于离岸对在岸市场人民币利率的影响。[①]也有观点认为，在岸、离岸市场利率的相互影响程度在人民币国际化的不同时期的表现不同，在一定时期表现为在岸市场对离岸市场的单向影响，在另一时期则完全相反。在离岸市场发展初期，鉴于国内市场规模与交易量远超外部市场，仅呈现在岸利率单向影响离岸利率的局面；随着离岸市场的深入发展，离岸利率将对在岸利率产生显著的倒逼效应。洗国明认为，离岸市场的确对在岸市场存在着不小的影响，倘若离岸市场上形成了有规模和流动性支持的价格基准，且被金融机构广泛接受，在岸市场的定价权就有了外移的可能。尤其是对于新兴经济体来说，国内金融市场尚不发达，且存在一定的金融管制，但实体经济已经产生境外金融服务的需要，此时如果境外产生了颇具规模的离岸市场以及一系列流动性、认可度高的金融工具，新兴经济体国内金融市场的独立性将面临相当大的考验。他还认为，国际化货币的离岸市场对于货币发行国的货币政策影响有限，即并不存在离岸市场对在岸市场主导性的单向影响，而是离岸、在岸市场利率间相互影响。因此为了避免境内金融市场相关产品的定价权外移，也必须加快利率市场化改革和直接融资市场的发展。[②]

人民币国际化启动以来，我国的利率市场化改革也在逐步进行中，我国银行贷款利率早在2013年就已全面放开管制，除部分品种有时会有窗口指导外（例如小微企业的贷款利率、个人住房贷款利率），大部分贷款已经完全市场化定价。我国利率市场化的步骤是先放开货币市场利率，再放开贷款利率，最后放开存款利率，取消对利率变动的行政性限制，逐步建立起以中央银行利率为基础、以货币市场利率为中介、由市场供求决定

①姚林华. 在岸与离岸市场人民币利率联动性分析［J］. 区域金融研究，2014（10）：43—46.

②洗国明，王雁庆. 美元离岸、在岸市场利率关联检验——对发展我国人民币离岸市场的启示［J］. 当代财经，2013（5）：47—58.

存贷款利率水平的市场利率体系和形成机制。但在利率市场化的过程中，事实上却逐渐形成了利率的"双轨制"。①现在的改革就是要打破"双轨制"，实现"并轨"，也就是要将政策性利率、各银行制定的贷款基础利率（LPR）向货币市场利率靠拢，最终完成市场化的贷款利率，从而实现利率市场化这一终极目标。其中最重要的一步是取消基准利率，因为利率市场化意味着利率的决定权从货币当局或中央银行转移至市场，利率的价格及其变化由市场根据供需关系来决定，而因为基准利率的存在，给了商业银行平稳赚取息差的空间，商业银行逐利的本质会促使其维持现有盈利局面，没有动力去促进改革和完善金融服务。2019年8月央行提出完善贷款利率（LPR）形成机制的改革措施，目的是要打破存贷款基准利率和市场利率并存的"利率双轨"问题，提高贷款利率（LPR）的市场化程度，促进贷款利率的"两轨合一轨"，以提高利率传导效率，进一步降低实体经济的融资成本。

（四）金融市场的开放现状和未来走向

很多研究结果表明，金融市场开放与货币国际化有正向关联，但从国际货币的发展历史来看，美元和德国马克都是先成为国际货币以后才开始金融市场的逐步开放的，而日元则是先开放金融市场以后推进日元国际化，因此金融市场开放与货币国际化的先后关系并没有固定的模式，每个国家要根据自身经济发展状况来决定其先后的顺序。我国目前正经历新一轮的金融开放。2018年以来中国新一轮金融开放措施相继推出，一是重启了"811汇改"后因资本外逃压力而暂停新批的QDII、RQDII和QDLP额度，并放开QFII和RQFII资金汇出限制，取消本金锁定期要求，继而又在2019年9月宣布取消QFII和RQFII的投资额度限制，并同时取消RQFII试点国家和地区限制，这些都有助于进一步便利境外投资者投资境内证券市场，提升我国金融市场开放的深度和广度，有利于吸引更多的海外资金进入我国股债市场，预计将带来更多境外长期资金。二是为不断落实银行、保险和证券行业的外资准入机制，2018年11月银保监会发布了《关于修改〈中华人民

---

① "双轨制"是指在实际中存在着较为合理的货币市场利率和央行公布的存贷款基准利率。

共和国外资银行管理条例实施细则〉的决定（征求意见稿）》；地方上也积极推出金融开放政策，例如上海制定的"上海扩大开放100条"行动方案中有32条同金融领域有关。

自从中国加入WTO以来，中国金融市场开放的步伐一直就没有停止过，近几年我国金融市场开放的步伐显著加快，持续推动了债券市场、股票市场、金融衍生品市场的发展。如今，在不断扩大的跨境投融资渠道和不断完善的金融市场相关制度安排下，中国资本市场形成了以境外投资者直接入市和境内外交易机制互联互通的多渠道双向开放的格局。直接入市渠道包括QFII/RQFII、境外投资者直接进入银行间债券市场，互联互通机制包括沪港通、深港通、债券通、沪伦通、基金互认等。沪港通、深港通的交易采用了跨境交易轧差、净额以人民币进出的方式，该结算机制有利于促进人民币的国际使用，同时还可以有效平抑跨境资金的波动。以上这些多渠道、管道式的开放，有效满足了不同类型机构的投资需求和偏好，但由于各渠道相互隔离、政策也不完全一致，一定程度上也带来交易成本高、监管难度大等问题，增加了境外投资者理解和操作上的困难，即便如此还是吸引了大量的境外投资者进入我国的证券市场。截至2019年5月末，境外投资者持有我国债券和股票分别达到1.94万亿元和1.51万亿元，同比分别增长26%和14%。目前资本和金融项目已经成为跨境人民币使用的主要领域，资本市场的开放举措有力提升了人民币的国际化水平。

2019年7月20日国务院金融稳定发展委员会办公室发布了《关于进一步扩大金融业对外开放的有关举措》，涉及银行、保险、券商、基金、期货、信用评级等多个领域。这些措施有的是在前期政策措施基础上进一步鼓励外资深入，如鼓励境外金融机构参与设立、投资入股商业银行理财子公司；有的是对外资股份实施"国民待遇"时点提前，如将原定于2021年取消证券公司、基金管理公司和期货公司外资股比限制的时点提前到2020年；还有一些是首次提出的举措，如允许境外资产管理机构与中资银行或保险公司的子公司合资设立由外方控股的理财公司，允许外资机构获得银行间债券市场A类主承销牌照，允许境外金融机构投资设立、参股养老金管理公司等；有的是事关金融市场的基础性制度安排，如信用评级的开放措施。这些开放措施是在当前的国内国际环境之下做出的重大开放决策，不仅体现了中国遵从新时代、新内涵的全球经济一体化趋势，也体现了中国面向世界的态度和自信。但伴随金融开放而来的风险也十分巨大，随着外资大量进入我国的金融市场，央行维持货币政策独立性的成本也日益提高，我国金融业虚拟化程度也将提高，监管难度越来越大，如何化解和防范金融风险是对我国金融业发展的重大考验。

（五）高质量发展和高水平开放的相结合

党的十九大和中央经济工作会议做出了"中国特色社会主义进入了新时代，我国经济发展也进入了新时代"的重大论断，指出新时代我国经济发展的基本特征，就是我国经济已由高速增长阶段转向高质量发展阶段。高质量发展意味着高质量的供给、高质量的需求、高质量的配置、高质量的投入产出、高质量的收入分配和高质量的经济循环。即要提高商品和服务的供给质量，满足高质量的需求，要促进供需在更高水平上实现平衡；要充分发挥市场配置资源的决定性作用，完善产权制度，理顺价格机制，减少配置扭曲，打破资源由低效部门向高效部门配置的障碍，提高资源配置效率；要更加注重内涵式发展，扭转实体经济投资回报率逐年下降的态势；在人口红利逐步消退的同时，进一步发挥人力资本红利，提高劳动生产率；提高土地、矿产、能源资源的集约利用程度，增强发展的可持续性；最终实现全要素生产率的提升，推动经济从规模扩张向质量提升转变；要推动合理的初次分配和公平的再分配，发挥税收的调节作用，要发挥精准脱贫等措施的兜底作用，注意调节存量财富差距过大的问题，形成高收入有调节、中等收入有提升、低收入有保障的局面，提高社会流动性，避免形成阶层固化。促进高质量的循环，就是要畅通供需匹配的渠道，畅通金融服务实体经济的渠道，落实"房子是用来住的，不是用来炒的"要求，逐步缓解经济运行当中存在的三大失衡——供给和需求的失衡、金融和实体经济失衡、房地产和实体经济失衡，确保经济平稳可持续运行。

高质量发展自然要求高水平的开放。高水平开放则亟须营造更加公平透明、可预期、更有吸引力的营商环境，要求有制度性保障，这就要处理

好政府与市场的关系，充分发挥市场在资源配置中的决定性作用并更好发挥政府作用。只有把握市场主体的核心诉求和关键需要，提升政府服务效率，清除制约市场经济高效运行的制度障碍，坚持外商投资负面清单管理制度（2019年进一步缩减了负面清单长度，清单条目减至40条），才能进一步改善营商环境，加强市场化、法治化、国际化建设，增强市场经济活力，从而增强跨国资本对中国制度与政策环境的信心，促进外资投资稳定增长。[1]目前应当保持我国全球外商投资主要目的地的地位，以实现以高水平开放，推动经济高质量发展。

打造法治化、国际化的一流营商环境，是我国吸引集聚全球优质要素的关键，也是新一轮高水平开放的关键，需要从内外两方面发力。对内，以自贸试验区和中国特色自由贸易港建设为抓手，对标国际上高标准的贸易投资规则，在保护知识产权、推进"放管服"改革、深化国有企业改革等方面加快制度创新和复制推广，打造对外开放新高地。对外，积极参与世贸组织改革，促进贸易和投资自由化便利化，要继续降低关税水平，不断推出跨境贸易便利化举措。2018年以来，中国加大了自主降税的力度，关税总水平由上年的9.8%降至7.5%，略高于欧盟，但低于大多数发展中国家。2018年以来，海关总署等部门推出了20多项优化口岸营商环境的措施，减少了单证数量，优化了通关流程，提高了通关时效，降低了通关成本，跨境贸易便利化水平稳步提高。坚持维护发展中国家的规则权益，大力推动立足周边、辐射"一带一路"、面向全球的高标准自贸区的网络建设，在国际营商环境竞争中掌握主动。同时，要建立健全开放型经济安全保障体系，保持高水平开放和高水平安全的平衡。[2]

高水平开放就是要坚持积极、稳妥、有序开放，而不能盲目开放。中国在资本项目开放问题上必须持谨慎态度，坚持循序渐进的原则，在风险可控前提下，分阶段、有步骤地培育资本市场工具、扩大外国金融机构的

[1]2019年3月，十三届全国人大二次会议表决通过了《中华人民共和国外商投资法》，自2020年1月1日起施行。
[2]杨长湧. 将新时代高水平开放持续推向深入［N/OL］. 经济日报，2019-02-12. http：// theory. people. com.cn/n1/2019/0212/c40531—30623541.html.

参与、放松资本账户交易管制。在资本项目开放过程中要加强反洗钱的制度建设，防止跨境资本流动的便利政策成为新的洗钱工具。

高水平开放就是应实现"物"的开放和"人"的开放并重。一方面，应继续推动商品、资本、技术等生产要素跨境自由高效流动，做强、做优对外贸易、利用外资、对外投资等"物"的层面的开放。另一方面，应更加重视思想观念和体制机制等"人"的层面的开放，坚持解放思想、吸收借鉴人类一切优秀文明成果，推动规则等制度型开放，同时更加积极地参与全球经济治理，增强中国智慧、中国方案、中国力量的影响力，使得新时代成长起来的人才具有更加开放包容的国际视野和思维。

高水平的开放要求"引进来"和高质量"走出去"并重。一方面，应继续扩大进口引进先进适用的技术设备、优质消费品等，更好地利用境外的商品、资本等资源促进国内经济发展。另一方面，应着力提高出口商品的质量和附加值，积极稳妥推动企业对外投资，培育具有全球资源配置能力的本土跨国公司，带动中国装备、技术、标准、服务"走出去"，增强中国商品、中国企业和中国人才的辐射力与影响力。通过高水平"引进来"和高质量"走出去"并重，推动中国经济与世界经济更加紧密地融合，提升我国在全球分工中的地位，更好地统筹利用两个市场、两种资源。

新时代对外开放还应实现促进自身发展和推动构建人类命运共同体并重。一方面，应继续立足国内，按照经济高质量发展的要求谋划开放的路径与重点。另一方面，应用好中国经济对世界经济日趋增强的辐射力和影响力，积极回应国际社会的关切与期待，在对外开放中更好地践行合作共赢原则，通过主动扩大进口、加强互联互通、为国际市场提供高质量商品和资本、积极参与全球经济治理等方式，推进开放型世界经济和经济全球化的健康发展。通过促进自身发展和推动构建人类命运共同体并重，实现中国与世界共同繁荣，彰显新时代的大国责任和大国担当。

总之，高水平开放就是要奉行互利共赢的开放合作战略，坚持以开放促改革、促发展、促创新，始终担当全球开放合作的重要推动者，为维护全球自由贸易、完善全球经济治理、建设开放型世界经济、构建人类命运共同体而努力。也就是要发展全球伙伴关系，拓展友好合作，走出一条相互尊重、公平正义、合作共赢的国与国的交往新路，让世界更加和平安宁，让人类生活更加幸福美好。人民币国际化的最终目的也是要促进高水平金融开放和高质量的经济发展。

第三节　人民币国际化的发展前景与推进策略

人民币国际化是伴随着中国综合国力的增长和总体的改革开放战略的推进而不断提升的长期过程，其所面临的环境也随时间的流逝而不断变化着，在现阶段，由于经济全球化面临逆转的巨大压力和贸易保护主义的回潮，国际经济金融形势将呈现前所未有之变局。人民币国际化发展的前景仍然取决于国内外环境的变动趋势以及各项国际化政策措施的实施及效果。现阶段中国正启动第二轮高水平的金融对外开放进程，涉及银行、证券、基金、保险、信用评级、第三方支付以及金融市场等多个方面。资本市场的基础设施和配套政策将持续优化，境内金融市场与境外市场之间互联互通将有更大的进展，在岸、离岸市场汇率、利率的联动性将继续增强，高质量发展和高水平开放的深度融合将营造更加开放高效的开放新体制，这些都是有利于人民币国际化的因素。同时，人民币国际化正经历着三种转变，这三种转变也是非常有利于人民币国际化深入发展的，我们认为人民币国际化的前景还是值得期待的。但我们也应该看到，目前的国际形势和外部环境跟十一年前人民币国际化启动时相比已经发生了翻天覆地的变化，尤其是2020年1月暴发并蔓延全球的新冠疫情发生以来，我国面临着更为严峻的外部环境，外部环境的改变对人民币国际化产生了严重的不利影响，如何在新的国际环境中继续推进人民币国际化进程是摆在我们面前的一道新课题，我们要有新的思维和新的策略。

一、人民币国际化的发展前景

在前述的国内外环境的变动背景下，经过了十一年发展的人民币国际化目前正面临三大转变：一是从政策驱动转变为市场驱动，二是从以经常项目为主渠道转变为以资本项目为主渠道，三是从离岸市场先行发展转变为在岸、离岸良性互动、深度整合、协同发展。

1. 从政策驱动向市场驱动的转变

在我国人民币国际化的十一年进程中，无疑政府的顶层设计和制度政策的创新发展起到了重要推动作用，但这十一年还处在我国人民币国际化的初期发展阶段。现阶段的国内外形势跟十一年前相比发生了巨大的改变，无论怎样，人民币国际化终究是一个市场驱动、水到渠成的过程。纵观十一年的发展过程，可以看到我国政府在其中起着非常大的作用，尤其是在人民币国际化的启动阶段，政府推动的货币国际化特色异常明显。从第二章的三个阶段发展过程中，我们看到从人民币国际化的启动到飞速发展阶段，再从停滞阶段到重新恢复发展阶段都是在我国政府有关政策的推动引导下进行的，政策的方向标作用异常明显有效，可以说人民币国际化在每一阶段向前发展的背后都是相关管制政策放开后推动的结果，起到了立竿见影的效果。

人民币国际化启动是从上海、广州、深圳、珠海、东莞5个城市的跨境贸易人民币结算开始的，在取得一定经验的基础上逐步扩大到全国其他地区，境外试点地区也是从港澳地区开始逐步扩展到东盟及所有国家和地区。2009年以来，除了全面实现跨境贸易人民币结算和人民币直接投资以外，我国政府逐步放宽了银行间债券市场的准入限制，放宽了境外机构用人民币对境内的证券投资限制，放宽了境内机构赴境外发行人民币债券（点心债）和票据的限制，进行了深圳前海金融改革创新的先行先试、上海自贸区金融的改革创新以及对外汇市场交易的放宽，对离岸人民币市场的政策也同时进行创新等，还有不断扩展的人民币境外清算行的建立和货币互换协议的签署等，这些都是制度创新和新政策推出实施的结果。在放松境外机构进入我国资本市场和境内机构进军境外资本市场的过程中，借鉴国际经验先后构建了QFII、QDII和RQFII、RQDII制度，始终把控我国资本市场开放的主动权，防止国内资金的大规模逃离和国外游资对我国金融市场的大规模冲击，以保持我国经济金融发展的稳定环境。在以上各项推动人民币国际化的政策实施过程中，是由政府来主导稳步推进的，以求尽量将人民币国际化的风险降到最低，努力做到政府对风险能够把控得住，政府从一开始就将人民币国际化作为一项长期的发展战略来加以推行。实践证明，这样的人民币国际化战略是符合中国国情的。特别是在人民币国际化的第一阶段（2008—2012年），政策推动的效果非常好，人民币国际化程度在短期内获得了大幅度提升。当然，市场需求的增加也是人民币国际化得到快速提升的一个重要的影响因素，但这种市场需求不能排除有的是建立在人民币升值预期的基础之上，还不是真正基于贸易投资基础之上的市场需求，有一定的套利投机的性质，从而虚增或夸大了跨境贸易人民币结算的规模。在人民币升值背景下，境外机构和个人显示出对人民币的持有和使用也很活跃，参与跨境人民币业务的金融机构数量的扩大和贸易主体的放宽，使得越来越多的企业可以从人民币贸易结算中获得规避风险、降低成本的好处。因此第一阶段的人民币国际化的提升速度是最快的。根据中国人民大学国际货币研究所编制的人民币国际化指数，从2010年年初的0.02提高到2012年年底的0.87，增长了42.5倍。当然若与同时期的美元、欧元、日元、英镑的国际化指数相比，人民币国际化的程度还是非常低的。

前十一年的人民币国际化是在政策推动下实现的，现阶段的人民币国际化正处于从政策推动向市场驱动转换的时期。如今国际市场上对人民币的国际需求开始增多，首先来看人民币被纳入各国外汇储备的情况。IMF自2016年10月开始在官方外汇储备货币构成季度调查中单独列出人民币资产，以反映全球人民币外汇储备的持有情况。据IMF数据显示，2017年第四季度末，全球官方持有人民币外汇储备为1228.02亿美元，在可识别外储中占比达1.23%。2018年第四季度末，人民币外汇储备资产约合2027.9亿美元，占全球官方外汇储备资产的1.89%，占比高于澳元的1.62%和加元的1.84%。截至2019年第一季度，人民币储备规模为2129亿美元，占比1.95%，较2016年刚加入时的1.07%提高了0.88个百分点，排在美元、欧元、日元、英镑之后，第5位。目前，已有60多个境外央行或货币当局将人民币纳入外汇储备。这说明2016年以来，人民币得到越来越多的国家政府和央行的认可和接受。其次来看人民币的国际支付。据环球银行间金融电信协会统计，2013—2019年年末人民币国际支付的全球占比分别为1.12%（第八）、2.17%（第五）、2.31%（第五）、1.68%（第六）、1.61%（第五）、2.07%（第五）、1.94%（第六）。2018年人民币的全球国际支付占比在1.6%至2.1%的区间波动。全球有超过1900家金融机构使用人民币作为支付货币，有近1300家机构以人民币为币种开展与中国内地和香港的国际支付。越来越多的国家政府发布公告，允许在双边贸易或边贸活动中使用人民币进行支付结算，如巴基斯坦、越南、缅甸等国。2017年包括直接投资、国际信贷、国际债券与票据等在内的国际金融人民币计价交易综合占比为6.51%，创下人民币国际化历史的新高，2018年的该项占比为4.90%。再次，从境外机构和个人所持有的人民币金融资产来看，根据央行有关数据计算，[①]从2015年6月到2016年12月底，境外机构和个人累计减持人民币金融资产1.56万亿元人民币（包括股票资产、债券资产、贷款和存款），但2017年年底境外机构和个人持有的人民币金融资产又比2016年年底增加了1.25万亿元，2018年年底又增加了5611亿元，达到了4.85万亿元，2018年年底比2015年6月的最高值还多出了2540亿元，[②]这些境外机构和个人所增持的金融资产主要是股票和债券，这主要得益于近两年来我国资本市场的开放和资本项目管制的逐步放松。以上都是实实在在地在政策利好推动下的市场需求催生出来的人民币的国际使用。

2. 人民币进出渠道从经常项目为主转变为以资本项目为主

有关数据表明，2015年之前在人民币升值预期的背景下，人民币持续通过经常项目输出、资本项目回流的方式实现人民币的境内外循环，人民币的计价结算最高时约占我国对外贸易的30%，带动了人民币国际化程度的逐步提高，并在多项指标上都达到最高值。跨境贸易人民币结算还直接推动了离岸市场上人民币资金池的快速增长，并因此带动了离岸市场上点心债和其他人民币金融产品的发行和交易，现在来看通过贸易结算和发展

①根据中国人民银行年报2015年、2016年的数据计算。
②根据中国人民银行年报2017年、2018年的数据计算。

离岸人民币市场带动的人民币国际化无疑取得了较大的成功。随着2015年之后我国资本项目和资本市场的逐渐开放，资本项下的人民币结算量快速增长。2014年经常项目的人民币收付是资本项目的6.23倍，到了2017年，资本项目下人民币结算量开始超过了经常项目的结算量，2018年资本项目的结算量是经常项目结算量的2.1倍，①资本项目的人民币收付占人民币跨境收付总额的67.8%，因此近年来资本项目的人民币跨境收付成为推动跨境人民币收付量增长的主要因素。2018年国际贸易的人民币结算份额在全球的占比为2.05%，包括直接投资、国际信贷、国际债券与票据等在内的国际金融交易中（资本项下的人民币交易）人民币计价的综合全球占比为4.90%，资本项目的人民币计价全球占比超过了国际贸易人民币结算的全球占比，标志着人民币国际计价结算的主渠道从经常项目转向资本项目，这还可以从以下三方面得到验证：

第一，"一带一路"建设带动的人民币对外直接投资和对外投融资合作的大幅增长。2018年我国企业对"一带一路"沿线国家实现非金融类直接投资156.4亿美元，同比增长8.9%，占我国对外直接投资总额的13.0%；在"一带一路"沿线国家的对外承包工程完成营业额893.3亿美元，占同期总额52%。对于我国参与境外投资的企业来讲，参与对"一带一路"沿线国家的投资，有利于扩大市场规模、提升市场竞争力，尤其是对我国部分民营企业来讲，更是实现产业转型和技术升级的难得机遇。据统计，2013—2018年，中国企业对"一带一路"沿线国家直接投资超过900亿美元，在"一带一路"沿线国家完成对外承包工程营业额超过4000亿美元。除了直接投资外，合作园区建设是近年来的重点，这也为人民币对外直接投资带来新机遇。截至2018年6月底，我国企业共在46个国家建设初具规模的合作区113家，其中82家位于"一带一路"沿线国家。②近年来，人民银行、中资金融机构与多边开发机构

①根据中国货币政策执行报告中的有关数据计算得出。
②商务部对外投资和经济合作司. 2018："商务部合作司负责人谈2018年上半年我国对外投资合作情况"［R/OL］.（2018-07-17）［2018-11-08］http://hzs. mofcom. gov. cn/article/aa/201808/20180802775058. shtml.

和发达国家在"一带一路"沿线国家还积极开展联合融资，协同效应逐步显现。人民银行先后出资30亿美元与国际金融公司成立了联合融资基金，出资20亿美元与非洲开发银行成立了"非洲共同增长基金"，出资20亿美元与泛美开发银行建立了"中国对拉美和加勒比地区联合融资基金"，向欧洲复兴开发银行的"股权参与基金"出资2.5亿欧元。①截至2019年一季度末，上述联合融资机制已投资超过30亿美元，项目数量近200个，覆盖欧洲、中亚、拉美等共建"一带一路"地区，涉及供水卫生、交通运输、农业、青年就业等领域。非洲共同增长基金出资支持的尼日利亚青年就业计划，在农业领域创造了更多就业岗位；人民银行与国际金融公司的联合融资基金为塞尔维亚国内第一个大型风电厂项目提供了融资支持，协助解决当地电力能源紧缺问题。人民银行还与欧洲复兴开发银行合作，为"一带一路"资金融通提供新的动力。上述投资中都有相应比例的人民币资金的输出。随着"一带一路"倡议和自贸区建设的逐步推进，人民币在对外投资活动中扮演的角色也越来越重要。

第二，我国资本市场的进一步开放刺激了境外机构和个人对境内人民币金融产品的强烈需求。随着中国股市、债市规模的日益扩大，其国际地位也日益提高，越来越吸引境外投资者的目光，外国投资者持有的人民币债券、股票也随之不断增长。根据《2018年国际收支报告》，2018年中国债券市场外资净流入规模约为1000亿美元，大约比2017年增长了约30%，占新兴市场流入外资规模的80%。2018年与2011年相比，外国投资者持有的中国债券从870亿元人民币增加到了1.8万亿元，约占我国债券市场存量总额的2.1%，②而境外投资者持有中国国债的占比已达8.1%。③外资在我国股市上持股金额占境内流通股票总市值的3.5%。④2018年境外投资者的境内债券持有额较2017年年末的1.13万亿

---

① 人民银行积极推动第三方合作：投资超过30亿美元，项目数量近200个.2019-04-27 15：11：28 中国人民银行网站。

② 美国此项占比为25%、日本为12%、韩国为6%、巴西为5%。

③ 中国债券首次纳入全球性重要指数_茂名网—茂名新闻网［EB/OL］. http：//www. mm111. net/caijing/p/375831. html.

④ 美国的同类占比为15%、日本为30%、巴西为21%、韩国为33%。

元大幅增加了约5800亿元，增幅达51.46%。^①据外汇局统计，近年来境外机构不断增持我国债券和上市股票（含基金，下同），持有合计规模从2014年年末的2192亿美元上升到2018年年末的4448亿美元，增长了103%。其中，持有的债券规模从1085亿美元上升到2638亿美元，增长了143%；持有的股票规模从1107亿美元上升到1810亿美元，增长了64%。^②在证券交易方面，境外机构的增长也是显著的：2018年在银行间货币市场，境外机构的成交量同比增长了87%，在银行间债券市场，境外机构成交量同比增长了44.8%，其中，境外央行类机构成交现券同比增长了90.1%（占比约为42%）；境外商业银行成交现券同比增长了4.8%（占比约为52.5%）；境外非银行类金融机构成交现券同比增长了437.5%（约占4.1%）；境外中长期机构投资者成交现券同比增长了374.7%（约占1.27%）；境外金融机构发行投资产品成交现券券面总额为3332.7亿元，同比增长了207.1%。^③未来，随着境内金融市场的进一步开放和人民币资本项目可兑换的持续推进，资本项下人民币结算量的占比有望继续提升，为人民币国际化不断提供新动力。

第三，资本项目的人民币跨境流通还存在着广大的空间。我国金融市场开放的步伐近年来不断加快，投资者范围不断扩大，风险对冲工具逐渐丰富，跨境资金交易结算便利性不断提高，信用评级市场也不断开放，会计税收政策安排逐步完善，为人民币国际化和资本项目开放打下了坚实的基础。最引人关注的是，2018年6月28日国家发展改革委、商务部发布了《2018年版外商投资准入特别管理措施（负面清单）》，推出了一系列重大开放措施。其中在金融领域，取消了银行业外资股比限制，将证券公司、基金管理公司、期货公司、寿险公司的外资股比放宽至51%，2021年取消金融领域所有外资股比限制。以上金融业开放的广度与深度的进一步拓展，无疑将为人民币国际化注入了新能量，提升了外资进入我国金融市场的信

---

① 中国债券纳入全球主流债券指数后：国际投资者持债规模或翻番［EB/OL］. https://baijiahao.baidu.com/s? id=1624177814268682493.
② 根据2018年国际收支报告计算得出。
③ 中国外汇交易中心研究部.人民币国际化稳步推进：2018年离岸及跨境人民币业务回顾。

心。目前我国债券市场位列全球第三，股票市场市值位居全球第二。对比我国的实体经济、利率水平与投资安全性，对国际各类投资者来说我国资本市场还是较具吸引力的。此外，与美国和世界平均水平相比，目前中国的债券回报率不仅高于世界平均水平，也高于美国。截至2018年年底，中国债券市场整体违约率为0.8%，远低于商业银行的不良贷款率1.89%，也低于全球债券市场的平均违约率[①]（见图4-2）。因此，高收益率和低违约率的人民币债券对国际投资者来说吸引力很大。随着中国债券2019年4月1日起被正式纳入彭博巴克莱全球AGG指数（Bloomberg Barclays Global AGG index），中国债券市场将变得越来越有吸引力，预计其他指数也将很快吸纳中国债券，进而带动更多外资进入中国债券市场。2018年国际收支报告的2018年年末的债市数据（含银行间和交易所市场）显示，外资在我国债券市场上的投资金额占比仅为 2.1%，而美国占比为25%、日本为12%、韩国为6%、巴西为5%。外资在我国股市上持股占比为3.5%，而美国的同类占比为15%、日本为30%、巴西为21%、韩国为33%。可见，我国债市股市中外资的占比不仅远低于日本和美国等发达国家，还低于韩国和巴西等新兴市场国家。因此，通过资本项目进行的人民币跨境流通的空间还是很大的。

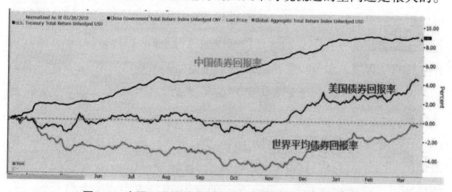

图4-2 中国、美国债券回报率以及世界平均债券回报率

资料来源：中国债券收益率去年跑赢全球外资占比有望快速提升 _ 东方财富网 http：// bond.eastmoney.com/a/201904021086395838.html.

[①]中国债券收益率去年跑赢全球外资占比有望快速提升 _ 东方财富网［EB/OL］. http：// bond. eastmoney. com/a/201904021086395838. html.

从国际经验来看，资本项下的本币输出是货币国际化的必经之路。一国货币国际化就意味着存在本币的输出和输入。从输出来看，通常有两个渠道的输出。一个是贸易项下的输出，相当于通过货币兑换实现的本币输出，开始时境外主体不接受本币融资，需要先通过货币的结算来推动，从其他国际货币的发展过程看这个阶段是必要的。英国在海上霸权时期、美国在第一次世界大战期间、日本在20世纪60—70年代经济腾飞阶段，均通过贸易渠道输出本币，基本实现了本币作为本国贸易结算货币的职能。但这一阶段本币国际化的基础还是比较薄弱，如果一国货币在国际化进程中无法持续输出，则很可能长期停留在仅作为部分进出口结算货币的初级阶段。另外一个是资本项下的输出，即通过信用货币创造实现的本币输出，多是由政府带动市场力量协同推进的。英国和美国在本币国际化起步或发展过程中都是贸易顺差国，经历过贸易项下输出本币的第一阶段后，为推动本币国际化，都将资本项下输出本币置于国家战略的高度，以政策推力创造国际需求，带动市场力量推进，逐步夯实本币国际化的基础。欧元更是如此，欧盟在欧元区强制实行统一货币，很快就实现了货币区域化目标，在区域化带动下又很快成为第二大的国际货币。而日本在贸易输出本币以后政府没有很积极主动继续推进货币国际化进程，导致日元的国际化程度在20世纪80年代中后期达到顶峰以后逐渐下降，虽然近些年其国际化程度又有所提高，但也没有再创辉煌了（参见第二章第三节）。

3. 从离岸市场先行发展转变为在岸、离岸良性互动、深度整合，协同发展

在我国未全面放开资本账户的情况下，离岸人民币市场可以为人民币提供一个进出自由且能为非居民提供人民币汇兑、结算和投融资服务的场所，实际上也就是让人民币先行在离岸市场内实现完全可兑换，我国就能将人民币国际化过程中带来的风险相对隔离，为在岸市场资本账户的逐渐开放提供缓冲带，减缓资本项目开放对国内金融市场带来的冲击，同时又能够为在岸市场的部分机构和企业率先从事人民币跨境业务提供外部的对接点，顺利推进人民币国际化进程。美元、日元等货币国际化过程中都充分利用了离岸市场的作用。因此，我国在启动人民币国

际化的进程伊始，也同时推动了香港离岸人民币市场的发展，之后还陆续在伦敦、新加坡、中国台湾、卢森堡、纽约等地发展了人民币离岸市场。在一系列相关政策和市场需求的带动下，目前已经形成了以香港人民币离岸市场为中心，遍布亚洲、欧洲、非洲、北美洲的全球离岸人民币市场网络。十一年来，我国国内的金融市场也日益开放，特别是随着我国自贸区金融改革和创新步伐的推进和上海国际金融中心建设步伐的加快，境内也逐渐开展了人民币离岸业务，实际上形成了境内境外两个都能够从事人民币离岸业务的市场。但是随着人民币离岸业务的规模越来越大，对在岸市场的影响也日益增大，如果在岸市场不能与离岸市场有效对接和协同发展，离岸市场的存在和发展将会增加国内货币调控的难度，并可能为国际资本冲击在岸市场提供便利，也可能给未来人民币定价权带来不确定性。在市场的自由选择下，人民币的定价权就有可能偏离在岸市场。

近几年，随着人民币离岸市场的发展与人民币通过各种管道流出、回流机制的形成，跨境人民币资金流动规模不断增加，离岸与在岸市场资金价格之间的联系、互动越来越紧密，离岸市场价格已经开始影响在岸市场的价格。有关的实证研究表明，2005年人民币汇率制度改革之后，人民币在岸远期市场和离岸无本金交割远期外汇交易市场（NDF）间的联系不断加强，并且人民币NDF市场汇率的变动趋势引导在岸远期市场汇率的变化趋势居多。从市场规模的角度看，虽然目前人民币离岸市场上的人民币存量还相当有限，但是香港等成熟金融市场上具有很多杠杆率较高的金融工具，一旦这些存量资金被允许投向高杠杆金融工具，那么就有可能出现以较少资金撬动大额交易的"以小搏大"行为，加之离岸市场管制少，交易成本低廉，容易形成巨大的交易规模，从而加剧市场风险。随着离岸市场的快速发展和离岸市场的价格发现功能越来越充分地发挥，如果在岸市场的价格发现功能仍然受到管制政策的抑制，与纯粹市场化的离岸市场相比，在岸市场的价格在市场参与者的眼中更多的是一种"政策+市场"形成的均衡，长此以往，在市场的自由选择下，人民币的定价权就有可能旁落（乔依德，等，2014）。因此有专家建议，应探讨在广东、上海设立人民币离岸业务在岸交易结算中心，因为作为货币发行国，关键是要引导离岸市场有序发展，防止离岸本币对国内货币政策、金融稳定造成冲击，同时完善离岸与在岸对接的通道和机制，促进离岸市场发展与在岸市场开放相互推动，而设立在岸的离岸市场，正是实现这一目标的有效抓手，它有利于中国加快离岸金融市场发展进程，是中国现阶段发展人民币离岸金融市场、推进人民币国际化的必然要求，是多方共赢的理性选择。可以充分借鉴美国、日本等国在本土发展离岸本币业务的经验，结合国情改革创新，建立一套与国际接轨的离岸人民币在岸交易体系，促进人民币输出与回流。[1]

为了避免人民币离岸市场发展对在岸金融市场和宏观经济发展可能带来的冲击，深化在岸市场金融体系的改革开放和在岸国际金融中心的建设，从而不断提升在岸人民币的国际化程度，推动在岸、离岸人民币国际化的协同发展是我国今后人民币国际化继续推进的战略目标，否则人民币国际化之路是走不远的，或者即便人民币国际化的确能够为在岸金融市场的深度和广度发展起助推作用，但人民币定价的主导权可能会旁落到境外的离岸人民币中心。因此，我国很有必要在上海建设国际金融中心，并逐步确立起上海的全球性人民币产品创新、交易、定价和清算中心的地位，进一步推动离岸在岸人民币市场的良性互动、深度整合和协同发展。[2]现如今正在进行的上海自贸区内的金融开放创新的先行先试实践，已经成为沟通离岸市场与在岸市场的桥梁，在促进人民币资金在两个市场之间有序流动和动态循环方面已经起了重要的作用。

可以预见，随着我国经济的发展和改革开放进程的不断向前推进，随着落实高质量的经济发展和高水平开放的各项政策措施的落地，我国的资本账户开放程度将逐渐提高，离岸市场与在岸市场相互影响、相互融合的互动关系将更加明显，进而形成一个可覆盖全球的、不间断交易的人民币市场（乔依德，等，2014），在岸市场与离岸市场协同发展、互相补充，

---

[1]陈云贤.设立离岸人民币在岸中心［J］.中国金融，2018（19）：19—21.
[2]巴曙松.在岸离岸市场并举共推人民币国际化［J］.金融经济，2012（3）：15—16.

以满足全球性的人民币市场需求，使人民币国际化的目标最终得以实现。

二、人民币国际化进一步发展的新策略

展望未来，人民币国际化的发展策略应该是围绕以下几个方面继续推进：一是宏观上完善监督管理，防范系统性金融风险；二是进一步深化汇率、利率的市场化改革，保持适度的资本管制；三是坚持人民币区域化、周边化渐进的推进策略；四是充分利用"一带一路"建设的平台，促进人民币国际化稳健发展；五是发展培育有活力的国内金融市场，做活国内外金融市场的互联互通；六是开展宏观政策的国际协调，争取有利于和平发展的国际环境。

（一）宏观上完善监督管理，防范系统性金融风险

完善监督管理，防范金融风险虽然是个老生常谈的课题，但又是最重要的课题。只有控制住了风险，才能谈得上发展，否则一切都是空谈，1997年的亚洲金融危机就是生动的例子。我们在第一章中详细分析了人民币国际化宏观层面可能要付出的成本，如失去国内货币政策的自主性、对国内经济金融稳定造成的不利影响、为提供人民币国际清偿力而出现的"特里芬难题"、产生货币替代和资本外逃风险等，在本章的第一部分也分析了现阶段人民币国际化所面临的挑战或风险。笔者认为，人民币国际化最大的风险在于短期资金大规模进出导致的对国内金融市场的冲击和资金外逃导致的汇率贬值压力，以上都能影响国内人民币利率和汇率的价格，从而影响人民币汇率的稳定性，并影响中央银行的宏观调控效果，影响货币政策的独立性。最明显的例子就是"811汇改"后，人民币贬值预期飙升，海外市场看空人民币的情绪渐涨，CNH相比CNY贬值倾向更浓，2016年年初离岸人民币兑美元价格与在岸价之间相差最高时竟达1600个基点，人民币不仅没有流入境内反而大幅流出至海外。自2015年"811汇改"至2016年6月，人民币跨境净流出规模达到2300亿美元，然而海外的人民币存款规模并没有相应扩大，很大可能是向清算行换取了外汇，从而造成我国同期外汇储备的大幅度下降，对外汇储备形成不小的压力，因此

不能排除当时以人民币方式进行的资本外逃。当时海外有关机构还恶意做空人民币，以在海外抛售人民币的形式对人民币汇率进行打压。因此，人民币国际化过程中必须首先对短期跨境资金流动加强监控，要构建和完善人民币跨境资金流动的宏观审慎管理体系，包括全口径的宏观数据监测分析预警系统、系统性风险的监测评估体系、全球系统重要性金融机构的监测处置机制等，要根据实际情况不断完善外汇资金流动和跨境资金流动的宏观审慎政策框架、保障宏观审慎评估体系（MPA）的有效运行是至关重要的。

为落实党的十八届三中全会关于建立健全宏观审慎管理框架下外债和资本流动管理体系的要求，中国人民银行在2015年开始初步建立了外汇和跨境资本流动的宏观审慎政策框架。2015年年初，中国人民银行上海总部发布《中国（上海）自由贸易实验区分账核算业务境外融资与跨境资金流动宏观审慎管理实施细则（试行）》，将企业与金融机构的本外币外债、长短期外债以及或有债务纳入监测范围，通过宏观审慎系数及风险因子等调节微观主体外债额度，以实现外债宏观审慎管理政策目标。2016年1月25日《中国人民银行关于扩大全口径跨境融资宏观审慎管理试点的通知》开始实施。中国人民银行开始建立起宏观审慎规则下基于微观主体资本或净资产的跨境融资约束机制，外汇局对企业和金融机构进行全口径跨境融资统计监测，中国人民银行建立跨境融资宏观风险监测指标体系，在跨境融资宏观风险指标触及预警值时，采取逆周期调控措施，通过对跨境融资杠杆率、风险转换因子、宏观审慎调节参数进行调整，控制杠杆率和货币错配风险，把握与宏观经济热度、整体偿债能力和国际收支状况相适应的跨境融资水平，实现本外币一体化管理。从此，企业和金融机构可在基于自身资本实力确定的上限内自主开展各类跨境融资业务，中国人民银行则可以根据宏观调控需要对金融机构和企业的跨境融资进行逆周期调节；中国人民银行对商业银行远期售汇采取宏观审慎措施，要求金融机构按其远期售汇（含期权和掉期）签约额的20%交存外汇风险准备金；对境外金融机构在境内金融机构的存放则执行正常存款准备金率，以促进境外金融机构的稳健经营。中国人民银行和外汇管理部门的这种在坚持市场化导向和经常项目可兑换原则基础上的逆周期、市场化调控外汇市场主体的交易行为，表明我国管理部门已经开始运用中间价逆周期因子、风险准备金、全口径跨境融资宏观审慎等各类政策工具来管理跨境资本流动了，初步建立起了跨境资本流动的监测、预警和响应机制，实现了对金融机构和企业的跨境资金流动进行有效的调节，同时也管理了市场预期，避免人民币汇率波动大幅度脱离宏观经济基本面。

虽然我国已经初步建立起了外汇和跨境资本流动的宏观审慎政策框架，但为了确保在今后的人民币国际化进程中不发生系统性金融风险，还必须在实践中对宏观审慎政策框架加以不断完善和修正，以达到真正能够保证金融经济的长期稳定发展的最终目标。这就不仅需要我们创新性地建立一套全口径的宏观数据监测预警分析系统、一套能够由宏观指标触发微观调控的参数指标体系以及一套能够快速响应并行之有效的行动方案，还应该加强宏观审慎政策与货币政策之间的协调、配合，以发挥对外汇和跨境资本流动管理的最大效用。具体来说，一是要充分运用和完善现有的宏观审慎外汇政策工具。二是可适当增加宏观审慎外汇政策工具品种。如可在资本流动异常阶段，可以运用类似托宾税的价格调节工具，增加短期投机套利资金流出入成本，以抑制和减缓国际游资冲击金融市场，可研究根据资本流动的不同种类、期限长短、规模大小设定参数计算分级税率，同时兼顾横向公平，避免短期资本应用转换流动方式来规避税收，从而发挥管理资本流动的功能。三是要进一步完善跨国和跨部门的协调及沟通机制。建议以法律形式确立宏观审慎政策框架及内、外部协调机制，明确政策协调的内容、形式、规则、方式和保障机制。搭建中央银行与其他国家监管机构、国际金融组织的协调合作平台，促进宏观审慎政策规则本地化与国际性相兼容。人民银行可牵头和财政部、各金融监管机构、外汇局之间建立数据信息常规定期交换机制，并制定统一适用于各专业领域的金融统计标准和信息采集规范，促进宏观和微观监管信息及时、全面共享。通过对本外币、贸易投资、机构个人等不同交易品种、项目和主体跨境资金流动数据的分析，及时预警汇率、跨境资金流动的异常波动。通过联席会议等方式，相关部门协商研究解决宏观审慎政策中的重要问题，形成金融宏观调控合力。①四是要将宏观审慎管理与微观审慎监管相结合。现代金融体系的复杂性导致信用风险、市场风险、操作风险等多种风险共同作用产生系统性风险。微观审慎监管重点关注具体金融机构业务经营的合规性和风险状况，缺少识别各种风险关联和阻止其跨机构和行业传播的功能。而宏观审慎管理着眼于金融机构的整体行为和市场参与者之间的相互影响，能够及时判断跨市场风险积累，相对有效地识别和阻止系统性风险。从经济学角度看，个体的理性并不必然导致集体的理性，微观个体行为聚集极可能引发系统性风险，故宏观审慎管理模式下的风险监测体系应是系统性风险监测与微观主体风险监测相结合的体系。从外汇管理实践看，目前的事中事后管理类似微观审慎监管，它与逆周期的宏观审慎管理统筹融合才能共同构筑防范跨境资本流动冲击的防线。微观审慎与宏观审慎政策目标并不完全兼容，在外汇政策制定上应弹性把握两者差异性，在监管机制上相互配合，在风险控制手段上相互渗透，才能切实防止出现监管漏洞和监管空白，实现金融风险监管全覆盖，防止发生系统性和区域性金融风险。

（二）深化汇率、利率的市场化改革，保持适度的资本管制

货币国际化与汇率、利率制度的市场化改革是相辅相成的，二者存在着互为动力、协同推进的紧密联系，与人民币国际化紧密相关的汇率、利率市场化改革与资本账户开放之间亦不是简单的先后关系，而是循序渐进、协调推进的关系。一方面，人民币国际化带来了人民币境外流通的扩大，必然伴随贸易投资等领域管制的逐步放开，这将倒逼人民币汇率、利率管理制度的改革；另一方面，人民币国际化也可能带来国内货币政策自主性或独立性的丧失，可能会带来国际资本的恶意冲击从而对国内的金融经济的稳定产生负面影响，需要有更加开放和灵活的汇率、利率制度加以保证，以保证币值的整体相对稳定和可预测性，保证流动性的市场需求和相对稳定，需要灵活的汇率、利率制度安排以有效化解以上的不利影响。现有的几大国际货币都是实行浮动汇率制的和实行利率自由化的，IMF的

---

① 李艳玲. 改进外汇宏观审慎管理［J］. 中国金融，2016（16）：72—73.

数据也显示出几乎所有OECD国家和重要发展中国家（包括印度、巴西、南非和东南亚经济体）实行的都是浮动或自由浮动的汇率制度和实行利率自由化。

保持币值稳定是人民币国际化能否成功推进的一个必要条件，但保持人民币的币值稳定并非就是坚持固定汇率制。[①]2005年我国开始了从固定汇率制走向浮动汇率制的汇率制度的改革步伐，最终目标是实现汇率形成机制的市场化和实行浮动汇率，通过汇率浮动来维护我国货币政策的有效性，以更好地防范外部国际投机资本的大规模冲击。十几年来历经多次的市场化改革，人民币汇率走出了一条自己的轨迹，避免出现其他发展中国家面临的汇率贬值惯性和货币危机困境，在我国经济发展和对外开放过程中发挥了重要作用。2005年7月21日央行发布公告，宣布实行以市场供求为基础、参考一篮子货币进行调节、有管理的浮动汇率制度，人民币汇率不再单一钉住美元，而是形成更富弹性的人民币汇率机制，同时兑美元汇率一次性从8.2765调整到"811汇改"。2005—2015年，央行数次调高汇率的日内波幅至中间价基础上的±2%，以期不断提升汇率的弹性。在2015年8月11日的汇改中，央行公布在中间价的形成中引入市场供求因素，以真正提升汇率的波动性，从此人民币汇率开启了"能贬能升"的行程，汇率波动明显扩大并呈现双向波动特征，社会公众对于汇率波动的耐受度和接受度也在不断上升。"811汇改"的另一个目标是要促进形成境内外一致的人民币汇率，以增强境内外市场的联动性，改革后境内外市场的价差也在逐渐收窄。总之，汇率形成机制的市场化改革还在进行中，中间价"黑匣子"也日益被打开，让市场逐渐并将最终在汇率形成中发挥决定性作用。只有让市场来决定汇率水平，达成均衡的汇率水平，才能避免汇率扭曲及其对经济的负面影响。

在进行汇率的市场化改革的同时，保持适度的外汇管制，就能稳定人民币汇率及其预期，从而避免产生因汇率浮动而导致的汇率大幅度波动的风险。但是在学术界和金融业界，人们对人民币国际化与资本账户开放

---

①徐建国. 币值稳定与人民币国际化［J］. 上海金融，2012（4）：3—7.

之间关系认识还是不一致。国内外一些专家认为，先有资本账户开放，然后才能实现人民币的国际化。[①]另一些专家认识到人民币国际化的稳步推进与适度的外汇管制并不矛盾。虽说"真正的国际货币"或"实质性的国际化"需要资本账户的自由兑换，但在逻辑上并不能直接推断出"货币不自由兑换就不能发挥国际货币作用"。其实只要能保证人民币跨境的有限自由流动，人民币就能充当国际货币。这就意味着，"在推进人民币国际化的前半期无须资本账户完全开放"。高海红和余永定指出，"即使中国完全开放资本账户和实现人民币完全可自由兑换，人民币国际化仍存在问题"。[②]张斌和徐奇渊强调，人民币国际化并不必然要求资本项目开放。[③]余永定和张明强调，资本管制是中国金融和经济稳定的最后一道防线。[④]余永定认为，以人民币国际化为手段推进资本项目自由化的"特洛伊木马战略"或以资本项目自由化服务于人民币国际化，将导致资本项目自由化时序的错误，从而危及中国金融稳定以及人民币国际化目标的实现。[⑤]

近年来我国的实践证明了保持一定的外汇管制或资本项目的有限开放，是防止国际炒家大规模攻击人民币汇率的有效手段。如在"811汇改"后的2015—2017年，为防止大规模的资本外流和人民币大幅度贬值，央行启动了必要的外汇管制措施：从2015年10月15日起，外汇业务需交20%的冻结期一年且利率为零的风险保证金；强化了原有的每人

---

①帕克认为，人民币若要成为真正的国际货币，必须首先开放国内金融市场，并采取浮动汇率制度，使人民币完全可兑换。Park, Y. C., "RMB Internationalization and Its Implications for Financial and Monetary Cooperation in East Asia", China & World Economy, 18（2）：1—21, 2010；艾肯格林和河合认为，高层次的人民币国际化要求显著的资本账户自由化。Eichengreen, Barry & Masahiro Kawai, "Issues for Renminbi Internationalization: An Overview", ADBI Working Paper Series No.454, 2014；曹远征认为，人民币作为国际货币仍有前提条件未能满足，包括货币全面可兑换和国际收支保持逆差等。曹远征. 人民币国际化的源起与发展 [J]. 新金融，2016（6）：4—9.

②高海红，余永定. 人民币国际化的含义与条件 [J]. 国际经济评论，2010（1）：46—64.

③张斌，徐奇渊. 汇率与资本项目管制下的人民币国际化 [J]. 国际经济评论，2012（4）：63—73.

④余永定，张明. 资本管制和资本项目自由化的国际新动向 [J]. 国际经济评论，2012（5）：68—74.

⑤余永定. 人民币国际化的逻辑 [J]. 中国投资，2014（7）：24—27.

每年限兑5万美元的监管措施，包括杜绝利用亲戚朋友的美元兑换指标等。实施上述管制措施以后，到2017年第一季度，人民币汇率预期已基本稳定，外汇储备稳定在3万亿美元以上，香港离岸市场的人民币存款稳定在5000多亿元，境外机构和个人持有境内人民币存款稳定在9000亿元水平以上，跨境贸易人民币结算金额稳定在3000多亿元。可见适度的外汇管制是完全必要的，也是我们稳定金融市场的成功法宝。正如余永定所认为的，稳定汇率的最简单办法是让人民币汇率尽快找到合理均衡水平，一方面央行应尽快停止干预人民币汇率，另一方面要完善资本跨境流动的监管（保留一定的资本管制下的监管）。①从国际上其他国家的资本账户开放度状况来看，美国是G7国家中资本账户管制最多、开放度最低的国家，但这并没有妨碍美元充当国际主导货币。在人民币国际化推进过程中，中国资本账户可实施有限和定向的开放，我国的资本账户可以参考国际上通行的法律和经济手段加以管理。

总之，中国完全可以在适度外汇管制条件下改革人民币汇率的形成机制，推动人民币汇率、利率的市场化定价改革，考虑到资本账户完全开放所蕴含的风险，人民币国际化的稳步推进与适度的外汇管制并不矛盾，中国应在适度外汇管制下，尤其是要加强对国际短期资本流动的管理下推进人民币的国际化，适度外汇管制可以作为一项中长期的基本国策予以坚持。

（三）坚持人民币区域化、周边化的推进策略

人民币的区域化、周边化是指在特定区域内的人民币国际化，这里强调的是一个地理区域的概念。由于历史地理、经贸、旅游、探亲、劳务等自然形成的关系，在我国的周边地区和亚洲的部分地区以及"一带一路"沿线各国和地区等这些特定区域内，已经形成了对人民币的较大的市场需求，如在越南、泰国、缅甸、朝鲜、蒙古、俄罗斯、巴基斯坦、尼泊尔等国家作为支付货币和结算货币越来越被普遍接受，孟加拉国、马来西亚、

---

①余永定，肖立晟.完成"811汇改"：人民币汇率形成机制改革方向分析［J］.国际经济评论，2017（1）：23—41.

印度尼西亚、菲律宾、老挝、柬埔寨、新加坡、韩国以及中国台湾地区等都已经接受人民币存款并办理人民币其他业务。在有的地区，人民币甚至开始替代本币在境内流通，如老挝的东北地区甚至到老挝首都万象一带以及在越南全境和蒙古的部分地区，越南和蒙古的国家银行已开展了人民币存储业务；人民币还在中亚五国、俄罗斯和巴基斯坦境内流通，哈萨克斯坦成为中亚人民币跨境流通量最大的国家。在东南亚，人民币更是受到"第二美元"的礼遇。据估计，人民币的境外滞留量已经达到数千亿元的规模，且仍在逐年增加。尽管这个数字相对于我国境内16万亿元的货币发行总量，或是与我国对外进出口贸易总额相比，都显得很有差距，但任何在境外流通的人民币，即使尚未成为官方持有的硬通货储备，只是停留在民间层面上，也一样充当了区域性国际货币的职能。在有的边境贸易中，人民币结算已经非常普遍，如在中缅边贸、中蒙边贸等。当然，境外最大的人民币需求市场还是在我国香港地区，其次是新加坡、伦敦、卢森堡以及我国台湾地区等离岸人民币市场上。

今后，要坚持人民币区域化、周边化的推进策略，人民币国际化应在上述地区重点推动，今后的人民币国际化虽然还是在政府主导下，但要以市场需求为主。

第一，要在我国与周边国家及地区的贸易和投资中继续倡导和推动用人民币进行计价和结算，但部分周边国家外汇管制严格、金融市场欠发达、市场开放度不高，这些不利因素给推广人民币跨境使用带来不小的挑战。对此，我们需要制定相应对策。一是强化双边的共同利益。推进双边贸易本币结算符合中国与周边国家的共同利益，需要在央行层面加强政策沟通和协调，强化利益共识，巩固和扩大边贸本币结算规模，将促进贸易投资便利化落到实处。二是对周边地区进行分类施策。周边国家获得人民币的渠道差异较大，有些国家主要通过旅游、劳务等渠道获得人民币；有些国家通过能源、农产品贸易渠道获得人民币；还有部分国家更依赖人民币直接投资。对此，应结合周边各国或地区对华经贸投资结构的特点，找准人民币进入当地市场的源头，有针对性地培育做大周边市场。三是积聚力量突破瓶颈。人民币在周边国家跨境使用过程中，还存在"地摊银行"

等非正规渠道的干扰、人民币现钞的跨境调运成本也较高、人民币头寸平盘较困难等诸多问题。这些问题形成了人民币跨境使用的瓶颈，抬高了使用跨境人民币结算的交易成本，需要协调各方资源，逐个突破化解，尤其是要充分利用金融科技手段，大力推动电子支付以降低使用成本，逐渐将人民币在周边国家的使用渠道做通做畅。

第二，要大力发展人民币离岸市场，以人民币离岸市场为中心辐射带动其周边区域的人民币国际使用。要充分发挥全球离岸人民币市场的各自优势和特色，充分利用中国香港、新加坡、伦敦等地的国际金融中心地位和金融市场资源，以市场需求为导向，不断创新契合当地市场需求的人民币金融产品，推动离岸人民币金融业务与当地金融市场的区域性融合，推动区域性的人民币的国际使用。如在中东地区可以通过融入伊斯兰金融发展模式来推进人民币离岸金融业务的发展，在欧洲地区可以通过伦敦和卢森堡人民币离岸市场带动欧洲的人民币国际使用。此外，要继续推动和主导人民币离岸市场的全球布局，实现具有广度和深度的人民币离岸交易市场网络效应。除了已有的亚洲、欧洲、北美地区的人民币离岸市场外，还应继续在中亚、南亚、中东地区尝试构建人民币离岸交易中心，还可以在"一带一路"沿线各国寻找适合作为人民币国际网络拓展的枢纽或战略节点的地区，重点对其进行培育，结合"一带一路"的项目建设，建立"一带一路"沿线的人民币离岸市场，推进实现人民币离岸金融业务发展的全球布局，以充分发挥不同地区人民币离岸市场的优势，并进行相互补充以创造尽可能充分的流动性和尽可能高的交易效率，实现人民币离岸市场的全球网络效应，不断降低人民币的使用成本，进一步推动人民币的国际化。

第三，要积极根据沿线各国的具体情况，深入挖掘人民币的当地市场需求，避免盲目的人民币国际化。可采取以下主要举措：以银行为主渠道深化人民币业务合作，做好客户培育工作，积极宣传人民币结算及交易的优势和便利，引导企业从洽商合同开始就强化使用人民币的理念，积极提供结算、贸易融资及货币保值等一揽子的人民币配套服务。同时，积极完善人民币投资结算的基础设施建设，提供专业高效的汇兑服务，提供账户管理、资金管理、流动性支持等增值保障服务，积极与当地的金融系统加强合作，以提高人民币使用的广泛性、便利性和安全性。

（四）充分利用"一带一路"建设平台，促进人民币国际化稳健发展

我国要抓住"一带一路"建设的历史机遇，紧密结合建设项目和贸易投资活动的开展，提高人民币在沿线各国经济发展中的参与程度，使其逐渐成为该区域最常用的国际货币，不断扩大沿线各国市场中的直接投资、贸易融资以及与实体经济密切相关的贷款、债券发行中的人民币使用规模，以促进人民币国际化的稳健发展。在"一带一路"建设过程中，人民币国际化可以从大宗商品计价结算、基础设施融资、产业园区建设和跨境电子商务四个方面来寻求有效突破。[①]

在大宗商品方面，应当构建以人民币计价、支付和结算的大宗商品交易市场和建立石油人民币，中资金融机构应特别重视为沿线国家对华大宗商品贸易提供融资支持和人民币结算便利，还要大力发展大宗商品的人民币期货市场和其他研发金融产品，为进出口商提供必要的风险管理平台和手段，通过将国际投资者引入人民币交易的大宗商品期货市场，增强其价格发现和避险功能。一是大力推动大宗商品的人民币期货市场，尤其是中国需求量大但未能掌握定价权的大宗商品，推动人民币对石油、粮食、煤炭、铁矿石等其他大宗商品的计价结算功能的加速发展，建设以人民币计价的国际大宗商品定价中心，从而进一步扩大人民币的国际需求。目前，我国已经先后对外开放了以人民币计价结算的四个期货品种——人民币石油期货、人民币铁矿石期货、人民币PTA期货（PTA为精对苯二甲酸的英文缩写）和20号胶（橡胶）期货，在上海自贸区也启动了上海黄金国际板的交易，今后要不断开放其他大宗商品的期货交易市场，可以从"一带一路"项目建设中寻找突破口，利用沿线基础设施建设带来的巨额大宗商品贸易量和交易需求，发展具有价格发现功能和避险功能的大宗商品期货交易所。还可以结合我国作为碳排放大国的实际情况，主动开发碳交易中的

---

① 中国人民大学国际货币研究所.2015人民币国际化报告［M］.北京：中国人民大学出版社，2015：86.

各种人民币标价的金融产品。二是可在亚洲尝试推广"贷款换石油"的合作方式。从2009年开始，中国先后与俄罗斯、哈萨克斯坦等国签署了多项"贷款换石油"的合作协议。①该模式可以在亚洲尝试推广到更多的大宗商品交易，并更多地采用亚洲区域内的货币进行贷款。三是要做好顶层设计，综合各种机制和手段形成推进合力，以香港人民币离岸中心和上海自贸区等切入点加快大宗商品国际交易平台建设，搭建境内、境外相呼应，现货、期货、场外等多层级市场紧密结合，远期、掉期交易等功能完善的大宗商品市场体系。同时，金融机构亦应加强金融创新，增加金融计价工具，完善大宗商品领域的配套金融服务。②

在基础设施融资方面，应当巩固并提高以人民币计价的投资比重。要充分利用亚投行、丝路基金的作用助推人民币国际化。世界银行实际上是向世界推广美元的载体，我国可以借鉴世界银行的模式，将亚投行、丝路基金作为向世界推广人民币的载体，人民币应该争取成为沿线国家基础设施融资体系的主流货币。丝路基金的定位为中长期开发性投资基金，通过股权、债权、贷款、基金等多元化投融资方式，与国际开发机构、金融机构等发起设立共同投资基金；进行资产受托管理、对外委托投资等业务。据亚洲银行估计，2010—2020年，仅"丝绸之路经济带"沿线八国（新马泰印菲五国以及中哈巴）基础建设所需的投资累计就达到5.7万亿美元，融资需求和融资缺口巨大。巨额资金需求必然需要吸引外来投资及推动区域间的金融合作。因此，我国应充分利用亚投行、丝路基金等金融机构的资源，在"一带一路"发展进程中寻找投资机会，为双边、多边的基础设施的互联互通提供相应的投融资服务和支持，在此过程中使人民币成为"一带一路"沿线各国基础设施投融资的主流货币。中国金融、保险机构要认真研究"一带一路"建设蕴含的巨大商机，研究国内金融机构和银行参与"一带一路"建设的成功探索和经验，多争取国家政策支持，根据相关资

①贷款换石油实际是一种石油金融创新，是准现货和准期货的交易方式。其特点是以石油输出为偿还的贷款合同，也是一种货币与资源的互换协议。

②巴曙松，王珂.中美贸易战引致全球经贸不确定性预期下的人民币国际化——基于大宗商品推动路径的分析［J］.武汉大学学报，2019，72（6）：89—98.

金管理的规定、做法、经验、实力，大胆创新人民币金融产品，在为"一带一路"建设提供投融资服务的同时有效推动人民币的国际化。根据2016年3月19日经合组织的调查，过去十年间，投资基础设施的年预期收益率为9.5%，仅次于私募股权投资（11.3%）的收益水平，高于股票（9.0%）和债权（5.1%）投资。目前，无论是发展中国家还是发达国家的主权基金、大型银行、保险公司、养老基金等都在积极吸引资金进入基础设施建设领域。从国际经验和亚投行、丝路基金的投资理念和投资选择来看，中国金融、保险业参与"一带一路"基础设施建设，只要在合理控制风险的前提下，就能够获得较高的、合理的投资回报。

在产业园区建设方面，应将"一带一路"产业园区建设作为人民币国际化的重要支撑。中国是全球第三大对外投资国，如果中国在"一带一路"沿线的经济走廊建设各具特色的产业园区，在"一带一路"国家的投资占比将从目前的13%提高至30%，未来十年总投资就会超过1.6万亿美元。这不仅可以帮助"一带一路"国家突破资金短缺的瓶颈，全方位推动中国与沿线各国的国际产能合作，还可以为人民币国际化确立重要支撑点。为满足园区早期建设和区内企业运营产生的大量投融资需求和贸易结算需求，中资金融机构必然会进驻园区，开发相应的人民币金融产品，提高人民币在当地的使用份额。伴随园区从起步到高速发展，金融机构将逐步拓宽业务范围，从提供基本金融服务拓展到搭建多层次、全方位的金融支持体系，一旦条件成熟，还可以建立人民币离岸市场，促进形成全球范围内的人民币交易网络。

在跨境电子商务方面，可以充分发掘使用人民币的潜力，强化沿线国家对人民币的民间认同感与接受度。阿里巴巴、支付宝等许多国内互联网企业可以利用领先优势，在电子商务领域逐步提高人民币的使用率。受历史和地缘的影响，中亚五国等地区的人民币接受程度相对更高。"一路"沿线华侨聚集，对中华文化有较高的认同，语言、消费习惯方面的障碍较小，这些都可以成为跨境电子商务和人民币计价的重点推进区域。要特别鼓励电商网站以及跨境电子支付系统等中国互联网企业，从现在的美元标价转向美元—人民币双币标价，使人民币逐渐在电商领域成为主要计价货币。国内第三方支付平台要与跨境电商结成战略联盟，根据沿线国家的文化传统和支付习惯来研发人民币电子产品，共同推动人民币的支付结算。①

（五）发展培育有活力的国内金融市场，做活国内外金融市场的互联互通

人民币国际化有赖于建立开放的金融市场，而开放的金融市场应该首先培育发展有活力的国内金融市场，发展国内金融市场是推动人民币国际化的基础工作。从实体经济来看，金融活动体现为结算、汇兑、筹资、投资等资金周转活动，这些活动投射到金融市场层面，体现为货币市场、外汇市场、债券市场、股票市场上相应产生的金融交易。而人民币的跨境结算、汇兑、筹资、投资等活动更离不开一个开放高效的金融市场体系的支持。人民币在国际贸易的计价货币职能，是人民币行使国际货币职能的重要基础，影响计价货币职能的因素尤其众多，这里既涉及宏观因素（如经济和贸易规模、通货膨胀水平、汇率波动性、金融市场发达程度等），也涉及微观因素（如商品差异化程度、贸易厂商市场份额、交易习惯、外汇交易成本等），而金融市场的发展深度和广度是非常重要的影响因素。做活国内外金融市场的互联互通，有利于人民币在跨境使用过程中无缝获得金融支持，更有力地推动人民币国际化。国内外市场的互联互通关系到资本项目可自由兑换、利率和汇率的市场化改革等一系列的系统性工程，涉及对国内经济金融等多方面的调整，这些都应该循序渐进、需要假以时日才能完成的，因此需要从多方面来协调推进。

第一，应选择在重点领域发力。应当培育人民币的石油、铁矿石、PTA等大宗商品期货交易市场，做大交易规模，以吸引更多境外贸易商和投资者参与，逐步显现人民币计价的大宗商品价格对全球大宗商品价格的影响力，推动并逐步强化人民币在大宗商品交易领域的计价使用。

第二，应借势加快推动人民币投融资市场的发展。把握"一带一路"倡议，深入推进人民币的投融资，促进"一带一路"沿线国家向

---

①宗良．"一带一路"与人民币国际化协同效应研究［J］．国际金融，2017（3）：6—9．

中国出口商品服务时更多地使用人民币计价结算，以降低汇率敞口。此外，随着中国企业越来越深入地参与全球价值链分工，人民币的计价使用正在向中间品贸易领域快速渗透，这有利于稳步提升人民币在跨境交易中的计价使用水平。[①]

第三，应完善货币和外汇市场等配套支持。发达的货币市场和外汇市场有助于降低融资和兑换成本，提升人民币作为计价货币的吸引力，因此应持续完善货币和外汇市场的配套支持，提升外汇市场的深度、广度和开放度，为人民币在国际贸易中发挥计价货币职能提供更有力的市场保障。应增强汇率波动的弹性，完善外汇市场基础设施建设，丰富市场参与者类型，改变交易主体同质性强、风险偏好程度低的现状，以建立更加多元开放、有竞争力的外汇市场。央行应完善外汇市场沟通机制，与市场保持良好沟通，提高政策透明度，建立政府在外汇市场的信誉，引导市场参与主体形成稳定理性预期，防止市场超调和异常波动，加强预期管理。央行还应提升外汇风险管理能力。在资本账户逐步开放、离岸市场快速发展、人民币国际化稳步推进的过程中，央行应加快构建针对外汇风险的宏观审慎风险缓冲工具，利用金融科技手段构建短期资本流动、在岸离岸市场监控预警体系，密切关注市场的动态变化，及时识别潜在外汇市场风险，降低市场间的风险传染。[②]

第四，应进一步完善债券市场的改革和开放。一个开放的、国际化的人民币债券市场可以担当提供全球安全资产的重要功能，通过为其他国家居民提供人民币储蓄工具，帮助他们更好地积累人民币财富和分散投资风险，同时为全球人民币的使用提供流动性，有助于人民币国际化。从前文分析可知，中国债券市场上还存在诸多扭曲和问题，离岸人民币债券市场和熊猫债市场发展尚未完善，不仅严重制约了债券市场长远健康发展，同时阻碍了债券市场的对外开放和人民币国际化进程。[③]因此，一是应该多

---

①林景臻.强化人民币国际化基础性工作 [J].中国金融，2019（14）：37—38.

②钱燕，程贵，王子军.境内外人民币汇率动态信息份额研究：兼论人民币定价权归属 [J].国际金融研究，2019（10）：74—85.

③谭小芬，徐慧伦，耿亚莹.中国债券市场发展与人民币国际化 [J].武汉大学学报，2018（2）：130—144.

学习借鉴国际市场的成熟经验，进一步完善相关的制度安排，提高违约债券处置效率，包括发展不良债券的处置市场、推出到期违约债券的交易机制、引导专业化不良资产处置机构参与违约债券的处置等。二是应尽量简化和合理安排境外机构因境内外不同的债券管理方式造成的不便，应给境外发行人一个更加清晰的、明确的发行或交易的政策指引。三是要加强债券管理，尽快与国际接轨，不断完善投资者保护措施，继续保持债券的低违约率以吸引更多的境外投资。目前我国债券市场违约率大约是0.39%，违约金额占整个公司信用债的比重是0.39%，明显低于商业银行的不良贷款率1.74%，也明显的低于国际债券市场的违约率水平1.2%—2.08%，这是我国债券吸引国际投资者的一个明显优势。

　　第五，应有序扩大国内外市场的互联互通，在岸、离岸人民币市场应协同发展。人民币应有序参与美元、欧元、英镑、日元等国际资金的循环和互动，借助国际金融中心网络，扩大上海国际金融中心的辐射影响力，为人民币跻身全球主要国际货币创造有利条件。在这方面可以利用离岸人民币市场的中介或平台作用来发展与国际金融中心或市场的互联互通，同时应在补充及回收流动性、平抑市场异常波动、防范和隔离风险传染等方面不断完善相关机制和配套措施，巩固在岸与离岸人民币市场的良性互动关系，为人民币国际化提供可靠的离岸市场网络支撑。还可以扩大对周边国家的金融市场的开放与互联互通，虽然周边不少国家金融市场发展水平相对落后，但由于经济和贸易结构上的互补性，这些国家又具有推广人民币跨境使用的巨大潜力。为此，可主动扩大对这些国家金融市场的开放，如吸收当地银行或其他金融机构参与中国境内的银行间外汇市场，开展人民币对其本地货币的报价、做市和交易，搭建起人民币在这些国家跨境使用的金融桥梁（林景臻，2019）。此外，要稳步推动上海国际金融中心的建设，使上海能够形成以人民币产品为主导、具有较强金融资源配置能力和辐射能力的全球性金融市场，能够形成公平法治、创新高效、透明开放的金融服务体系，能够基本建成与我国经济实力以及人民币国际地位相适应的国际金融中心，迈入全球金融中心的前列。同时在人民币国际化的过程中，中国应全面考虑离岸市场发展的利弊，保障定价基准可控。在当前存在资本管制的情况下，在岸和离岸市场定价会存在一定差异；而一旦资本账户放开，两个市场会趋于一体化。由于离岸市场相比在岸市场具备一些可以更快发展的条件，在两个市场一体化的过程中可能会出现定价权一定程度上向离岸偏移。所以如何既利用好离岸市场发展的有利一面，又把握好控制定价基准的主动权，需要做好预案。在岸与离岸市场最好要同步开发衍生产品，避免离岸市场超前发展并形成惯性。[①]同时为了避免境内金融市场相关产品的定价权外移，我国也必须加快利率市场化改革和直接融资市场发展的速度，同时慎用国内产品与境外价格挂钩的定价方法。[②]

第六，要防范金融市场开放带来的高风险。随着中国金融市场与国际市场进一步的互联互通，复杂多变的国际市场环境，将给中国金融市场带来更加直接的冲击，迫切需要防范和化解金融风险。应当有效控制宏观杠杆率，提高金融结构适应性，增强金融服务实体经济的能力，全面加强硬性约束制度建设，以有效防控系统性风险。中国内外部金融风险的控制能力关系到人民币国际化是否具有稳固的发展空间。如果全球金融市场出现系统性震荡，人民币汇率稳定面临压力，人民币国际化的步伐亦将有所调整。[③]

（六）开展宏观政策的国际协调，争取有利于和平发展的国际环境

过去200年间，国际货币格局经历了英镑由盛转衰、美元主导地位确立和欧元诞生等一系列重大改变，国际协调机制也从由军事力量主导的政治利益协调，到各类国际组织牵头下的多方协调，再到不断兴起的各种区域协调。每一次主要国际货币的更替都导致国际政策协调的发展演变，新兴国际货币都拥有自己主导的国际政策协调机制和平台。任何处于上升期的新兴国际货币，都要接受传统国际政策协调机制的"考验"，不合格的

---

①盖新哲. 离岸市场在美元短期资产定价中的作用及其对人民币国际化的启示——"人民币国际化与区域贸易合作"会议综述 [J]. 国际金融, 2016 (1)：18—20.

②冼国明，王雁庆. 美元离岸、在岸市场利率关联检验——对发展我国人民币离岸市场的启示 [J]. 当代财经, 2013 (5)：47—58.

③鄂志寰. 十年历程与未来路径——构筑金融市场开放条件下人民币国际化新型生态圈 [J]. 金融博览, 2019 (9)：50—51.

只能被迫退出国际货币竞争；幸存者还必须积极打造新的国际协调机制以赢得先发优势，为本币国际化构建制度基础。实际上，国际协调机制的成败，决定了新兴国际货币在新格局中的地位高低。面对当前世界经济格局和货币格局的变迁，加强有利于我国的宏观政策国际协调是人民币国际化的必然要求。

　　一国货币的国际地位由该国经济规模、经济稳定性、产业竞争力、金融发展水平和金融深度所决定。为实现经济稳定增长、产业结构优化、国际竞争力提升等目标而制定和实施的货币政策、财政政策、宏观审慎政策、经济结构转型政策等，为推进货币国际化奠定了必要的经济和制度基础。但是，在世界经济日益融合发展的经济全球化大背景下，在当前以及未来相当长的时间里，我们都不得不面对来自国外宏观政策负面溢出效应的严重冲击，主要国家宏观经济政策的负面溢出效应可能极大地削弱我国的各项宏观政策效果，会威胁到我国高质量经济发展目标的实现，并将削弱人民币国际化的现实基础。而单纯考虑自身经济发展目标而制定的经济政策也很有可能对周边国家或其他地区的国家造成较大的负面影响，引发经济冲突，不利于人民币国际化目标的实现。因此需要未雨绸缪，深入研究宏观政策分化的外部性和传导机制，探讨实现宏观政策国际协调的总体框架和有效路径，最大限度地减轻我国经济发展遭遇外部政策冲击的负面影响，加强同世界其他国家的政策沟通和协调，可以在一定程度上减轻政策溢出效应带来的负面影响和不确定性，有力保障宏观政策实现预期效果，为人民币国际化铺路，助推国际货币体系多元化目标的实现，形成更加稳健、平衡的国际货币新格局。①

　　党的十九大报告中提出"健全货币政策和宏观审慎政策双支柱调控框架"。这是我国反思国际金融危机教训并结合经济发展态势提出的金融政策，是完善宏观经济管理政策架构、切实维护宏观经济稳定和国家金融安全的必然要求。鉴于当前贸易保护主义严重威胁世界经济健康发展，

①中国人民大学国际货币研究所. 人民币国际化报告2018［M］. 北京：中国人民大学出版社，2018：95—96.

主要发达国家货币政策转向增大发展中国家金融脆弱性的事实，我国双支柱调控政策的实施不得不面对来自国外宏观经济政策溢出效应的影响与冲击，也需要通过国际协调来保障与提升双支柱调控政策效果，营造良好的国际环境。[1]历史经验表明，宏观政策国际协调的内容并非一成不变，协调机制也需与时俱进。随着世界经济格局和货币格局的变迁，原有协调机制难以取得实际效果，必须与时俱进地进行改革和完善，并在各方力量的推动下逐渐形成新的协调机制。一是要将贸易、货币政策作为短期协调的重点内容，将结构改革、宏观审慎政策纳入协调范畴，从而完善国际政策协调框架。二是要重视多层次国际组织在协调中所体现的平台功能，积极寻求在新兴国际协调平台上发挥引领作用。三是要在"一带一路"建设中开展内容丰富的区域合作机制创新，为国际协调理论和实践不断提供新样本、新模式。[2]四是要妥善处理中美关系。这是实现无危机可持续发展和人民币国际化的关键，也是当前我国进行国际政策协调需要解决的主要矛盾。尤其是在2020年的新型冠状病毒性肺炎（COVID—19）疫情给中美关系带来更大的不确定性和负面效应的背景下，中美关系正面临异常严峻的挑战，中美关系的大倒退已经成为现实，美国实际上已经把中国看作战略竞争对手并进一步加强了对中国的战略遏制，中美之间已经呈现出新冷战的某些特征，如政治上的对峙、经济上的切割等。美国对中国发起的贸易战、科技战、舆论战、金融战不断，还不断在南海、台湾问题上有所动作，今后甚至有可能发起对中国的经济制裁与封锁，并且不断引导中国把财力和精力消耗在军备和对抗上，意图拖垮消耗中国的经济实力。在这样的大背景下，如何处理与美国的关系以及在此基础上进行国际协调，是摆在我们面前的一个重大课题。其一，我们要保持国内的发展势头，做符合

---

①严佳佳，许莉莉. 双支柱调控框架下货币政策与宏观审慎政策的国际协调研究［J］. 中国投资，2019（8）：87—98.

②我国2013年提出的"一带一路"倡议，经过了七年的建设，对内确立了"创新、协调、绿色、开放、共享"的新发展理念，指导中国经济进行全面深入的供给侧结构性改革；对外秉持区域经济合作"共商、共建、共享"的基本原则，积极探索具有跨区域、跨文化、跨经济发展阶段等鲜明特征的国际协调新模式。这一由中国主导的纠正世界经济失衡的国际协调机制创新已初见成效，必将为推动全球经济更加公平、均衡、稳健发展做出更大的"中国贡献"。

中国长远利益的正确之事，中国自身的稳定发展、综合国力的持续提升以及坚持和平发展战略，是中美关系新的压舱石。其二，我国需要冷静分析形势，科学决策，智慧应对，要保持定力、信心和耐心来应对中美关系的复杂局面。要防止中美关系因缺乏充分的相互沟通产生误判而激化了矛盾，既要做好应对中美关系继续坏下去的思想准备，也要努力化解两国可能因为误判而出现的高强度对抗。[①]其三，加强中日韩在各领域的合作协调。新冠肺炎疫情暴发以来，中日韩特别是中日、中韩之间保持了密切沟通与协调，中国在第一时间对日韩共享了疫情信息，三国都及时采取了有效的防护措施，使东北亚地区成为此次疫情发生较早而防控措施最得力、最先取得成效的地区。其实早在此次疫情暴发前的十几年时间里，中日韩就已经在公共卫生领域有过长期的合作实践和合作机制的建设，并在实战中多次得到检验、不断走向完善，到此次疫情暴发之际，三国在突发公共卫生事件防范及应对方面的合作机制已相对成熟，所以才取得了较好的效果。今后，三国应超越抗击疫情合作，从非传统安全领域入手推动区域治理取得进展，[②]以区域治理为切入点推动实现东北亚秩序的转型。

---

①陈东晓.疫情下的全球化与中美关系［J］.国际展望，2020（3）：159.
②杨伯江.新冠疫情与国际关系［J］.世界经济与政治，2020（4）：4—26.